Learning Archaeology

学习考古

陈胜前 著

生活·讀書·新知 三联书店

Copyright © 2018 by SDX Joint Publishing Company.
All Rights Reserved.
本作品版权由生活·读书·新知三联书店所有。
未经许可，不得翻印。

图书在版编目（CIP）数据

学习考古／陈胜前著．—北京：生活·读书·新知三联书店，2018.2
ISBN 978-7-108-05988-8

Ⅰ.①学…　Ⅱ.①陈…　Ⅲ.①考古学－基本知识
Ⅳ.① K851

中国版本图书馆 CIP 数据核字（2017）第 137046 号

责任编辑	曹明明
装帧设计	康　健
责任校对	张国荣
责任印制	徐　方
出版发行	生活·讀書·新知 三联书店
	（北京市东城区美术馆东街 22 号 100010）
网　　址	www.sdxjpc.com
经　　销	新华书店
印　　刷	北京隆昌伟业印刷有限公司
版　　次	2018 年 2 月北京第 1 版
	2018 年 2 月北京第 1 次印刷
开　　本	889 毫米 × 1168 毫米　1/32　印张 8.5
字　　数	219 千字
印　　数	0,001-7,000 册
定　　价	34.00 元

（印装查询：01064002715；邮购查询：01084010542）

目 录

自 序 001

第一章 想象的真实：考古学是什么 001
    作为考古学的考古学 001
    考古学的真理性 005
    用心的考古学 009
    考古学与哲学 011
    为了×××的考古学 015
    我心中的考古学 019
    所谓学问以及作为一门学问的考古学 022
    历史的逻辑与考古学 026
    学术意义 030
    同构性 035

第二章 他山之石：学习西方考古学 040
    哈里斯方格（Harris Matrix） 040
    构建参考的框架 047

Context..053
　　何以增强社会凝聚力：沙特尔胡尤克遗址过程
　　　分析的后过程方法................................058
　　关联的方法..063
　　文化适应方式研究....................................068
　　寻找中国的古典考古................................074

第三章　从这里出发：中国考古学的问题与前景......079
　　中国考古学的困境....................................079
　　中国考古学的"生活"转向.........................084
　　中西考古学结合的问题..............................088
　　反向创新的中国考古学..............................094

第四章　态度决定一切：选择考古学之后............099
　　欣赏考古..099
　　专业的学问..101
　　向死而生：考古学研究如何能成为一项事业......104
　　美好的考古学...107
　　享受研究...110

第五章　一切皆有可能：可能的教育..................114
　　最好的老师..114
　　好学生..117
　　我们如何开始思考？................................119
　　考古教育的问题......................................121
　　宾福德的早年经历....................................125

借鉴与参考：英美的考古学教育．．．．．．．．．．．．127
　　一生的考古学．．．．．．．．．．．．．．．．．．．．．．．．．．．．133

第六章　没有秘诀的秘诀：学习的门径．．．．．．．．．．138
　　见识．．．．．．．．．．．．．．．．．．．．．．．．．．．．．．．．．．．．138
　　穴居读书．．．．．．．．．．．．．．．．．．．．．．．．．．．．．．．．141
　　谈读书．．．．．．．．．．．．．．．．．．．．．．．．．．．．．．．．．．145
　　读考古．．．．．．．．．．．．．．．．．．．．．．．．．．．．．．．．．．148
　　影响考古学的名著．．．．．．．．．．．．．．．．．．．．．．．．153
　　纪念路易斯·R. 宾福德博士．．．．．．．．．．．．．．．．156
　　宾福德的遗产．．．．．．．．．．．．．．．．．．．．．．．．．．．．160
　　认识田野考古实习．．．．．．．．．．．．．．．．．．．．．．．．163
　　学习考古学的什么．．．．．．．．．．．．．．．．．．．．．．．．167

第七章　没有捷径的捷径：考古学研究入门．．．．．．．．171
　　所谓研究．．．．．．．．．．．．．．．．．．．．．．．．．．．．．．．．171
　　想起柴尔德．．．．．．．．．．．．．．．．．．．．．．．．．．．．．．175
　　我们应该如何展开考古学研究？．．．．．．．．．．．．180
　　如何面对一批考古材料．．．．．．．．．．．．．．．．．．．．183
　　关于考古学的发现与研究．．．．．．．．．．．．．．．．．．186
　　研究实践．．．．．．．．．．．．．．．．．．．．．．．．．．．．．．．．191
　　现代学术训练．．．．．．．．．．．．．．．．．．．．．．．．．．．．197

第八章　该死的考古学：让我们焦虑的前途．．．．．．．．204
　　成为考古学家．．．．．．．．．．．．．．．．．．．．．．．．．．．．204
　　成功的考古学家．．．．．．．．．．．．．．．．．．．．．．．．．．207

留学的准备工作 209
　　去美国学考古 211
　　四十而立 225
　　毕业20年 227

第九章　忠于浪迹天涯的缪斯：考古的生活 234
　　书房 234
　　书斋岁月 239
　　田野考古生活的十八条建议 242
　　考古田野生活装备谈 244
　　考古野外工作的风险管理 248
　　旅行与史前考古学家的旅行 252
　　最美的地方 255

自　序

我对于考古教育一直有一种发自心底的盲目自信，我知道这其实更多的是一种愿望或是使命感而非才能，我希望通过教育能够对社会建设有更大的作用。这种盲目自信让我坚定地认为我应该从事考古教育，我也应该在这个方面做更大的努力。有时候也会奇怪自己为什么会有这样的信念，想来想去，不能将之归为天赋，而应该视之为"信仰"。就像电影《超体》（*Lucy*）中那位科学家所言，如果回到生命本原，最简单的生命都要传递自己的生命信息，人也不例外。我相信教育是生命最本质的行为！没有教育，就没有生命的传承。就现实社会而言，唯有教育才能真正地使人以最简捷的方式获得实质性的提升；唯有教育，才有可能真正变革中国未来的考古学！目前国内很少有学者写过这方面的文字，尤其是专门的讨论。不敢说我的观点有什么指导意义，作为一个时代的记录，我想如果能够为未来的中国考古学者提供一种借鉴，那将是令人欣慰的。

这是一本为学生而写的书，为所有正在学习与即将要学习考古学的人写的书。在我上大学本科的时代，写这样一本书有点奢侈，因为那个时候学习考古学的人非常有限。进入 21 世纪后，考古教育扩充迅速，开设考古专业的学校已有四五十所之多，开设考古学课程的学校就更多了。单就吉林大学而言，考古专业的本科招生翻了一番还多，从前上课一个班也就 20 人上下，而现在上"考古学史"的，将近有 50 人。研究生的规模扩充更是惊人，每届硕士研究生都在 50 人上下。虽然我们身在考古学教育圈中，常常也会很惊奇地发现自己居然不知道一些高校已加入考古学教育与研究行当中。考古学似乎逐渐有了"显学"的身姿，如今在吉林大学，想转入考古专业的学生要多于转出去的学生，这的确是前所未有的。随着国家在文化建设上投入加大，国家考古公园、博物馆等不断兴建，有理由相信中国考古学将有更大的发展，会有更多的人从事考古工作或对考古工作有兴趣，所以写作一点与考古学学习相关的文字，似乎是到时候了。

另一个原因是我一直都是学生，甚至当了许多年教师之后，还是像学生。我经历过较为系统的教育过程，吉大本科毕业之后到北大读硕士，毕业后在博物馆短期工作过两年，然后赴美攻读博士六年，回国又在中国科学院做了两年博士后。我不属于那种放弃国外优渥待遇毅然回国的人才，我从来就没有想过要留在国外，留学就是学习去了，仅此而已。虽然经历平淡，但是国内外长时间的学习经历带给我一些基本的体验。我没有特殊的天赋，也没有传奇的经历，也正因为这种普通平实的体验，我认为对于绝大多数考古学的学习者可能有一些借鉴作用，虽然可能教训要远多于成功的经验。所以，这里我并不希望以一个教师的面目来传授什么东西，而希望从一个长期的学生的角度来交流一些想法。我相信好的教育应该就像朋友之间交流一样。没有真心的认同，再好的口才与文采都不过是华丽的纹饰而已。

之所以讨论考古教育以及更广泛的教育问题，我相信大多数人都和我一样，认为中国教育需要进一步改革，需要更深层次的改革。具体到中国考古教育上来说，本科与研究生教育倒置的现象十分明显，这种倒置导致本科生基础不够宽厚、研究生教育不够系统深入等弊端。教育改革无疑是困难的，因为既有的策略都是曾经经过检验并证明行之有效的，改革就意味着要走向未知的境遇，意味着可能会失败。但是，不改革的弊端更大，中国所遭遇的人才困境将很难摆脱。以考试代替学习，以做项目、写论文代替研究训练，这样的策略短期之内可行，长远来看，将直接损害学生的学术基础。目前我们可能还不能找到切实有效的万全之策，但是前期的讨论是十分必要的，至少有利于我们拓展思路。

理想的考古教育应该是什么样呢？也就是说我们判断的宗旨或原则是什么呢？我们绝大多数人与考古的关系都属于邂逅，在进入考古专业之前，一般来说，我们都对考古学没有什么了解，真正的热爱大多是后来培养的，有点类似于"先结婚，后恋爱"。此前考古工作都是国家安排的，没有太多改行的问题。从我们这一代人开始，国家不再包分配工作，于是有了个人选择这件事。当然，自由也是有代价的，个人通常获得的信息有限，个人感觉也不总是靠得住。尤其矛盾的是，与考古相关的工作基本都属于事业单位，国家在编制、经费、发展等方面有其规划与计划，而个人很少能了解到相关信息。信息的不对称导致个人选择很难与国家需要结合起来。中国的改革开放，最大的成就就是社会作为国家与个人的中介发展起来，可以预计的是，未来的考古工作将更多元、更有弹性。理想的考古教育应该协调好个人发展与国家、社会需要之间的关系。这样，学非所用、学非所爱的情况就会少得多。

考古学是随着近代科学发展起来的新学科，尽管其根源非常古老；随着近代殖民主义扩张，考古学进入古老的中国。对于中国考古学而言，广泛地学习，尤其是向发达的西方考古学学习，仍然必不可少。与此同时，经过近一个世纪的发展，中国考古学已经具有了相当的基础，创新已经不再是不可奢望的概念。学习与创新应该是中国考古学的基本主题。学习属于循序渐进的逐步积累，创造则需要打破常规的大胆尝试。两者既矛盾又统一，具体在当前条件下，创新已经是一个需要解决的问题了。

考古长期被视为一项艰苦、冷僻、待遇低、风险高的工作，包括我自己在内一直都有这样的认识。即便是在现在，也不能否认考古工作某些时候也的确如此。只是随着知识与阅历的增加，我有了一个更深切的体会，一项工作的性质很大程度上并不取决于工作本身，而是取决于工作者本人。我相信一项所谓好的工作就是一方面工作者努力追求，实现自己的梦想，另一方面，享受这个过程。世人能够实现前者的多，能同时实现两者的少。所以，我们需要发掘考古学本身的美好之处，发现学习考古学过程之中的乐趣。如果本书能够有助于学习者"颠覆"长期存在的对考古学的刻板认识，增加学习考古学的兴趣，那么我将深感荣幸。

本书之所以能够成形首先要感谢这个网络时代，自从我的新浪博客"穴居的猎人"开设以来，承蒙好友、学生以及知遇的推广，逐渐有了一点小小的名声。这是出乎我意料的，我写博客的初衷是为了把自己的思考与感受及时地记录下来，希望作为学生的课外辅导材料。当然，我也希望有一天能够结集成书。自从《思考古学》出版之后，从各个渠道听到的反响似乎不错。虽然说不上火爆，但在考古学圈子里也激起了一点涟漪。报喜不报忧的朋友们让我有了更多的信心，于是就有了这本书。它一如《思考古学》的风格，尽可能把不同时期的文章很好地组织起来，以一定的主题分类来统领，尽管区分并不严格。分类是研究任何事物的开端，考古学尤其如此。书中侧重回答了几个核心问题，如考古学的意义何在，如何读书，如何开展研究，考古学有何趣味等，这些问题多是考古学的学习者最关注的，也是长期困扰我自己的问题。

如果说本书有什么可取之处的话，我想未必来自我对这些问题的回答，而是来自这些年来学生的质疑。在考古学的教育过程中，我深切地体会到"教学相长"是什么，我不止一次对学生讲，你们在向我学习，其实我也在向你们学习，我们在共同学习。这绝非谦辞，而是真实的体会。这也是我敢于推出此书的信心所在。我不禁想起似乎在哪里听到过的一句话：世上并不乏精彩的回答，而是缺乏精彩的问题。因此，若需要感谢的话，首先要谢谢那些提出了精彩问题的同学们。

书中部分文章曾经发表在《中国文物报》《大众考古》《国学》等刊物上，列入本书时是根据我自己的底稿，可能文字上略有区别。这些文字最早都出现在我的新浪博客"穴居的猎人"中，我对这些文字有一种特殊的偏爱，因为我写它们是因为不吐不快，而非像论文那样是为了某个目的而写的。这些文字之所以能够成书还要感谢三联书店的编辑曹明明女士，因为她的着力推动，使我宛然有"大家"之感。我真诚地希望这些锱铢积累的思考于有志于考古学的同仁有所启发。

按冯友兰先生的说法，学术研究属于圣贤的事业，人人通过努力可为，而非像当官发财那样高度取决于机遇（很少会看到学者去烧香拜佛祈求灵感来临的）。我希望我有限的经验教训能够成为中国未来青年考古学家的垫脚石。我有一种强烈的愿望，那就是未来的中国不应该只有富裕的经济，还应该有繁荣的文化，我相信中国考古学是未来中国文化建设的生力军，未来的青年考古学家将会大有作为。

第一章
想象的真实：考古学是什么

社会学思想家查尔斯·库利（Charles Cooley）有句经典名言：人们对彼此的想象是坚固的社会事实。考古学是什么呢？这可能很大程度上要取决于我们的想象。有的人将之想象为科学，于是就用严格的科学标准来要求考古学；有的人将之想象成财富，于是见面就问这东西值多少钱；还有人将之想象为神器，于是它也就成了一个国家或群体的象征……再列举下去可能是无穷无尽的。不过这样的追问暗示了一个前提，考古学是什么不完全取决于它本身，还在于读者本身。我们每个人都在构建自己的考古学。我们构建的途径，最重要的途径，就是学习，通过学习，我们把前人积累的知识与智慧继承下来；我们还与侪辈砥砺相加，彼此学习，考古学的内容不断丰富。于是，我们知道，考古学可能是什么。

作为考古学的考古学

中国以及欧洲的考古学都视考古学为历史学的一个部分。然而回顾考古学形成的历史，却并不能为这种说法找到充分的理由。拿我们相对熟悉的金石学来说，一开始就是研究传世与出土的古代器物。按照古物学宗师吕大临的说法，金石学的宗旨就是要"探其制作之意，以补经传之阙亡"。宋朝士大夫好古成风，尤其是三代鼎彝之器，以之寄托政治文化理想。换句话说，金石学就是收集与研究古代器物，从而实现文化传承的目的，非常的人文主义。人们用金石古物来承载文化传统，显然它要比文字更加具体、直接。看看汉代粗朴端庄的灰陶罐，你不难想象那是个"马革裹尸还"的豪情时代，造假绝对是受到鄙弃的；再看看唐朝的陶马，膘肥体壮，尖耳环眼，精神抖擞，这是一个雍容大度的时代，人们是不屑于一些下三烂的做法的。今天我们看到汉唐古物，形容仿佛其气象，不能不受一些激励，不能不有些汗颜。西方的古物学也近似之，以古希腊、罗马古物为主要收集与研究的对象，古希腊与罗马是西方古代文化中的两个高峰，一个偏向精神创造，一个偏向现实工程营建。西方不如中国有良好的古代典籍，又有"黑暗时代"的中断，所以其古物更是承载了西方文化的命脉。古物不需要说话，也无须文字说明，当一个西方人看到维纳斯的雕像的时候，不可能不为古希腊完美的理念而触动。

中国与西方的考古学史都表明，考古学并不是从历史中来的，也不是以服务历史研究为目的的，自然也不可能是历史学的一部分。考古学跟历史学高度相关，但是考古学所研究的领域往往都不是历史学所能研究的，甚至都不是它所关注的。考古学研究的一个主要领域是史前史，它就不是历史学所能研究的，而是考古学专属的研究领域。即便是在这个领域，考古学研究人类的起源、技术的起源、心智的起源、艺术的起源，如此等等，都是人最基本的特点，近乎哲学，并不像历史学。考古学研究实物遗存，按照后过程考古学的说法，叫作物质文化。历史文献从某种意义上说也是一种物质文化，所以伊恩·霍德（Ian Hodder）说，历史学其实是考古学的一个部分，都是研究物质文化的！听惯了历史学是老大的说法，突然看到这种观点，是不是有点儿觉得考古学僭越了？这里澄清一下考古学与历史学的关系，或许有助于考古学摆脱历史学的限制：将考古学视为历史学的一个部分严重限制了考古学的发展！从考古学的形成期到现在,都没有证据表明考古学从属于历史学。

先师路易斯·宾福德(Lewis Binford)曾提出要让考古学成为人类学,并说如果考古学不是人类学,那么它就什么都不是。需要指出的是,这句话是针对传统考古学沉湎于材料的分期排队,不问考古材料有何意义而言的。成为人类学的考古学将关注一个鲜活的包括方方面面的文化系统,从环境、生计、人口、社会组织、宗教礼仪,直至意识形态。通过研究考古材料,我们就可能像拼图一样,复原古代的文化系统。而且即使考古材料是残缺的,借助人类学理论的襄助,考古学家可能窥一斑而知全豹,就好比说一个还在以狩猎采集为生的社会,绝不可能发展出城市,建立国家,更不可能发展民主法治的观念。经过数十年的发展,考古学是否成为人类学呢?尽管考古学跟从前一样还在人类学系中,但是考古学与最典型的人类学,也就是文化或社会人类学的关系,是愈行愈远,而非靠近融合了。后来宾福德也承认考古学日益成为自己了。考古学为什么没能成为人类学呢?一部分原因是因为科学,另一部分原因是因为人文。因为科学,是说考古学研究考古材料就像自然科学家一样,需要严格的分析与验证;因为人文,是指考古学研究的物质材料是文化的载体,在没有文字的时代,它几乎就是唯一的载体。考古学这两项重大的任务与人类学的目标都不相符。人类学虽然也以文化为研究目标,但它关注的是文化发展的机制与文化多样性。

近半个世纪前,戴维·克拉克(David Clarke)就倡言考古学就是考古学是考古学(archaeology is archaeology is archaeology),这口号相当响亮,但是霍德还是批判他不够考古学,他还是在运用数学、地理等方法做考古学。按他的说法,考古学之所以能够成为考古学,那就是因为考古学研究的物质文化。按中国考古学的理解,就是考古材料,古人活动遗留下来的实物材料。这个认识其实与过程考古学的看法是一致的,只不过中国考古学关注的是何时何地的何种活动,而没有像过程考古学那样继续追问:实物材料作为人类行为的结果，何以能够反映人类活动？考古学家何以能够知道古人的活动？人类为什么要这样活动？如此等等。作为考古学的考古学一方面就像科学家那样，在蛛丝马迹之中了解古人活动的真相，了解史前人类的生活面貌，了解人类的由来；另一方面，考古学家又像艺术家，寻找物质文化的意义，就像我们前面所说的汉风唐韵，当代人重新体验物质文化传递的意义。后者虽不是科学，但也不是胡乱猜测，因为描述，于是更加贴近；因为体验，于是过去又融入了现实之中。

考古学的世界还不仅仅局限于此，它还可以超越考古学而存在。在哲学家如福柯、拉康的视野中，考古学就是观察世界的隐喻。它隐喻的是一种方法，一种考察知识与心灵的方法。面对现实世界，考古学于我自己而言，就是理解它的途径。所谓人的世界，是一个有别于动物的世界。人与动物，人与自然，进而是文化与自然。要了解人需要了解文化，要了解人与动物的区别，就要明晓人为与自然的区别，其实也就是文化。文化！文化是理解人的关键。文化从古至今，从无到有，从简单到复杂，这些老套的话早已不新鲜。"文化"最值得琢磨的地方，一是它不是自然的，二是"文·化"，人在自己的世界中融入了文化。所以，不要告诉我哪些是人类历史发展的规律，不要说什么是不可避免的，一切都是文化的！我通过文化来看这个世界：有的文化开放，有的封闭；有的愚昧，有的智慧；有的和谐，有的矛盾……那都是人类社会群体发展出来的，每个个体都是参与者，如果你不能创造文化，你就可能附和某种文化。从考古学的视野望过去，我能够感觉到我们就像某种液体中的生物，在其中游走生存而浑然不觉，而这液体就是我们的文化。我们的每个细胞都似乎被它渗透了，考察它，既痛苦，又有种清醒的快感。

作为理解世界方法的考古学同样保留着它的基本特性，从物质材料或文化来了解世界。我们惯于从生活中的种种物质细节来了解人。我看欧文·戈夫曼（Erving Goffman）的《日常生活中的自我呈现》(The Presentation of Self in Everyday Life)，他说人生就像一个舞台，空间的诸多细节都会呈现出一个人的观念与情感。考古学是一个酷爱管中窥豹的学科。它是一门从垃圾中窥视真理的学问。不要跟我说谁谁说过，不要跟我说哪本名著上提过，研究古代的遗留，通过科学的分析，通过切实的感受体验，我们仿佛直面那个时代。也正是运用这个方法，我们同样可以了解当代社会。行走在钢筋混凝土的丛林中，走进商品琳琅满目的卖场，每天面对铺天盖地的广告，我知道我生活在一个把物质欲望无穷放大的时代。最近读了加缪的小说，有一种共鸣的荒诞感，世界看起来一切都很合理，然而一切又那么不可思议。这是一个物质与精神撕裂的时代，从我们的物质，从我们的一举一动，都可以看出来。考古学赋予我们以这样的视角。

我想说的是，考古学作为考古学是可以存在的，它并不需要成为其他学科。它的历史与现实都已经证明了这一点。它不仅仅作为一门研究过去的学问存在，它也可以用来考察现实世界。

考古学的真理性

期末考试给学生出了道带有调查性质的问答题："考古学最让你困惑的是什么问题，为什么？"学生的回答让我有一点意外的惊喜，似乎印证了一句话，人们常常能给一些不怎么样的问题以精彩的回答。颇有几位学生谈及自己对考古学"真理性"的困惑。考古学能够揭示真理吗？一部考古学史告诉大家考古学研究深受当时的时代思潮、社会发展、相关科学技术等外在因素的影响，还受到考古材料的发现、方法技术的进步以及考古学理论的构建等内在因素的影响。有鉴于此，考古学好似激流之中的一片树叶，在一个漩涡中打转，然后又被抛向另一个漩涡。而真理就像遥远的星空，仿佛存在，又遥不可及。当梦醒来的时候，忍不住都会询问：考古学是否具有真理性？或者谨慎一点问：考古学与真理何干呢？

在悲观者看来，考古学就是一茶几——满桌的杯具（悲剧）。看看我们得到的材料吧，只是古人生活的百分之几，甚至是零点几。你想了解古人的生活，就凭这一点点支离破碎的信息片段，何以服人呢？更别说工作中的主观性了，先不提主观认识的局限，单单是一些主观的不认真负责，以及主观的非学术的利益诉求，就足以让貌似客观的考古材料像注水的猪肉、加了三聚氰胺的牛奶。即使我们变得认真负责，后过程的考古学家还是会找到一个让我们抓狂的理由——所有的材料其实已经浸透了理论，客观的考古材料是一个神话！如此这般，考古学几无客观性可言了。连客观性都没有，何谈真理性呢？

其实，真理性并非只是考古学的问题，连自然科学都不能幸免。波普尔之后的科学哲学都在质疑科学所谓的客观性，高度强调真理的相对性。不过，哲学的论争似乎不能指导现实的行动，比如说，没有人生病后愿意在相对主义的论争下耽搁治疗的机会。就疾病的诊断而言，是或不是，是生与死的区别。这也就是说，相对主义是有限度的。反过来说，真理性也是有限度的。我们真正的问题不是考古学有没有真理性，而是在什么意义上、什么范畴或什么层次上具有什么样的真理性。

从几个具体的问题来说吧，不然这个讨论很可能沦落为辩证的车轱辘话。曾有同学问我，有几种分期观点，究竟谁对呢？他该如何判别呢？对一个考古学文化或是某个遗址进行分期是中国考古学研究最常见的研究形式之一。我们也许首先应该问，分期与古人何干呢？我们的分期是什么意义上的分期？我并不反对分期，只是想追问一下分期的意义。比如说我把查海遗址分四期，第一期是遗址的兴建期，古人前后需要若干年积累建筑材料，开挖半地穴地基，每年的某个季节安排一些劳力到查海来做这些工作。这些季节性的工作留下若干小房子。当材料与地基都准备好之后,整个村子可能在很短的时间建起来。居住一些年之后,有些人离开,有的人搬来,于是我们看到遗址中居址的兴废,其中可能有一次是较大规模的,于是可以分出前后两个居住阶段了。第四期是最后离开村子的人家,他们房子里保存的东西最丰富……根据遗址的兴建、废弃与使用过程,我把这个遗址分成四期。当前,我们许多分期是主观的时期判断,比如说整个红山文化可以分出若干阶段。这样的分期是研究者基于自身所掌握材料的判断。其观点是否正确取决于材料与观点之间的契合程度。至于说究竟应该分几期,则不是正确与否的问题,它跟时间尺度有关,年、月、日、小时、分、秒都是衡量时间的尺度,有的长,有的短,长的宏观,短的精细,如此而已。

涉及古人的事,是已经发生过的事,这些事情最后留下了一些物质遗存。无论能不能认识到,事情都已经发生过了,显然是客观的存在。这也就是说,在这样的层次上进行考古学研究,无疑是有真理性可言的。类似的研究就非常多了,比如说郑州商城是否为亳都,这是可以检验的,究竟谁正确,取决于谁的事实更扎实。再比如一种石器的功能,也是可以运用适当的方法加以研究的。当然,以上所言只涉及一些判断的真假,还没有上升到理论层面上。

下面这个例子是跟理论相关的。"走出非洲"假说曾是流行的现代人起源理论,按照这一学说,解剖学上的现代人二三十万年前在非洲起源,大约在十万年开始走出非洲,逐渐取代欧亚大陆上的原有土著人种,即古人类学上所说的直立人与早期智人(如尼安德特人),而且现代人与土著人种之间没有混血。最新的研究有所松动,承认诸如尼安德特人这样的土著人种对当代人群有一点基因贡献,不过份额非常小。另外一种假说更强调各个大陆的进化连续性,只是附带有杂交。其实,这两个学说都各自从原来比较纯粹的立场上退了一步。古人类学与分子生物学的争论我不是行家,不敢妄加评论。我想说的是旧石器考古学上的难题，那就是人类生物学上的演化能否在旧石器考古中识别出来。如果现代人真的走出非洲并替代了土著人种，那么在旧石器考古遗存上会有怎样的反映呢？如果是以连续进化为主，又会是怎样的表现呢？仅以中国为例，我们看旧石器时代晚期的遗存，北方似乎有一些欧亚大陆西部的影响；而中国南方以及东南亚地区，旧石器的工业传统从早期到晚期几乎是一脉相承的，很难想象人群被取代了，而石器工业直到旧石器时代晚期才有较为明显的变化。

人类生物学与文化行为演化上的不匹配反映两类研究在大前提上的差别，究竟哪一方的大前提有问题目前还不得而知，但是我们可以说的是这类研究还是具有真理性可言的。那么我们质疑的考古学真理性问题出在哪里呢？读过《狼图腾》的人可能都知道，姜戎在小说后面附了一篇很长的研究文章，说红山文化的玉猪龙雕不是"猪"，而是"狼"，剽悍的原始先民怎么可能崇拜肮脏的猪呢？看看那飞扬的颈毛，分明就是狼嘛！对于这样的阐释是很难验证的。另外，就是有人乘坐时间机器回到过去，知道了古人的想法，那又如何呢？古人崇拜的就是狼，不是猪。知道了古人的想法也不能说明什么，我们知道在象征之中，物之所指与能指的关系是自由的。更重要的也许是，为什么我们这么讨厌猪？为什么这么热爱狼？其实不用我说，大家都懂的，姜戎希望以农耕见长的中国文明能够多一点狼性，希望迅速发展的中国能够摆脱传统的羁縻，就像资本主义开拓期的西方一样，有狼一样的精神。他所说的不过是我们这个时代的声音，与古人有多少关系呢？我相信，史前人群中崇拜狼的不少，以野猪为图腾也不可能没有，无论崇拜什么，还有多少能够屹立于当今民族之林呢？农耕提供丰厚的财富，支持复杂的政治制度、文化生活，若非如此，哪来辉煌灿烂的古代中国文明？"狼"或"猪"的阐释都是对史前文化的演绎，丰富了当代语境中对史前物质文化意义的解读。

有关玉龙含义的争论其实是双重的，一方面，古人究竟是什么样的想法，这是曾经发生过的事情，是或不是可以检验，这就是我们所说的"科学的考古学"的意义。如果科学有真理性可言的话，那么考古学当然也应该说具有真理性。从另一方面看，一个器物所代表的意义是人所赋予的，并不是事物本身所有的，就像世界杯足球赛，不是足球本身有什么意义，而是它所代表的意义，如国家的凝聚力、社会交往的共同话题等。考古学研究一方面在揭示古代遗存的意义，这是科学研究的范畴；同时也在赋予考古遗存意义，如建立博物馆、国家遗址公园，塑造地方的文化形象，增加一地的文化财富，给予大众以文化生活上的享受。在这个层面上，考古学研究并不存在真理性的问题，而是"合理性"或"正义性"的问题，就像极端民族主义不合理一般。

我所感兴趣的是为什么大家要去反思考古学真理性的问题，反思这样的问题其实就预设了真理性是衡量学科的基本标准。这样的认识其实是偏狭的，以这样的标准来衡量社会学科与人文学科，几乎没有学科能够经得起真理性的拷问。学生之所以产生这样的疑问，与我们这个时代自然科学的垄断地位不无关系。当我们执着于这个问题的思考的时候，直接的结果就是导致意义的虚无，因为没有普遍的真理性，所以考古学就丧失了意义。如果我们以考古学为事业，为人生意义之所系的话，我们的人生也因此失去了意义。这绝对不是我们所希望看到的。

思考考古学的真理性让我们认识到考古学具有科学的一面，但是还很不完善；我们特别需要知道的是，考古学还有非科学的一面，这一面仍旧非常有意义，我们或可以称之为文化或人文。

用心的考古学

一学期的考古学理论课程结束了，大家在一起攻读经典论文，很是辛苦。有同学总结了一下经历，那就是看到了研究考古学的多个角度。当代顶尖的考古学家都在想方设法从自己擅长的角度切入到考古学研究之中。最后，我以"唯心"的考古学结束了课程，唯有用心，考古学研究才可能取得实质性的进展，这也正是我希望与同学共勉的地方。

《明朝那些事儿》中讲明朝对朝臣廷杖：太监如果下令说"打"，那么大多只是一点皮肉之伤；如果说"着实打"，那么就可能被打得皮开肉绽；如果太监说的是"用心打"，定然是凶多吉少，很少有人能够杖下逃生的。"用心"乃是用力的最高境界！

中国人都是语言大师，似乎自古以来都明白事情的真实程度有很大的差别。妻子去干洗店洗衣服，店主说某件可能褪色的衣服不能洗。我们都看过《我爱发明》节目，知道什么是真正的干洗，很快就识破了，这个店并不是真正的干洗店。去买实木家具，所谓实木，按照行业潜规则的定义，跟我们常人的理解是有很大区别的，大抵是其中真正的木头有一定的比例，并不是指纯粹用木头做的。淘宝的店家，若非反复表示绝对正品，又是发誓、又是赌咒，否则是不敢相信的。即便如此，仍有可能上当。

学习后过程考古学，我们讨论的一个关键词就是真实，究竟什么是真实呢？我们中国人自古就有回答。何谓"真实"？原来它是有程度之分的！而从考古学理论课上，我们得知真实总是某个角度的真实！真正值得研究的东西也就是真实的程度与角度，而不是在这里争论是或不是——这种想法太简单了。

按照这样的逻辑，也许我们首先会问的一个问题是考古学是否是一门真实的学问，也就是说按照考古学真实的程度，从低到高存在许多个层次。其中或许有一层叫作表层考古学，它似乎是在做考古学研究，似乎又没有。当代中国艺术有一个特别突出的共性，虽然艺术家如方力钧、张晓刚、岳敏君、曾梵志等人笔法各异，题材也有所不同，但是他们表现的国人都是一张张具有统一性的脸面，方力钧笔下是光头、张晓刚笔下是咧开嘴的傻笑、岳敏君笔下是毫无表情的合影、曾梵志笔下是类似缠满绷带的人。这些脸面都是平面的、空洞的、表面化的。我很钦佩这些艺术家，他们以敏锐的直觉深刻地揭露了当下中国人的精神存在。虽然没有两个人是一样的，但是尖锐的现实使得每位艺术家都认识到这一点，然后以一种他们独有的方式表现出来了。表面化是这个时代的icon。它是否也影响到了考古学呢？

谁敢怀疑考古人风里来雨里去寻找考古材料的努力呢？谁敢怀疑暴露在阳光下的整齐如棋盘的探方呢？谁敢怀疑那些进入了科学实验室的分析标本呢？相对于那些依靠文献的学科，考古学毫无疑问是一门非常"真实"的学科（姑且先加上引号）。不禁想起大学中放弃考古的同学所说的：这门学科太假！一件器物归为上一层还是下一层都取决于发掘者的偏好，一个灰坑往往要做过之后才会发现到边了，究竟做到什么程度也是取决于发掘者的……发掘尚且如此，其他的就更有点不靠谱了。至于说考古学家所说的考古学文化，凭借几件器物或是所谓的"器物特征组合"就构建出一个古人运用的"考古学文化"，代表一个时期生活在某个地区、有某种社会联系的社会群体。两个文化之间的关系，基本的表达方式是，它们之间存在相互的影响，也都有自己的特点。当发现的器物特征多了，于是就产生了"类型"。究竟多大的差异才称得上两个考古学文化呢？这就取决于研究者了。大多数时候，更真实的情况是，谁挖的这些材料或者谁占有这批材料，就谁说了算。再进一步，说某个时代是母系社会，什么叫母系社会？这种社会关系一定会反映在墓葬特征上？

考古学与哲学

考古学与哲学，这不是一个重要的问题，因为以目前的做法，一万年都不会遇到这个问题，它们如同两根铁轨，永远都不会交会。因为不重要，所以适合胡思乱想，适合出神地漫游，好在心理学家最近证明了走神对于学习很有价值，建议每天给自己一点走神的时间。

有一个胡扯的比喻说"哲学是学科之母"，似乎是说其他学科都是哲学下的崽子。回顾考古学史，看不出考古学曾经是从哲学中分出来的，考古学的诞生跟哲学没有什么关系，考古学难道是个野崽子？不知道从哪里冒出来的。考古学的前身叫作古物学，中国称金石学，更早的追溯也许应该叫作"神物学"，那是一个把古物当作神器的时代，无论中外，概莫能外。神物跟哲学有关系吗？如果一定要说有关系的话，那就是注意到神物的人与有哲学兴趣的人都是一帮神神道道的家伙，口里总是念念有词，总以为自己能够沟通天地，与鬼神QQ。我们现在称之为文化人之祖，他们究竟是先神神道道，还是先注意到神物，或者是同时产生的，我们不得而知，所以考古学先祖与哲学先祖之间的联系无从知晓。

神物学或是古物学其实跟考古学差别挺大，就好比你见到4岁时的爱因斯坦，他如何了不得呢？可能连话都说不明白。而你见到的26岁的爱因斯坦，这个伯尔尼专利局的小办事员一年做了三个都可以得诺贝尔奖的研究，简直是通神了。你说他们是同一个人吗？是，又不是！如果你回到过去，对4岁的爱因斯坦说你将来会火的，估计没人信。也就是说，在以后的成长中，爱因斯坦得到培养与指点，并且醍醐灌顶。这个老师叫作科学，古物学的老师也是科学，得到科学指点之后，古物学真的悟了，成了考古学。科学他妈可是哲学，所以从辈分上讲，考古学应该是哲学的孙子辈。也许正因为血缘关系比较远了，所以不那么亲近，尤其还只是"师奶"（哲学是考古学的老师科学他妈），并不是亲外婆（血缘上比奶奶更亲）。

考古学与哲学的血缘考据终究没有现实意义，祖上阔过解决不了我现在的落魄,现实中哲学对考古学有什么帮助呢?是哥们儿的关系?还是师徒的关系?抑或是其他什么关系?考古学有许多哥们儿学科,也许可以称为性别学科,总之它们发生关系,产生了许多交叉学科,诸如考古测年学、地质考古、生物考古等。显然考古学与哲学不是这种关系,因为并没有产生哲学考古这么个门类(有个败家子"沙发考古"有几分神似——坐在沙发上考古,整日神思某些遥不可及的问题,我对此很神往)。说是师徒关系,也不那么准确,哲学家懂考古学吗?我们还要去给他们启蒙入门呢!当然,老师不一定什么都要比学生强,就好比博士导之于自己的博士生,老师所能说的只是一些宏旨,具体的东西学生已经比老师强。哲学就是一些宏旨。

宏旨还是重要的,就好比不拘小节不是大问题,人品出了问题,再大的能耐,也不过是把坏事做得更坏。所以大方向不能错,犯了战略性的错误,小的成功也无补于事,再拿越战说事,美军赢了几乎所有的战斗,所有的胜利叠加居然等于失败。这也许是搞人文社会科学与自然科学的一个重要区别。美国人在阿富汗还在犯同样的错误,打死不少恐怖分子,但是因为虐囚、焚烧《古兰经》、误杀民众、侮辱尸体,结果产生了更多的恐怖分子,塔利班不但没有消失,还占领了阿富汗的半壁江山。无数的胜利相加居然等于一个烂摊子,这是战略出了问题。哲学思考的就是学术研究的战略问题。哲学这个老师最经常的一句话:要去反思,要去追问,也许因为他也不知道,但是这句话还是有用的。

比如说我们思考考古材料,它是实物遗存,那么我们可以追问,实物上的文字、符号、形制、图像(包括纹饰)等,是不是实物遗存呢?为什么我们说传世品、盗掘的物品价值低呢?因为它们失去了共存关系,共存关系是实物材料吗?我们何以知道考古材料之间的共存关系就必然意味着有历史联系呢?我们说的历史又指什么?过去的都是历史,考古学为什么只关注古人的生计、技术,为什么不去研究血缘？为什么不去研究远古数理化的起源？你说我们研究的是一般的历史，或者说叫通史，那么什么叫"一般的历史"，当代的通史研究基本都是政治史，为什么考古学研究不是政治史……哲学教人如何去抬杠，让人学会如孩子一样去追问，皇帝真的穿衣服了吗？看他装模作样的还真的像穿了，但我为什么没有看见呢？

哲学教考古学"是什么""何以是""是者何"三道魔偈，也就是本体论、认识论与价值论的问题。考古学是什么呢？考古学何以知道？考古学有何意义？考古学是历史？是人类学？这种区别有何意义？我们经常认为考古学就是要去全面复原古代历史，这是中国考古学的目标。前面我质疑什么是历史，这里还要说什么叫全面？根据什么可以来判断全面？考古学研究能不能够全面搞定？至少现在我们看不到希望，现实中我们从来不去占领所有的信息，我们需要最关键的信息，因为大部分的信息都是垃圾，反而会影响我们的判断。我们说复原又是什么？何以知道复原了？我们参考的对象是什么？我们参考的对象错了怎么办？

考古学家其实花了最多的时间在讨论我们何以知道，这也是考古学成为科学研究的理由，考古学家去发掘、去整理、去研究，都是为了更加准确地知道，而不是想当然。考古学家争论两种方法的优劣，科学的还是历史的，科学的方法强调探讨史前社会的演化机制，历史的方法说这是不可能的，我们根本不可能回到从前，人类社会高度多样，不可能建立起机制，历史就是一个过程，就像人生一样，人生大道理有意义吗？人生有没有道理可讲？恐怕还是有点道理可说的，但总是讲人生大道理是不是也有问题呢？

考古学有意义吗？这样的问题我一直想知道，但是没有人讲；要不讲了，也不那么让人信服，比如说考古学有科学意义，但是考古学是科学的吗？要不说考古学有历史意义，而历史又有什么意义呢？难怪哈尔滨某位理工科教授呵斥想改读文科研究生的学生，哲学迷信，历史荒诞，文学煽情，艺术完全是装模作样，学就应该学点实用的东西呵！是啊，是啊，德国科学一直相当发达，选出希特勒之后，德国也便有了杀人利器，居然想出了用煤气杀人的高招。科技没有价值观的指导，不过是更有效的工具，做好事或是做坏事。人真应该想一想自己是否是在做好事，是否是在好心办坏事——就像"文革"时期的人一样。如今考古学的境界的确比从前高了，开始思考怎么才能把事情做得更好，男女平等、种族平等、民族独立自由、阶级……考古学家开始注意到这些问题。当然，这些问题都是西方考古学的问题，我们一直是为广大人民群众服务的，也许我们也应该反思一下，我们是怎么服务的，服务精神如何？我们是否是在挂羊头卖狗肉。

中国考古学非常重视哲学，曾经是人人讲哲学、用哲学。后来有点腻味了，于是彻底改吃素，再也不提这些油腻腻、让人恶心的玩意儿。偶尔读俞伟超先生的《考古学新理解论纲》，其中提及本体论与方法论，其实与哲学上的探讨毫无关系。哲学于中国考古学而言，已经不是一个问题，没有它，我们不是也过得很好吗？我禁不住想起方力钧的玩世主义画作，画中的人物永远是一群露出两排牙齿大笑的人，好开心哦！不需要理想，不需要个性，不需要……开心就好。

为了 ××× 的考古学

人是一种很奇怪的动物，干什么事都得为了点什么。就算是什么都不为，那也是需要努力才能实现的，如佛家的修炼，消除痛苦的根源——欲望。也就是说，它还是一种"为"！所以，问题不在于为或不为，而在于为了什么。

我们选择了考古学这么一门学科，基于自愿的选择或是阴差阳错的调剂，总之现在处在这个行当了，也就有为了什么的基础。对于学生而言，最直接的目标是为了文凭。这个目标并不坏，它也是考古学发展的结果。考古教育出现的历史并不是很长，一百多年而已，所以说，考古学文凭能够代表这个时代文化发展的状况。与之类似的目的是为了工作，读考古学史，知道第一份职业化的考古工作是19世纪上半叶丹麦考古学家沃尔塞找到的。以考古为正当职业是前人很难想象的，以前这份工作不是非法的，就是只能贵族阶层参与的游戏。前者是为了发家致富，古物是财富的象征，至今还是如此。

也许靠考古不足以发家致富，但发家致富的人似乎都要玩一玩考古。如今这个时代贵族已经消失了，暴发户式的收藏也是假的多，就像在河北的某某私人博物馆似的。近代考古学的兴起不是为了满足这种目的的，按照布鲁斯·特里格（Bruce Trigger，又译作炊格尔、崔格尔）的说法，它更多与中产阶级休闲文化的发展有关。社会发展了，收入增加了，工作时间减少了，休闲的时间增加。干点什么呢？去博物馆看看，去遗址公园看看……中产阶级钱不多，很少会自己去收藏，搁在博物馆中大家都能看到不是很好吗？所以从这个意义上说，考古学的兴起也是玩出来的。当然，实际情况并不完全如此，按照考古学史，考古学的出现也是为了国家民族的，"三代论"首先出现于丹麦（汤姆森提出）就与拿破仑入侵丹麦所引起的民族主义热潮相关。

考古学为了什么呢？不同的研究者有不同的看法，上面说的汤姆森是为了丹麦民族而考古，古代遗存铭记着所有丹麦人祖先的历史。重述这段历史等于说我们所有丹麦人都是一家人，都有责任热爱自己的祖国，保卫自己的祖国，尤其是祖国被外敌侵略的时候。汤姆森的爱国之情是可以理解的。不过，德国人科西纳的爱国热情则有点过了，他为了帮助德国开拓"生存空间"，认为凡是发现德国人祖先遗存的地方就应该是德国的领土，他的责任就是发现与确认考古遗存的族属是德国祖先的。这样的热情除了希特勒之辈激赏之外，真正的考古研究者是不能接受的。就考古学可以为了什么而言，我们可以说考古学是有一些社会功能的，尤其是在政治上。当然，历史似乎启示我们，这样的社会功能是双刃剑，为国家、为民族，一般说来都是高尚的理想，但是其前提是要尊重其他国家与民族的权利。夸张一点说，即使是为了全人类，那还有其他生物的权利需要尊重。

在比较纯粹的考古研究者看来，"考古学为了什么"往往跟学科的发展联系在一起。戈登·柴尔德（Gordon Childe）把考古材料的"碎片"拼合起来是为了了解欧洲的史前史，在他看来考古学不应该只研究材料，还应该有更高的追求。柴尔德终生都在不断提高追求的高度，他访苏回来后，学到了苏联考古学的大视野，要以人类社会演化研究为目的。但是，当时的考古材料精度太低了，柴尔德又不是一个专心做野外工作的人。他的梦想无法实现，带着这样的失望，他选择了终结自己的生命。这种人是以学术为生命的，也许我们应该称他为学术的殉道者。宾福德的考古学为了使考古学更科学，更人类学。他是自然科学出身，刚进入考古学研究中，实在受不了一帮人成天摆弄陶片，然后说这个影响了那个，那个又影响另一个。这么说太模糊了，太没有人气了，他想到科学与人类学。他终生的梦想就是考古学能够成为科学，但是这个梦想没能实现。因为后过程考古学崛起，考古学发生了"人文转向"。其倡导者伊恩·霍德的考古学，就是为了使考古学更具有人文气息。考古学是研究人的，人除了跟所有动物一样有自然性之外，人还有强烈的社会性（当然不少动物也有），人还有一种动物没有的属性，那就是主观能动性，人生活在自己认识与改造的世界中。人的这种属性有时称为"灵性"，有时称为"理性"（究竟什么是人的本质属性，哲学家已经争论上千年了，但毫无疑问大多数人还是肯定人有其特殊属性的）。后过程考古学反对忽视了人之本质属性的考古学，主张更加人本的考古学。

为国家、为社会、为学问……都具有很重大的意义，值得终生去追求。其实，终生是远远不够的，如此伟大，以至于我们不得不称之为"事业"！然而，对我们许多人而言，考古就是一份工作，一份养家糊口的工作。对于另一些人而言，考古就是个爱好，他们不指望从中得到财富、名望，对他们来说考古就是好玩。从前，考古是王公贵族、士大夫阶层能够享受到的爱好；后来，随着社会的发展，中产阶级崛起，考古能够为越来越多的人所喜欢。人们不仅可以到博物馆、遗址公园亲眼看到古代遗存，而且还有不同专业的专家来分析解读这些古代材料，通过电视、网络、书籍、报刊等途径让人们很便利地接触到。尤其是如今动画技术发展迅速，它可以栩栩如生地复原古代生活场景，这种视觉的充分展示给人以身临其境的感觉。许多学生选择考古专业都与考古电视节目有关。

　　以考古为爱好对于一个人进入考古领域当然是再好不过了。不过，爱好与工作、事业是有区别的。爱好是纯粹个人的事，几乎没有什么功利色彩。我们甚至可以说，爱好本身就是反功利的，一旦一宗爱好有了功利的目的，好比书法的爱好成了牟利或谋生的手段，那么就会产生许多烦恼。而作为工作的话，其职责是很清晰的，工作之余，你可以做你想做的事，而上班时间在工作岗位上，这个职位是有所要求的。就考古而言，工作岗位基本都在国有事业单位、政府文物管理部门，或是在大学、研究所，或是在博物馆、文化遗产机构等。这种性质的工作在没有什么监管或有效的激励机制时，人们是很难产生工作动力的。所以常有人将之当成养老的地方。对年轻人而言，去某些单位，仿佛已经看到了墓碑，有点恐怖。我自己就曾经在博物馆工作过两年，对这种每个人拿工资，但又不知可以干些什么的工作，有一种发自心底里的恐慌。人或许可以耐受贫穷，但是很少能够耐受人生毫无意义——活着是对资源的浪费。我期望的其实仅仅是一份正常的工作，我做了些事情，得到了报酬，问心无愧而已。

在考古工作之外，还可以将考古当成事业。事业必定是有关社会的，个人事务是算不上事业的。为国家、为民族、为社会、为学术……发掘一下考古的意义，我想每个人都能找到一些。对于我们这些生活在大学中的人，每日以读书教学为业，多少有点文化传承的神圣感。从事考古学研究，广义上也是一种科学研究，这也会给人带来一点崇高的感觉。而爱好是关乎个人的，是自由主义，西方人常讲 follow your heart。以前很相信这句话，现在则有点怀疑了。人不可能生活在真空之中，人心是会受到外界影响的，所以人不可能孤立地只考虑自己的喜好。社会责任是必须要有的，其实这跟爱好并不矛盾。我们许多人进入考古领域是基于爱好，但是最经常的反应是"干一行，恨一行"，至少不希望自己孩子再从事这份工作了。如果添加一点儿事业感，可能会提升爱好的意义，让我们有更多的动力坚持下去。

人就是所为之物！

我心中的考古学

我想没有人生来就想做考古学研究，每个人进入这个领域都有点儿偶然。从最初的进入，到终老其中，对于考古学的认识也会不断变化，这是不言而喻的。从一个个体的角度，我想追溯一下认识考古学的过程，或许有助于我们认识考古学的意义。

如今的年轻人了解考古学大多是通过电视，中央十台神秘兮兮的考古节目的确吸引了部分学生选择了考古学。我读中学时，还没有中央十台，家里甚至没有电视机。不过我之于考古学的了解跟现在的学生也没有什么本质区别，也是从一点神秘色彩开始的。还记得自己买过一本《世界文化之谜》，其中有些与考古相关的故事，如：究竟是谁建了金字塔？是不是外星人建的？纳斯卡沙漠画是否也是他们干的？有没有巴比伦塔？世界七大奇迹的古希腊灯塔在哪里？如此等等的谜团对于一个想象多于知识的学生而言无疑非常具有吸引力。再加上"中学生文库"中那些关于极地探险的故事。在我进入大学考古专业学习之前，考古就是神秘的传奇，混合着一点儿对文物珍宝的猎奇，还有那么一点儿探险的刺激。这就是那时我心中的考古学。现在信息途径便捷多样，学生对考古学的了解自然比我那时要多得多。就像有一年在郑州老奶奶庙遗址遇到北大的考古夏令营，这些高中生从北京出发，一路上参观了不少名胜古迹，定窑、响堂山石窟、隆兴寺等等，有些地方我都没有去过。而且还能直接参观考古遗址的发掘现场，与考古学者面对面地交流，这是我以前想都不敢想的事。至于这个经历给他们留下了怎样的印象以及他们对考古学的认识，我无从得知。恐怕更多的是新奇，还有些困惑。这些考古工作者顶着烈日发掘那些碎骨头、破石头片子，究竟想做什么？

带着新奇、传奇、猎奇、好奇，或是无奈（本身并没有选择考古专业，因为服从调剂而被招进了考古方向），我们开始了考古学的学习。如果有人跟我说学习考古学课程真有意思，令人废寝忘食，我不是怀疑他虚伪，就会认为他的脑瓜子有问题。上课、考试，不断地上课，不断地考试。有的课有点儿意思，有的课没有意思。就是这样一个过程，需要一定的意志才能坚持下来。为什么要坚持呢？因为这是专业的训练，我们需要把自己训练成专业人士，就像医学生把自己训练成医生一样。有了专业才能，我们才能养活自己。为了获得更高的交易价值，我们需要提高自己的专业才能。在这个专业化高度分工的社会，如果你不希望自己靠欺骗度日，那么就需要提供有品质的才能，服务于社会，从而交换到自己所需要的东西。由于考古学的发展与教育体系的要求，考古学的训练过程变得相当漫长，本科、硕士、博士，最短也要十年。不能说这个过程完全没有趣味可言，而是说，仅仅凭借兴趣是不足以支持这么漫长的过程的，再好的东西也会变得腻味。回忆自己本科、硕士、博士、博士后长达十五年的训练，除了有点虚无缥缈的理想外，最切实的激励或是压力就是专业精神，既然选择从事这么一项职业，就应该尽可能地学好，这是对自己、对社会的责任。偶尔也会问自己：考古学有什么意义？自己将要从事的工作有价值吗？坦率地说，我没想明白。我努力去做，因为现实需要我这么做，对自己与对社会的责任需要我这么做，仅此而已。

察觉考古学的意义是在自己开始从事研究与教学之后。对于今天的我而言，考古学是理解人、理解社会发展的一种途径。考古学探索人是怎么来的，探索人的行为、社会与文化的发展过程，这之于人了解自身是必不可少的。同时，考古学具有长时间尺度的优势，让我们能够看清楚事情的发展趋势；考古学为了了解长时间尺度的趋势，更多侧重较为稳定的因素比如结构的研究，这使得考古学家更长于宏观的把握。考古学家也许无力改变现实，但是他们能够清楚地认识现实，把握现实的发展方向。考古学是我理解过去的途径，也是我理解现实与未来的钥匙。如果现在再有人问我考古学有什么用，我可以给他一个备选的答案：考古学很有用！它是人类理解自身的基础。如果他还要进一步追问，那么问题就不在考古学范畴之内了，比如说，人为什么要了解自身呢？因为生存！因为生活！了解一个人是必定要包括了解他的过去在内的，了解人类同样也是如此。在今天的我看来，考古学是事业，它就像我的爱人一样，有优点，也有不足，我接受所有的。因为它有优点而倍加可爱，因为有不足而显得真实。对于人来说，我们其实并不喜欢那种巨细无遗的照片，而是更喜欢某个角度的解读。这就是人，人生的本质就是艺术的，我们喜欢用自己的角度去解读世界，考古学是其中的一个角度。

我了解考古学的意义了吗？我没有那么自信。对考古学意义的探索是没有终点的。目前我所知道的是：我们对考古学的理解是逐渐发展的，并不存在一个与生俱来的考古学意义。于个人而言，考古学意义是不断成长的;于整个学科而言,也是如此。从考古学的发端到今天的考古学,不难看出考古学所发生的意义嬗变,从最早的贵族猎奇到今日的科学事业,考古学在不断变化。在不同的人看来,考古学的意义实际上也有如同从古到今的意义变化,对一些人而言,考古学还是猎奇,是鉴宝,是茶余饭后的谈笑,是一夜暴富的梦想;对另一些人而言,考古学是学问,是科学,是探索人自身的途径,是一个人可以终身依凭的事业。

所谓学问以及作为一门学问的考古学

遇人引荐,常说是搞学问的,偶尔还要着重强调一下,说是真做学问的。(难道学问还可以假装做不成?)突发奇想,我们所谓的学问指的是什么呢?为什么大家认为学问是值得一做的事呢?或者至少是比较冠冕的说法。一般来说,我被认为与自认为是"做学问的人",然而我却从来没想过学问是什么,这实在有点说不过去。

什么是学问呢?吃喝拉撒不是学问,我们称之为本能。《红楼梦》中贾政教训宝玉,有所谓"世事洞明皆学问,人情练达即文章"。曹雪芹通常都是正话反说的,显然他并不欣赏什么世事洞明的学问——通常不过是附和流俗的代名词。所以,从逻辑上讲,学问与世事洞明有点反义;也就是说,学问就不是直接关注现实本身的东西,好比说,买东西善砍价,发大财,当大官,甚至是如西门豹那般能够安定一方,就此我们一般都不会说有学问,我们称之为"能干"。因此,我们又可以说,学问只是人世生活的一部分,是某个群体的主要追求。如果你没有学问,并不等于你不能干,不优秀,你可能另有所长。贾政所犯的错误就是想官商学通吃,经邦纬国已经够风光了,硬要当个教授、院士什么的,反而不伦不类,学问属于追求学问的那么一个群体。这么比较一下,不难发现,学问的确是离现实有点远的东西!

人，有时是很现实的，今天能够对付过去，就无须考虑明天。房子能用70年，太长了，三五年就行；马路嘛，能过一个冬天就足够了。我们都会同意孔老夫子是有学问的人，是有大学问的人，万世师表，人间圣贤。然而，孔夫子活着的时候惶惶如"丧家之犬"，走到哪里都不受待见。道理其实很简单，孔夫子解决不了春秋时期诸侯争霸的难题。搞什么仁义礼智信，说什么三代最好，严重脱离现实，完全处在做梦状态。随后两千年的历史却证明孔夫子是有价值的，他的思想对于中国社会的长治久安贡献大极了。我们如今的一言一行，所思所感，无不受到孔夫子思想的影响。北宋大儒张横渠有所谓"为天地立心，为生民立命，为往圣继绝学，为万世开太平"的说法，就此而言，孔夫子确实是开天辟地的。学问是关于人之根本与未来的东西。大学问家解决的是大问题，是最长久的问题。学问家应该是理想主义者，而不应该是现实主义者。不是哪一种更好的问题，而是"术业有专攻"。

既知学问的特征，再回过头来看考古学，考古学是否是一门学问呢？考古学是一门怎样的学问呢？考古学研究过去，目的却是未来。从这个角度来说，考古学非常符合学问的一般特征，它之于现实的意义是相对有限的；实际上，现实中运用考古学成功的例子并不多。政治上用以促进民族的认同感，强化政治合法性，服务于某个阶层的利益，这些都可以理解，但如纳粹、种族主义以及类似政治体系运用考古学就是一场灾难；经济上，现实中的人们视考古学基本为挖宝与鉴宝，屡禁不止的盗墓与盗掘自然是违法的，那种为了现实利益曲解考古材料或是过度开发对文化遗产的破坏也不可小视。理想都是美好而纯洁的，现实总是妥协与郁闷的。从学问到现实似乎需要某种"中程理论"来沟通，更需要审时度势地运用。现实有点残酷的骨感无损于学问的丰满，打了败仗责怪《孙子兵法》是没有道理的。

作为一门学问的考古学本来就是研究人之过去的，尤其是没有文字可考的历史。它探索人的由来，是人了解自身的基础。人从哪里来的、怎么来的等问题有助于我们了解人是什么，人的本质是什么。知道这些有什么用呢？既不能解决衣食住行的问题，也无关国家民族的强盛，但是这些研究构成人类知识的基础，就像一栋大楼的底座，你看不见它，但它不可或缺。人若对自己都不了解，何谈人的利益呢？就好比我们经常说要满足人们日益增长的物质与精神需要，人们的物质需要为什么一直要增长呢？人为什么有精神需要呢？人何时有了精神需要？我们的物质需要究竟何所指？是指生理需要的基本满足吗？满足这些需要之后的"物质需要"还是物质的需要吗？作为一门学问的考古学也许不能单独回答这些问题，但是回答这些事关人类本质的问题是离不开考古学的。

考古学研究人类过去的历程，我们有时希望从人类的历史进程中看出某些规律来，然而，愈研究，我们愈发现存在许多特例难以被规律所包括。我们既不能说历史毫无规律可言，也不能说历史铁律无人能挡。考古学就是历史统一性与多样性之间的辨证论治。从历史的角度说，一切都是过去的事，一切都会过去，没有人能够万寿无疆，除了 DNA 之外。在人类社会中，还有一种东西跟永恒的 DNA 一样，能够不断流传、传播、变迁，当然也会灭绝消失，我们称之为"文化"。说到文化，我们首先想到的就是千姿百态。比如我刚刚读到苏丹的努尔人（Nuer）用牛粪灰刷牙，用牛尿拌奶酪洗手、洗脸，我觉得这真不可思议，很有点猎奇的心理。想当年西方人看中国人裹小脚、留长辫子，恐怕也是如此。考古学需要理解为什么文化如此不同。不过，目前考古学的解释大多是归因于环境，自然环境，或者再加上一个，社会环境。重建文化多样性的形成过程（历史）无疑是另外一种很好的解释方式。时间与空间，统一性与多样性，考古学让我们看到一个丰富的过去，尽管有点残缺。了解它，至少可以让我们多一点儿谦卑，多一点儿包容，多一点儿相互理解。

考古学是晚近出现的学问，为什么这么晚呢？因为考古学的立足点是近代科学。人类很早就试图了解过去，通过传说、神话，甚至是某些被神化的古物来传递有关过去的故事。我们现在知道这些方式不大靠谱，口口相传之中芝麻能够变成西瓜。考古学的出现就是为了有效地了解人类的过去，其基本的立足点就是科学。科学有理论、方法与材料，这三者相结合使得我们对古代认识有据可依，能够不断修正。考古学跟自然科学相比，也许不那么客观，不那么可靠，但是跟传说、八卦、迷信、神话等相比，它就太高明了。不管怎么说，考古学是我们目前了解史前时代最有效的工具。这句话暗含着一个前提，即考古学是要探索真实的史前时代的。"求真"这一普遍的科学目标，也是考古学的目标之一。

与真实、宽容相对的是欺骗、狭隘，它们是人类的大敌。人类的悲剧大多与欺骗、狭隘联系在一起。欺骗之流行，以至于需要我们在每一个领域都成为专家才能勉强应付。欺骗之普遍也反衬出真实之可贵。与欺骗相比，狭隘的危害有过之而无不及，看看每天发生在世界上的悲剧，就不能不感慨宽容是多么重要。考古学并不会自动生成真实与宽容，但是它无疑是真实与宽容的基础。我想，只要欺骗与狭隘还很猖獗，考古学这门学问就有存在的必要。不过，我们也要小心这门学问被它们侵蚀殆尽。

学问是值得追求的东西，除了上面有点堂皇的理由之外，学问的价值在于能够帮助人理解现实，尽管它很少能够改变现实。当代社会，学问已经高度分化，从学问到社会生活之间产生了许多中介或桥梁。比如说，一门科学往往有理论学科，有方法论学科，还有工程学科，通过它们，"无用的学问"逐步化为可以改变现实的手段，学问变成能耐，知识成为力量。"百无一用是书生"，那是因为那些书生除了考试之外，并无真正的学问。考试是能力，不是学问。

最后也许应该说点学问之道，古人其实已经说尽了，这里不过是重复一下而已：读万卷书，行万里路。也许可以补充一点个人的小心得，那就是读书中多一点思考，读书之外多一点切身的实践与体验。学问可能不会让人飞黄腾达，但至少有可能让人少一点虚伪与狭隘。能够真实地活着，在这个时代，尤为珍贵。

历史的逻辑与考古学

考古学属于历史学，至少是广义上的。历史学研究发生于过去的事，其研究似乎已经有固定的套路。任何历史事件的发生都是必然的，都有内因、外因，必定都是诸多因素相互作用的结果。我们在解释史前历史变化的时候，从人类起源到农业起源到文明起源，无不采用这样的解释逻辑。当然，不是每位研究者都会采用如此综合的角度，不同的研究者采取的视角可能有所区别，或从理论或从材料或从方法上，但是内含的假设都是一样的：历史是必然的！因为它已经发生了，是客观的存在。研究者唯一的任务就是要解释它为什么会发生，如何发生，等等。于是，就有前面所说的那一套研究思路。

历史与现实的差异太明显了！我们看到的现实、把握的现实、体验的现实却是充满了偶然性的。生命的无常不会因为男女老幼而有所区别。刚刚还在飞机上谈笑，转眼就成了黄泉路上客；好好地走在人行道上，结果路边店铺煤气爆炸，路人遇难；仅仅因为一两句口角，就有人行凶伤人……这样的故事（事故）每天可以读到，慢慢也都习以为常了，最后成了一组数字，比如说，全世界每年死于狂犬病的有五万人，中国每年死于车祸的有几十万人，等等。当鲜活的生命变为数字的时候，历史的必然性就开始体现了。以狂犬病为例，95%的死亡都发生在亚洲，可以追溯的直接原因就是狗没有打疫苗，更进一步的解释就是社会管理的混乱，上升到文化高度就是某些人好攀比，还可以归因于人性的弱点、害怕孤独、喜欢炫耀……总之,原因总是多方面的,有直接的、有间接的,有表面的、有深层的。狗养多了,不打疫苗,总会出问题的,概率的高低取决于社会条件。五万人,其中可能包括许多孩子、年轻人,他们未来的可能还没有得到展现,其中或许可能产生比尔·盖茨、希特勒这样或正面或负面影响历史的人物,但是他们很不幸,成了人世间匆匆的过客。每一个人的故事似乎都是无常的恶作剧。

回到历史研究中,一切都是必然的,一切都是自然而然的,发生了而已。无论如何,生活还在继续,历史还将延续。通过无数偶然性的叠加,我们看到必然性的形成。比如说车祸是偶然的,是所谓不测风云、飞来横祸,由此人们开始关注汽车的安全性以及交通规范,随之产生了一系列技术发明、风险管理以及人们的行为规范,最后可能形成习惯——严格遵守汽车这种机器的原则。精于机械加工的德国人也因此形成了严格、精密的文化传统。中国社会的现代时期很短,还保留着许多前现代的东西,所以做许多事都是"差不多就行",在规范面前非常随意。当我们在讨论不同文化传统区别的时候,其实它们都是历史上由无数偶然性事件造就的必然性,我们有时称之为规律或规律性的认识(pattern)。类似的例子还有很多,战场上子弹不长眼睛,战术水平高的,会躲一些,可能活下来,但不等于绝对就能避开。有的人倒下了,有的人活了下来,生死一线,防不胜防。但是,在总结战争胜败的时候,我们知道其中存在许多必然因素。推而广之,战争是政治的延续。我们知道"得道多助,失道寡助",道就是必然性。

在必然性面前,个体通常被消解了,成为一个个枯燥的数据。就像宣传文字的话语:在历史的滚滚洪流面前……大势所趋……历史的车轮……时代的轨迹……个体,无数偶然性事件的主体,变得微不足道。我们就如同风中的尘埃、海滩上的沙子、大海中的水滴。当个体都已消失在无名之中的时候,历史也就成了干巴巴的必然性了（各种各样规律性的认识）。在个体发展还不明晰，材料证据保存又十分薄弱的史前时代，个体几乎无从说起。

然而，我们研究历史，仍旧需要通过个体性的事件来进行。考古学研究的是古代的遗留，那些没有被自然与文化过程破坏的遗留之物。一个遗址、一个活动区、一个器物组合就好比历史长河中的一滴水。通过一滴水，我们可以部分地了解海洋，我们无须去研究每一滴水，也不可能做到这一点。考古学研究就如同通过一滴水去了解海洋，它通过个体事件去透视历史。通过若干个遗址我们可以了解一个地区、一个时代；通过一组器物组合，我们或可以了解一种文化的风格。或许有人会质疑，每个个体的事件可能都是不同的，我们的工作就是在盲人摸象！这样的质疑无疑是有道理的，但是不要忘记长期以来，我们一直都是在研究必然性的。也就是说，我们知道大象在那里，只是我们的了解太粗略，我们把所有的大象都视为同一的，没有区分。

我们不是盲人，但是我们缺少真正触摸大象的过程。存在是一种体验！一道菜多么好吃，不是说出来的，而是需要亲自尝一口。无论必然的趋势多么不可避免，无论规律多么严格，都无法取代体验。历史研究之所以干巴巴的，一个重要的原因就是它忽视体验，考古学的兴起很大程度上弥补了历史学的这个不足。现象学的考古学尤其强调这一点。我现在有一种认识，实验考古学并不仅仅是一种验证器物功能或是某种过程的手段，它也是一种体验的方式。试一试用砾石制作一件砍砸器，然后用它去砍伐树木，在没有金属工具帮助的情况下，这可能是人唯一能够加工一根木矛或是挖掘棒的方法。你需要找到合适大小与形状的砾石：太大，你无法握持；太小，又不敷使用。你需要找到合适的原料，不是所有的石头都能够制作砍砸器，砂岩就不合适，不利于打击的花岗岩也不合适，硬度太低的如石灰岩不合用，硬度太高如某些石英岩加工难度非常大，也不适用。因为有这些实验考古的体验，我于是可以说汉中盆地旧石器时代早期使用砍砸器的人们对自己的栖居区域与石器制作工艺有相当的了解。他们生活于河流的中游区域，石料大小形状合适，他们选择最便于加工的角页岩来制作砍砸器，而没有选择砂岩，很少选用难以加工的石英岩，对石质优良但原料稀少的燧石也是罕有问津。砍砸器不过是即用即弃的权宜性工具，用不着花费太多的精力。实验是一种体验，考古学的魅力之一，就是它的体验性。历史变成了切实的、鲜活的、设身处地的个体体验。

个体呈现的巅峰还不是体验，而是人类主体的能动性。很多人相信历史规律，的确，历史并非没有规律，虽然有一点儿模糊。只是人如何认识到它，又如何去利用它，并不是那么固定的。总有人自以为历史规律站在自己这一边；也有人认为历史就是一种宿命，是无法改变的。最近读到保罗·肯尼迪（Paul Kennedy，著有《大国的兴衰》）的新著《二战解密：盟军如何扭转战局并赢得胜利》（*Engineers of Victory: The Problem Solvers Who Turned The Tide in the Second World War*），第二次世界大战是一场正义与邪恶十分分明的战争，1942年之后，同盟国的胜利已经不可避免，但是《二战解密》告诉我们，事情远没有这么简单。其间还经历了许多困扰与挫败，是一些"工程人员"（各个方面的专家）发展种种奇思妙想，解决了那些难题。从中不难看出，无论历史趋势多么明显，规律多么可靠，都需要人创造性的工作。因为创造，历史才丰富多彩。古今兵法，几句话就可以说完，但是运用之妙，却是变化多端的。个体的创造（包括背叛某些规律），不论是成功还是失败，都值得总结，值得汲取。长期以来，考古学都是一种被动的考古学，人就像陀螺一样，被各种因素驱使。然而，我们需要知道，人真正的历史乃是人自身创造的历史。考古学家柴尔德很早就认识到了这一点，他说人创造了自身。

强调必然性研究的是过程考古学，也包括以马克思主义为指导的中国考古学——以揭示历史规律为目的。强调个体,强调偶然性、体验与能动性的是后过程考古学。两者之间无疑是互补的,互相不可替代。然而这样"铁的"认识仍然无法取代上述的思考。规律或许真的不难认识,难的更可能是体验与创造。

学术意义

大抵刚开始学习做研究的时候,对于一个题目的意义总是有点迷糊的。其实,即便做了许多年研究,恐怕大多数人也不会问有什么学术意义。因为要指导学生,所以也就想到了这个问题,突然发现研究一下子又变得有些陌生了,哪些研究有学术意义呢?所谓学术意义,字面上大抵有两层意思,一层是因为做的是学术研究,所以称为学术意义;另一层是说学术上的意义,即不那么实用,带有学理性质的意义。前一层意义有点同义重复,学术研究产生学术意义,真的吗?学术研究也有搞笑的意义。我们通常所说的还是后一种意义,学术意义是指带有学理性质的意义,不过在实用主义传统盛行的当下,恐怕更强调术而非学,也就是说,有没有实用价值。

人生需要意义,当然没有意义也不是不能活着。就像汪峰歌曲《存在》中所唱的"有的人活着,但已经死去"。"行尸走肉"这个词就是用来形容人的。我们从事学术研究不能没有意义(当然,没有学术意义不等于不能从事学术研究)。还有,即便是有意义,也不一定都是积极的意义,遗臭万年也是一种意义。不过,我们一般不用"意义"这个词来指代这种消极的东西。意义是积极的、正面的、对社会或个人有用的东西。所谓学术意义的"有用",不是指带来吃喝的用,通常指的是间接的、有长远效应的用。就好比相对论,没有直接的使用价值,但是它是核反应的基础。除了原子武器外,当代的核工业都要拜赐于它的贡献。让学术意义具有实用价值本身就是一句自相矛盾的话，就是说，让具有间接、长远效应的东西立马产生直接的、短期的效应，爱因斯坦也会抓狂。按照这样的要求，最好的研究都会是"术"的研究，而不会是"学"的研究。

要知道什么研究有学术意义，恐怕首先要知道什么研究没有学术意义。也许正因为研究中学术意义不那么好寻找，所以学术意义也变得弥足珍贵。最经常的没有意义的就是虚假的研究，比如皮尔敦人的发现，还有藤村新一的旧石器，立足其上的研究就会让人误入歧途，浪费生命。这些都是有意的造假，如果是无意中造的假呢？我们沉浸于其中而浑然不知，就像体系（Matrix）一样，这真是人生的悲剧。所以，我们希望看到多样的角度，避免限于某个虚假的体系中，自我感觉良好，殊不知已经谬以千里了。

考古学上不乏先入为主的研究，极端的如种族主义考古、纳粹考古，这都说不上考古，考古工作存在的意义就是为了证明这些极端荒唐的思想。观念错误，无论田野工作多么细致都是于事无补的。苏联考古学，存在明显的"以论代史"的倾向，也是一种先入为主的研究。这样的研究都是不可检验的，观念绝对正确，不需要证明，也不需要推理，考古学的工作就是寻找材料证明它们。研究是思想的探索，如果已经都知道了，哪里还需要研究。中国传统文化中，罢黜百家，独尊儒术，不能百家争鸣，科学不昌明，也就不奇怪了。

还有一种缺乏意义的是错误的研究，鸡蛋里找骨头是不会有结果的。宾福德曾说，穷其一生证明地球是平的有意义吗？历史上不乏这样的研究。当然，人类认知的过程通常也是一个试错的过程。错误是在所难免的，重要的是及时发现与纠正，不能说错误就是我们的目标。所以科学研究强调验证，强调学术批评与反思，社会与人文的研究需要通过社会与个人的实践检验。

有些研究不一定有以上的毛病，但是僵化、狭隘，严重制约研究者的创造性，这样的研究意义也是要大打折扣的。重复的研究,照猫画虎的研究,都损害意义。还有一类研究,完全以材料为中心,发现材料,整理材料,再整理材料。这样的研究非常重要,但是如果研究都是这样的,那么问题也就来了,也就是我们最经常会遇到的问题,学术意义在哪里呢?为某某问题提供重要的研究资料,就是这个吗?怎么提供的?有什么关联?如何关联?如此等等的问题都没有回答,这就使得学习研究的同学感到相当郁闷,心里产生了对考古学的怀疑。

说了各种伤害意义发现的研究,我们需要知道怎么才能找到有学术意义的研究。简单地说,就是"大处着眼,小处着手"。学术意义通常是整体的、长远的。就好比打仗,一次战斗胜利了,不一定叫作胜利,一个战役也不是,一场战争胜利了,仍然不能说是真正的胜利了。因为从大处来看,真正胜利的战争是赢得长治久安的战争。越战时,美国几乎打赢了每一场战斗,最后却输掉了战争,因为输掉了70年代的国家发展。对于考古学来说,大处就是人,而不应该是物,我们研究物,最终也是为了研究人,所以人是大处。剩下的问题就是哪些问题跟人相关。以旧石器考古为例,就是跟人类演化相关的问题,文化的起源、艺术的起源、心智的起源,如此等等的问题都非常有吸引力。这些问题涉及整个人类的发展历史,毫无疑问,具有重大的学术意义。当然,从大处着眼跟从小处着手是相辅相成的,没有具体、细致、深入的研究,所谓大处仍然是空中楼阁。但是,如果将从小处着手理解成一味地进行材料分类描述,那么小处着手可能就是没有多少学术意义的事。要实现大处着眼,就必须去了解人本身。了解人的学科很多,政治、经济、社会、心理、历史、人类学等都是了解人的学科,考古学研究者其实都应该学习,至少有所了解,否则谈什么大处着眼呢?遗憾的是,我们的考古教育更多教小处着手,很少教大处着眼。也许这是对考古教育过高的期望,因为这样的教育很早就应该开始,而不应该是从专业教育时才开始的。我们的中小学似乎除了对考试教育感兴趣之外,对于真正的知识兴趣不大。这就导致大处着眼的困难,导致学生发展后继乏力。因为说到底,"学贵根底",包括我自己在内,最感到缺乏的仍然是基础不够深厚。

考古学是一门年轻的研究古老时代的学科,是一门边缘学科、交叉学科,跨越了人文、社会与自然三大学科。因此,考古学的学术意义大致也可以分为三种,与三大学科相关。这个发现的确让人对考古学有点儿刮目相看。这是在学习考古学思想史时的一个收获。考古学是由先后形成的三个分支组成的:从艺术史发展出来的古典研究,进而形成历史考古;从科学古物学发展出来的史前-原史考古;以及旧石器-古人类的考古。三大分支从开始到现在,融合程度都不高,共享的东西是都研究实物材料,如此而已,目的、理论、方法、相关学科乃至社会关联都不相同。有鉴于此,考古学的学术意义需要分开来看。历史考古的学术意义在于追溯物质文化的意义,这里物质就相当于文本,甚至比文本的含义更丰富,它体现了历史文化的积淀。当我们在摩挲宣德炉的时候,实际上感受到了千百年积累下来的文化氛围,不知不觉地被它影响了。也许这个例子不够清楚,就好比用筷子,这简单的两根吃饭的工具,它对中国文化的影响就不可小视。理解历史文化所需要的知识基础有点形而上,也就是要切入到精神领域深处。

史前-原史考古侧重研究某个特定群体的文化渊源,它是最正统的考古学。它的学术意义多是与社会历史相关的。试想一下,如果你的研究能够搞清中国文明起源的过程,弄清黄帝到底是谁,是不是早到了公元前三五千年,比世界最早的文明还要早,即使仅仅确定了中国文明起源进程,对于促进民族认同都会有相当的助益,所以值得花上若干亿元的资金。在当代中国考古学中,这可能是最重大的课题,中国文明起源、中国农业起源、中国人的起源……都是具有重大现实意义的课题。这种意义无疑是社会历史层面的、典型的社会科学研究。

旧石器考古研究除了上面所说的中国人的起源研究比较贴近现实外，它的学术意义跟自然科学差不多，就是要了解人类的演化进程。那些物质材料是很难追溯其文化意义的，很少能够确定属于哪个群体，我们只知道它属于所有人类。科学没有国界，旧石器考古的学术意义全世界都通用。你的发现对于了解人类祖先的生活有什么帮助呢？我们是否因此更多了解了人类演化呢？

科学的意义在于求真，社会科学的意义似乎更偏重于求善，而人文的意义则偏于求美。这么说当然有点简单化之嫌，倒是有利于理解。比如作为社会科学的经济学，它的目的就是在效率与公平之间寻找平衡，它无法成为自然科学；如果真的成为自然科学，那绝不是什么幸事，可以将公平绝对量化吗？作为社会科学的考古学，理想的状况是它可以服务于社会大众，有利于社会的长治久安。中国统一历史居多，不觉得这多么可贵，设若真的战火纷飞，估计人们就会反思，为什么我们就不能相互认同呢？为什么要彼此视若仇寇呢？这也就是考古学求善的一面。考古学发掘古代文化的精髓，让后人欣赏它，这是考古学求美的方面。

如果回顾考古学不同分支的风光史，20世纪中叶之前都是文化历史考古风光的时期，也是主要追求考古学社会历史意义的时期。我们知道文化历史考古的主要思想基础乃是民族主义。欧洲的民族主义在"一战"前后达到了高峰，"二战"之后逐渐降温，人们开始明白民族主义是双刃剑，能团结群体，也能造成巨大的伤害。其后，民族主义主要在第三世界流行。所以，在中国流行文化历史考古也是有历史必然性的。60年代开始，强调科学的过程考古学开始流行，风光一时无二。到90年代后，后过程考古学开始引领潮流，它强调人文的意义。历史仿佛又回到了从前，要知道艺术史研究不就是强调人文意义的吗？风水轮流转，不同时代不同地区所强调的考古学意义是不同的，以当代中国为例，主要强调的还是考古学的社会历史意义。如果去翻一下《中国大百科全书·考古学》，很有意思的是,夏鼐与王仲殊先生将考古学定义为人文科学,这个定义是不是跟他们的历史考古背景相关呢?

说得有些远了,广泛的学术意义似乎跟具体的研究关系并不密切,具体操作的时候,怎么把小处与大处结合起来,这是研究中最困难的部分。考古学的理论、方法都是为之服务的。当代考古学发展出了很多新兴学科来解决这个问题。当我们沉湎于材料分析的时候,也许我们需要抬头看一看,自己所走的路是不是一条死胡同,能不能把我们带到一个有意义的境地。我们还需要明白,考古学的学术意义并不只有社会历史意义一项,它还有丰富的文化意义与纯洁的科学意义。另外,把不同意义混为一谈,则会让人莫衷一是,无所适从,考古学的学术意义是有领域之分的。这里说得截然分明,其实中间是存在灰色地带的——不同分支之间存在着交叉。对于我们学习考古学而言,则需要明白,考古学的学术意义是一种长远的、整体的意义,为此我们需要了解考古学之外更广阔的知识领域。

同构性

最近看了《超验骇客》(*Transcendence*),片子出来的时间似乎不短了,想必看过的人很多。片子的想象力还是不错的,身体死亡的科学家临终前把自己的意识上传到了超级计算机上,于是这种具有了意识的人工智能开始自主演化,因为有强大的计算能力,很快它就突破了重大的科学难题,有了办法让森林恢复、让污水清洁、让雾霾消失……但是,人们无法接受这样的事实——它就像上帝一样无所不能,反对者最终用病毒将其摧毁。结局是,城市失去了电力,笔记本电脑只能当作塞门的垫石。

看完片子后忍不住要做一点儿反思,这样的片子看多了,基本架构都差不多。我想,是什么导致这样的相似性呢?有些片子甚至都不用看，也可以对情节做出基本猜测——肯定是一方灭掉另一方，典型的二元论的结构。按照冯友兰先生的说法，西方的观念就是"仇必仇到底"，直到矛盾的一方被消灭，矛盾消失。二元论是西方文化的基本法则，消灭敌人或是消灭矛盾的一方是必然的，没有什么其他的选择。西医就是一个很好的例子。我们或许可以称之为"同构性"。

有趣的是，与二元论相辅相成的是上帝作为终极的存在，人工智能之所以被质疑，那就是有人认为它取代了上帝的角色。它似乎无所不能，不是上帝又是什么呢？片子反映西方人一种很矛盾的心理，既期待上帝的出现，解决人类的困境；又害怕真有这么一种力量，让人失去了选择的自由。片子所支持的价值观无疑就是个体本位的，强调个人自由高于一切。这些东西都是我们熟悉的西方价值观。作为一个文化背景不同的人，我看这部片子，比较容易发现这些明显的特征。我相信，西方人甚至不会注意有这样的东西存在。最近看霍德的新作《纠缠：人类与事物关系的考古学》(*Entangled: an Archaeology of the Relationships between Humans and Things*)，他首先强调，我们很容易忽视一些经常存在的事物，比如说电视机，有多少人注意到电视机有个屏幕呢？人们关注的是电视节目！那些我们看到很不同寻常的东西，对西方人而言，早已熟视无睹，甚至根本就没有感到其存在。反过来说，我们自身文化中人人视为理所当然的东西，西方人可能又觉得不可思议。

同构性无所不在，却不是那么容易看见的。最近还看了本有趣的书，威廉·麦克尼尔（William H. McNeill）的《瘟疫与人》(*Plagues and Peoples*)，书写得很精彩，其中贯穿着一个基本理论线索，即微寄生与巨寄生。前者很好理解，即微生物对宿主的寄生，如果宿主都死掉了，微生物也无法生存下去。许多微生物原来的宿主都不是人类，只是因为人类侵入到了其生态环境中，而且人类的人口密度足够高，于是就有了成为宿主的价值。巨寄生指的是一个社会内部统治阶级之于被统治阶级的寄生。狩猎采集时代,人们的剩余财富极少,无法养活统治阶层。农业起源后,生产剩余增加,人口密度足够高,社会分工加剧,此时统治阶层也分化出来。统治阶级如果过于残酷,被统治阶级活不下去,或是死亡,或是造反,统治阶级也不得好过。

麦克尼尔是美国著名的历史学家,影响力非凡。微寄生很科学,很好理解;但是巨寄生更像是一个比喻,而不是对自然界规律的揭示。不过麦克尼尔将两者并称,让人不知不觉地将其自然化了。你会不知不觉地接受其中暗含的观点,即统治阶级剥削被统治阶级是合理的,是"自然的"。他所希望的就是统治阶级行一点"仁政",不要搞得民不聊生,阶级矛盾过于尖锐,这样对自己也没有好处。是不是有点意思呢?那些看似天经地义的东西的背后是不是都有同构的观念在支撑呢?电影《勇敢的心》的最后,造反者华莱士被绞死前,高呼"Freedom",翻译成中文就是"自由万岁"!与其说是华莱士的话,还不如说是当代美国社会的核心观念,把启蒙运动以后形成的个人本位思想推到了从前(当然,其中可能还有分化削弱老牌帝国主义英国的作用,最近苏格兰闹独立很厉害,其民族主义与这类电影的推波助澜不无关系)。

回过头来看考古学,我们的研究是否也存在类似的同构性呢?以前读理查德·利基(Richard Leakey)《人类的起源》(*Origin of Humankind*),他说第二次世界大战时流行达特"凶杀者,猿"这样的假说,20世纪60年代出现第三次技术浪潮,这时流行研究技术,俨然是原始版的"科学技术是第一生产力"。1968年,"Man, the Hunter"会议之后,女权主义开始影响到考古学,考古学家开始重视女性采集对于古人生活的贡献,后来强调男性在狩猎中的作用主要是猎杀,之前的追踪,之后的屠宰,女性都有参与,所以不能说只有男性才狩猎,如此等等。考古学家的研究其实深受当时社会思潮的影响,纳粹德国的种族主义考古就是一个极端的表现。

　　了解同构性可能会促使我们反思自己视为天经地义的某些东西。比如"中国式的"实用主义，干什么都要问问有什么用，究其所谓"用"，仍不过是权与利。这样的"用"还是在社会关系层面上打转转，而没有深入到精神层面上去。即便是高谈阔论，最终的目的仍然是实用的，所以事情难以做好。

　　同构并不限于意识形态与各种社会制度设计，技术与社会也具有同构性，人类学家早已有论述，尤其是法国人类学家安德烈·勒鲁瓦-古昂（André Leroi-Gourhan）。这种思想与旧石器考古关系重大，因为它意味着从技术出发是可以去研究古人的思想的。不是吗？机械唯物主义流行的时代就是一个机器开始流行的时代，人们总是追求机器一般的确定性，笛卡尔的思想、牛顿的力学，甚至拿破仑与克劳塞维茨的军事思想都透露了机械的力量与精确性。我们现在生活在一个网络时代，中心在瓦解，结构日趋扁平化，权威、确定性等都受到挑战，从后现代哲学到后现代科学，再回到后现代社会，无不如此。克莱夫·甘布尔（Clive Gamble）研究欧洲旧石器时代社会，特别关注的是社会关系网络（network）。人类在地球上生活了几百万年，似乎现在才突然明白只有在关联中我们才能理解个体与社会。因为今天我们完全依赖网络生存，人的存在似乎是以手机是否运作为标准的，没有了手机网络，虽然人还活着，就好像已经弃世了。

　　说到这里，我们似乎已经揭示了同构性存在的机制问题，为什么会有同构性存在，那是因为人类生活诸层面之间存在密切的关联。我们之所以会如此关注网络，那是因为我们日常生活的方方面面与之不可分割。而在小农经济时代的中国，流行的天人合一的思想，"天"在社会制度中就是皇权，人们的宇宙观也是围绕太阳展开的；男权对女性的主宰也用太阳与月球的关系天然化了。寒来暑往，秋收冬藏，日出而作，日落而息，随着自然节奏的生活不知不觉地深入到社会与文化的方方面面。

同构性是我们研究考古学思想史的理论基础,没有这个基础,我们很难理解考古学的发展历程。特里格《考古学思想史》(*A History of Archaeological Thought*)了不起的地方就是他很注意从社会背景、思想潮流,甚至技术发展的角度来理解考古学的发展历程,但是他没有点明同构性这个理论基础。简言之,从这个角度出发,我们也就有了理解中国考古学发展的钥匙。

第二章
他山之石：学习西方考古学

古语说："他山之石，可以攻玉。"有点疑惑，为什么不说本山之石呢？是因为外来的和尚会念经吗？学术研究是一项探索性的活动，一般说来，没有既定的道路可以走，需要从许多个角度来深入。在一个学术体系中待久了，免不了有一些思维定式，此时就需要换个思路。"他山之石"也就有了借鉴的价值。曾有同学认为中西考古学理论是为了解决各自的问题形成的，各有所长。我赞赏其爱国情怀，但是又不得不承认，考古学对中国来说是舶来品，不论是层位学、类型学，还是指导理论马克思主义。向西方考古学学习是近百年来的基本形态，短时间内恐怕还不能改变。"学习乃是硬道理"，鲁迅先生倡导"拿来主义"，当代改革开放的中国最了不起的地方就是广泛地学习。"海纳百川，有容乃大"。谦虚地学习，让我们充满活力，让我们充满希望。

哈里斯方格（Harris Matrix）

新的田野考古操作规程引用了爱德华·哈里斯（Edward Harris）所发明的 Harris Matrix。这是一个什么东西呢？最简单的说法，就是层位关系图。为什么要冠上这么花哨的名字呢？这跟西方的学术传统有关，算是对发明者的肯定吧！就像迈克尔·谢弗

（Michael Schiffer）在他的名著《考古记录的形成过程》(*Formation Processes of the Archeological Record*）中定义了若干以学者名字冠名的定律，比如克拉克效应（Clark's effect）——人们习惯于往有垃圾的地方扔垃圾。特里格曾经为此取笑过，说谢弗把常识当成了定律。1973年哈里斯率先建立了一种画层位关系图的方法，于是就有了这样的名称。

说来惭愧得很，我知道有这个方法是非常晚的，两三年前看论文时见有人提及，专门去查过，后来又有学生问过。最近得到伦福儒与巴恩所著《考古学：理论、方法与实践》(*Archaeology: Theories, Methods and Practice*）的第六版（2012年出版），非常权威的西方考古学教材，查阅了一下，发现没有提及哈里斯的工作。再去查较晚近出版的《田野考古学》（*Field Archaeology*），居然也没有提及，看来这个方法的流行程度并没有想象中那么高。在给哈里斯的著作第2版撰写的序言中，谢弗有点愤愤不平，说这么重要的方法，居然还有人不认同。不过，谢弗在自己1987年的著作中，对其也是只字未提的。

争论有没有名气，其实有点无聊，甚至是庸俗。好不好还得看东西本身。层位关系图对于中国考古学来说，实在不是什么新鲜的玩意儿。不过，哈里斯方格不是一般的层位关系图，它是一种能够把整个遗址所有遗存的早晚关系都统合起来并且进行分期的层位关系图。哈里斯是怎么做到的呢？他的做法跟中国考古学的做法有什么不同呢？我们能不能用呢？这几个问题值得讨论一下。

在进入具体讨论之前，有必要像哈里斯一样，先说说考古地层学所依赖的几条基本原理。第一条原理就是叠压关系法则，即在没有扰动的情况下，下面的地层早，上面的地层晚。这条原理很好理解，如果这条原理不成立的话，地层的早晚关系就没法区分了。

第二条原理是水平法则。自然条件下，由于重力的作用，考古地层应该是趋于水平的。我们知道地质地层由于构造运动，会出现褶皱，此时地层看起来就可能是斜的。相对于地质地层，考古地层的年代都非常晚近，很少有固结成岩的现象，更少有地质构造运动所引发的褶皱出现。因此，可以假定考古地层是水平的，更准确地说，考古地层是趋于水平的，受重力、水流等营力的作用，高处的沉积物会向低处运动。

第三条原理是连续法则，考古地层如果没有干扰的话，应该是连续的，像透镜体一样，中间厚、边缘薄，逐渐消失。如果你看到的是很厚的地层，那么就应该考虑一下它的成因，它是否被打破了，比如一条沟壕会把连续的地层切断，让人看到很厚的地层剖面；也可以是一堵墙，把两边同时期的地层分隔开来。这条原理实际就是打破关系原理。

这些原理不复杂，说穿了都是一些常识性的东西；学术一点儿，就成了公理。在西方发源的近代科学是以逻辑推导为基本线索的，因此首先需要一些公理，然后进行推导，得出更具体的认识。从一般到特殊，也就是所谓演绎的方法。的确，没有演绎，我们实际上很难说什么。

哈里斯层位关系图所有的奥妙就在于他所确定的需要排出早晚关系的考古单位。中国考古学中，需要排出早晚关系的单位一种是地层，另一种就是遗迹单位，比如房子、墓葬、灰坑、壕沟等。哈里斯所定义的单位要比我们的细致许多，一段经过几次维修的墙就是几个地层单位（图2.1），不同探方的地层可以是不同的单位。然后用一张布满小长方形的表格（图2.2），把这些地层单位都标记上去，便形成了哈里斯方格，同一遗址中若干幅这样的表格可以拼接起来，形成整个遗址的层位关系图（图2.3），根据它可以进行分期。

地层的接触关系基本上只有三种，一种是叠压，用上下关系来标识；一种是打破，即从前连续的地层被断开，或是属于同一时期的地层被人为分隔开来，用等号（=）来标识；第三种就是没有接触关系的（图2.4），我们不知道其早晚关系，那么就纵向

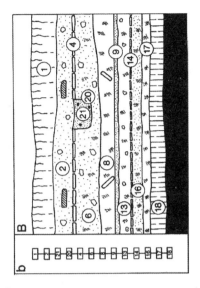
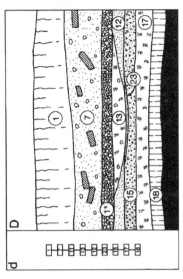

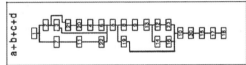
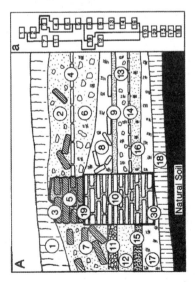
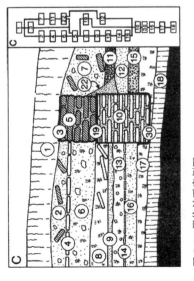

图 2.1 层位关系实例图

图 2.2　Harris Matrix 的工作表格

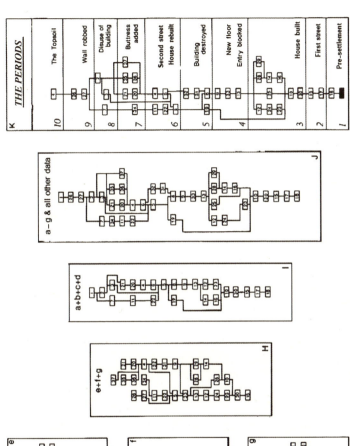
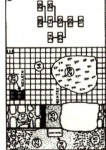
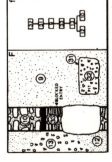
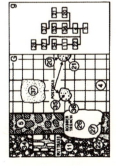

图 2.3 层位关系转换为 Harris Matrix

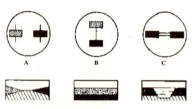

图 2.4 三种层位关系

上分出另外一支来,就像树分杈一样,若是在哪个地层又联系起来了,那么就再连接起来。通过这样的关系标识,所有的地层单位就都联系起来了。

哈里斯层位关系图的好处在哪里呢?(1)细致。如果需要的话,你完全可以把一个经过几次维护的灶坑细分为几个地层单位,较之我们只对地层与遗迹单位排序的精细度大有提高。(2)规范。因为有表格与简单的规则,可以有效地区分各种地层单位的早晚与并存关系。(3)系统。通过多个有关联的层位关系图,可以把整个遗址的地层单位都串联起来,进而做全面的分期,这比我们仅仅画一两幅典型剖面的层位关系图要系统得多。

哈里斯方格如此好,要用起来并不是很容易的,最重要的前提是地层单位要比我们现在所知的要小许多。在中国考古学中,典型的新石器时代遗址发掘一般都用 5 米 ×5 米的探方,很少会把一个遗迹再细分为若干个地层单位,比如一个灰坑内的堆积。因为地层单位少,采用哈里斯的方法实在有点大材小用。某些地层特别复杂的遗址,如辽西地区夏家店下层文化的遗址,很需要用这种方法。如果能够把这样的遗址所有的地层单位(包括遗迹在内的)都串联起来,再进行分期,我们或许可以知道同一时期存在的房屋数量。总之,遗址越复杂,哈里斯的方法就越有用,因为它能够把复杂的层位关系分组,进而简化程序。

再进一步思考,这种方法是否可以用于旧石器遗址的发掘整理中呢？感觉帮助不大，为什么这么说呢？因为旧石器遗址极少有复杂的遗迹单位。而且，由于时间久远，地层所经历的地质改造大多比较复杂，此时地质地层学可能要比考古地层学更适用一些。相对而言，它在新石器时代到历史时期的遗址中更为适用，尤其是那些经过长期利用的遗址。

中国考古学非常强调分期工作，分期最重要的基础材料就是叠压打破的层位关系，它跟陶器的类型学排队相比，可靠性更高。两者结合才能得出分期方案。一般地说，中国考古学研究中往往更重视陶器的排队工作，对地层单位的排序分期关注不够充分。若是能够把哈里斯的方法用上，我们分期排队研究的可靠性肯定能够得到提升。由于地层单位区分更加细致，我们识别到的考古材料信息可能将更丰富。最后，由于更精细的地层识别工作，我们也就更可能了解遗存的同时性问题，由此对古代社会与人类行为的了解会更准确。

不过，如果将之作为中国田野考古操作规程颁布出来，作为指导性的纲领，要求在考古实践中加以应用，我对此感到不大乐观。目前国内几乎没有怎么应用这个方法，连了解者都很少。田野考古操作规程，按我的理解，应该是考古工作的最低要求，是最小公约数，就像医生的行为准则一般。哈里斯的方法对中国田野考古来说要求有点高，不过，作为推介的方法，倒是值得肯定的。希望真的有人能够系统地运用一下，看看它能不能服中国考古的水土，或许我们还能把它给革新一下。对此，我还真有点期待。

构建参考的框架

宾福德的巨著《构建参考的框架》（*Constructing Frames of Reference*），我花了一年时间读了两遍（图2.5）。第一遍看过之后，几乎没有留下印象，只好重新来过，边看边做笔记。其实，他在课

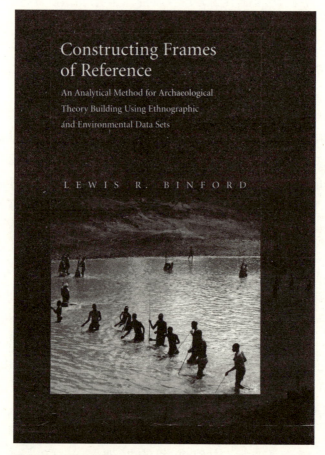

图 2.5　宾福德的巨著

上已经讲过书中大部分的思想,只是要完全理解书中内容,还真不是一朝一夕的事。这里并不是要说这本书,而是要说这句话的真实意思,这也是老师的核心思想。以前并不是很在意,现在有了些体会,或许可以写一写了。

一般说来,我们认为考古学的目标就是发现与研究人类过去的遗存,然后复原或是深入了解人类过去。我想没有人会反对这样一种说法。如果我进一步问,应该如何复原人类过去呢?我们尽可能拼合所有能够找到的考古材料,能否实现这样的目的呢?柴尔德不是有本书叫作《拼合过去》(*Piecing Together the Past*)么!积累事实是否就能形成系统的认识呢?我想很多人包括我在内都愿意给予一个正面的回答:即使不能实现目标,至少可以更靠近目标一步。最近看到一项研究给出了相反的回答,即事实的积累对于系统认识的形成并不必然有帮助。比如对人类社会起源的研究,早期的研究可以追溯到托马斯·霍布斯(Thomas Hobbes)的《利维坦》(*Leviathan*,1651年),另外经典的研究还有卢梭的《论人类不平等的起源》(*On the Origin of Human Inequality*,1755年)。有学者分析这些早期研究与现代考古学基于考古材料所进行的社会起源研究,结构还是一样的,现代研究得出的结论更加零碎,还不如卢梭的研究能自圆其说。要知道卢梭的研究是完全没有任何考古材料作为基础的。

这不是说考古事实的获取没有意义,而是说更高级(系统深入)的认识不是简单地通过事实归纳就能获得的。考古材料好比有关过去的一个个碎片,你怎么去拼合呢?按照什么原则来拼合呢?拼接过陶片的人都有体会,我们之所以能够复原残缺的陶器,那是因为我们知道器物原来的大致模样,比如说一件筒形罐,只要从口沿到底部能够有一线连接,那么就可以复原出完整器物来。在某个省考古所的仓库里,看到技工仅仅根据陶器口沿部位一块稍大的陶片,就把整个器物都复原出来了。初看到,觉得这是不是太离谱了；然后看了整个遗址的材料，发现他们这么做并不为过。这种器物（豆）的大小比例是比较稳定的，这么复原是可以的。简言之，我们知道的陶器过去模样越清楚，复原起来也就越容易，所需要的陶片也越少。如果不是一件陶器，而是整个的人类过去呢？我们是不是可以这么说，如果大致了解人类过去的框架，那么就能更好地拼合过去。

这么说应该是可以的，事实上考古学家也是或明或暗地这么做的。就拿柴尔德的《拼合过去》来说，他实际所运用的就是人类学的框架。这是一个可以从器用、社会组织到意识形态分为若干个层次的框架，这就是马林诺夫斯基所谓的文化框架。马克思主义也采用了这样的结构，比如我们经常说的经济基础决定上层建筑，生产力决定生产关系等。柴尔德后来受了马克思主义的影响，强调研究史前经济。他所参照的经济框架更多的是受到近现代社会影响的——以技术为中心，因为近代工业革命正是通过技术的迅速变迁极大地提高了生产力，使得人烟远比中国稀少的欧洲大幅度超越了中国。但是我们要知道狩猎采集时代的生产力要素不同于近代工业社会，也不同于农业社会。也就是说，考古学所依赖的框架要有所不同。

但是，考古学家很少会去反思自己所依赖的框架，而是一味地抱怨考古材料贫乏、不够精细、不够准确，如此等等。如果考古学家依赖的框架是错误的，再好的材料也不会让我们得出一个有关过去的准确论断。比如说，中国考古学曾经很依赖单线的社会演化史框架，早期人类社会是从母系发展到父系的，许多新石器时代早中期遗存就被归为母系氏族社会。这样的框架实际并没有得到很多材料支持，民族志中许多狩猎采集者都是父系的，这些材料是当年马克思所不知道的。

由于框架可能会错，所以有一种看法，那就是不考虑框架问题，埋头去做材料。这样的研究问题很大，前面已经说过了。我们获取材料最终要回答问题，堆砌事实并不能回答问题。就像我们如今拥有了大量的信息，但是由于缺乏判断，所以关于人生、社会，甚至关于某个具体的问题，还不如信息缺乏的前人理解得透彻。假如我们不知道要去哪里，带那么多行李干什么？没有框架的指导，努力都是盲目的。最糟糕的是，你以为你没有框架，其实你已经被某个暗含的、预设的框架所设定。科学哲学家汉森半个世纪前就注意到"看见"与"看作"的区别，看见是一个过程，"看作"是一种认识，我们通常所谓的"看见"都是"看作"。你将什么东西看作什么，进行判断的基础就是既有的知识框架。我们的认识其实是无法摆脱框架的！因此，需要将框架摆出来，需要反思框架，这才是问题的关键所在。

科学哲学家汉森所揭示的认识框架，是比较基础的，是一般认识论上的。哲学家还发现有更加基础的，比如福柯所说的知识型或认识型——一个时期无意识的认知结构。哲学思考一些本原问题，也就是框架的基石。不过，对考古学家而言，绝大多数时候并不需要将自己的思考铺得如此广泛。我们更关注一些相对具体的框架，比如上面所说的人类社会发展史框架，人类社会发展大致经历几个发展阶段，每个阶段可能有什么样的特征，如此等等。社会学、经济学、心理学、文化人类学、历史学等学科就史前人类不同方面的演化都有自己的框架构建，如进化心理学就人类许多行为特征的演化提出了很有启发的解释，为考古学家的研究提供了重要思路。从我们对园林景观的偏好可以推断人类祖先可能在热带稀树草原上曾经生活过很长的时间，从我们对外祖母最亲近的感情推断人类的婚姻形态具有非固定性特征，等等。没有这样的框架指引，考古学研究就会非常盲目。

社会科学所提供的框架中，与考古学关系最为密切的还是历史学与人类学，经常有说法是，考古学是历史学或人类学的一部分。

历史学与人类学都有较为完整的图景供考古学参考，如有文字的历史或是民族志材料，以及在此基础上建立起来的理论。类似之，心理学、经济学、社会学、政治学等也为考古学研究人类演化的某个方面提供框架。比如说考古学家想了解古人是如何思考的，心理学的成果是不能不借鉴的；研究古人生计方式的变迁，不能不考虑经济学的原理；研究社会组织的复杂化，政治学就成了视角。当然，考古学更直接的框架来自相关的交叉学科，如研究史前考古少不了的文化生态学、行为生态学，它们在研究诸如农业起源问题时非常有价值。宾福德所著《构建参考的框架》直接材料就来自狩猎采集者的民族志材料。

民族考古是利用考古学的视角来考察民族学材料，尤其是其中的行动主义研究，即考古学家去做与自己相关的调查，如宾福德做的努那缪提（Nunamiut）爱斯基摩人空间利用方式研究。我自己也尝试做过鄂伦春人的研究，颇不成功，但是也得到了一些有价值的体会，比如植物生长对遗址的破坏就是我不曾想到的；如果没有石制品，很多遗址几乎不可能被发现；一处居所最不可能被破坏的就是房屋中间那三块用来支撑炊器的大石块……另外一个途径就是实验考古，它通过切实的反复体验（不同状态与形式下的）来检验我们的认识。在相对缺乏民族志材料的中国，实验考古是更重要的研究手段。从器物功能的判断到遗址过程的识别到农业的耕作方式等，我们可能都需要借助实验考古的手段。除此之外，似乎还可以把一个手段加入其中，那就是谢弗所主张的现代物质文化研究，我们的农村是如何生活的，如何利用空间的，如何利用物品的，从中提炼出来的原理性认识是考古学可以参考的。

没有框架，积累事实不会带来有价值的认识。没有对框架的反思，我们也就失去了对学科发展的自觉。没有这些，考古工作不仅失去了意义，也失去了乐趣。

Context

读英文的考古学著作，context 是一个极为常见的词。查词典的话，其基本意思是"跟某事或某物相关的、有助于了解它的情境、事件或信息"（1. the situation, events, or information that are related to something and that help you to understand it; 2. the words that come just before and after a word or sentence and the that help you understand its meaning）。若要翻译成一个对应的中文词汇，有点儿困难，有时译作"关联"，有时译作"条件"或"背景"，有时还译作"情境"。具体译作什么，也要取决于 context。中文之中似乎没有一个词包含 context 的所有意思。为什么要把它拿出来说一说呢？原因是这个词在考古学文献中极普遍，尤其是它不仅出现在传统文化历史考古中，也出现于过程考古学的研究中；在后过程的考古学研究中，它变得更加重要了。后过程考古学有时又称为关联考古（contextual archaeology），一下子把这个词的重要性提到了无以复加的地位。也就是说，它不仅普遍，而且涉及考古学发展变化的关键点，仿佛考古学身上的"人中穴"，从中我们可以看到考古学发展"万变不离其宗"的中心轴，所以，也就值得说一说了。

考古学最基本的目标就是要理解所得到的实物材料。不管是通过什么途径获得的，我们希望了解它们的意义。而要理解某事或某物，一个可行的办法就是了解它所存在的背景、条件、关联等。就像某格言所说的：要想知道一个人怎么样，看看他的朋友。"物以类聚，人以群分"。狼与狈相投，英雄与英雄相惜。没有关联背景，很多东西都无法理解。好比中国人说英语，口音可能比印度人还纯正，但是美国人常常听不懂。为什么？因为中国人说的都是单词，一个一个的单词，而没有把单词放在具有关联的句子之中，所以常常不得不指手画脚，以增加关联。正是因为忽视关联背景，所以我们的英语学得不好，而且花费的精力巨大。通过关联去记忆或理解比孤立地去做容易得多（到现在才体会到这一点，想来都不免悔恨）。我们常讲的，具体问题要具体分析，要因地制宜，不要断章取义等等，都是对关联背景的强调。

　　近代考古学就是通过发展关联性而成长起来的，考古学的前身——金石学或是古典艺术史都不曾注意到物质遗存之间的关联性，所以也就失去了许多关键的信息。博学如沈括者也相信原始石斧乃是雷电所致，称之为雷石或雷楔。他还真在雷电之后推倒一棵树，从下面发现了"雷石"，然后他肯定了雷电与"雷石"之间的关系。沈括倒是注意到了某种关联性，但是这种推断是一种迷信或神秘主义的。人们既不能说是，也不能说不是。后来古物收藏越来越丰富，人们需要了解的信息也越来越多。希望知道最基本的信息是古物是什么时代的，是从哪里来的东西。要知道这些信息，最好是器物本身有年代落款，但是史前或原史（如中国的夏商周）时期，很少器物有年代标识，就是历史时期的器物也不是都有年款的。所以，此时要了解一件器物的年代，最好的方法是找到一件跟它共出而且有年款的器物。"三代论之父"汤姆森就利用共存关系来建立了最早的"三代论"。当时他很幸运地面对部分墓葬材料，从前的整理者把同一墓葬出土的器物都放在了一个包裹里，于是他就有了一些所谓"封闭的单位"（closed finds）。以之为基础，确立石器、青铜与铁器三个时代，同时建立了三个时代的基本器物组合特征，比如说玻璃器只出现在铁器时代。正是通过关联性，考古学有了第一个人类历史年表。汤姆森之前的约翰·温克尔曼（Johan J. Wenckelmann）也已经注意到关联的重要性，不同雕塑所在的位置对于其身份的断定是非常重要的。所以，某种意义上说，没有对关联性的注意，也就没有近代考古学。

　　近代考古学后来发展出一系列严格的方法来获取遗存之间的关系。用最简单的话来说，就是平剖面结合的地层学方法。首先注意到的是地层叠压关系，早的在下面，晚的在上面；然后注意到自然地层与人类活动影响的地层区分；后来越来越注意地层的平面特征，即所谓的水平揭露法。考古学家就像刑侦专家一样希望看到完整的"现场"，了解同一时期不同遗存之间的关系。近代考古学以田野考古为基本特征，而田野考古工作最重要的目的就是要完整地揭露遗存的平剖面关系，哪些东西早，哪些东西晚。田野考古学兴起的过程中，两个英国人居功至伟。一个是著名的皮特·里弗斯（Peter Rivers）将军，他继承了丰厚的遗产，有足够的财力、人力在自己的地产上发掘古迹。他把军人的严格运用到发掘之中，据说他巨细无遗的记录即便以现代的标准来看仍嫌过分，但是后人的确可以根据他当初的发掘记录来复原遗址。另一位是莫蒂默·惠勒（Mortimer Wheeler），他的探方发掘法让考古关联可以用数学来定义。后来更有了哈里斯方格，让考古学家更好地判断地层关系。设若没有这些方法，考古学仍将是孤立地研究古物的学问，尤其是面对没有年代参照物的史前时代，将一筹莫展。通过有明确地层关系的器物组合，考古学成为一门可以探索荒渺无稽时代的学问。

相对于文化历史考古之于时空关联的强调，过程考古所强调的关联多是功能的，因为过程考古学家希望了解古人究竟做了什么，怎么做的，为什么要这么做等。要了解考古材料与人类行为之间的关系，靠某件器物肯定是不行的，器物组合也不够。为了使推理更可靠，过程考古学提出要发展中程理论，在考古材料与人类行为之间建立起某些原理性的认识，民族考古、实验考古、行为考古应运而生。尽管放之四海而皆准的原理是很难得到的，但是这些研究所能提供的参考价值是无人能够否定的。比如说在旧石器时代遗址中发现了许多动物骨骼，地层中同时还发现了石器。一般我们会假定这些动物骨骼是人类狩猎所致。然而，民族考古研究告诉我们狩猎采集者并不可能把猎获的大型动物运回中心营地，往往仅带回某些部位，像鄂伦春猎人只是带回一些晒干的肉条，骨架就地敲骨吸髓，熬汤喝掉，爱斯基摩人也是如此。狩猎采集者高度流动，他们更可能让人去趋就食物，而非让食物来趋就人。如果这种认识能够成立，那么狩猎采集者在同一地点遇到各种各样猎物的概率有多高呢？除非是干旱地区的水源边，否则不会有那么多巧合。自然原因完全可能形成动物化石的富集，恐龙化石就不用说了。记得在山西保德一带做地质考察时，六百多万年前地层中，动物化石就很丰富，难道说这也是人类狩猎所致？

上述例子表明，过程考古学所希望得到的关联要合乎逻辑，近现代的狩猎采集者为什么做，那是基于经济的考虑，人是理性的。所以，推理过程中的关联要符合理性的原则，经济的、社会的、生物学的，如此等等，统称为功能的。过程考古学强调的另一种关联是环境背景，鉴于人的想法难以揣度，考古学家更应该研究能够测度的东西。环境变量便于测度，而且人类所有的行为都发现在环境中，在环境中获取资源；行为无疑会受到环境因素的制约，所以研究环境与人类行为的关联是必不可少的步骤。更进一步，过程考古学高度强调文化生态、行为生态以及进化生态，其中人与环境的关系是理解人类文化演化的关键所在。好比说，为什么农业会起源呢？人口因素、环境因素是最经常被研究的变量。采用农业，需要狩猎采集者放弃从前久已适应的生计方式，为什么他们会放弃，而采用一种更辛苦的生计方式呢？自然因素（如全新世更稳定的气候、中东有最多的大种子植物、末次冰期结束后环境剧变包括大动物绝灭等）与社会因素（人口增加、社会竞争加剧、宴飨成为主要的社会竞争手段等）都可以用来解释农业起源的原因。

回到现实中来，我们是如何理解人类行为的呢？好比说穿衣，当然它有保暖的作用，但是穿什么衣服，如何穿衣，却是很少考虑保暖这个最基本的功能的。男人在脖子上吊根让人喘不过气来的领带，女孩子穿着使膝盖冻得生疼的短裙，都不是简单的功能解释能够回答的。穿衣是一项有意义的行为，有的是为了展示个性，有的是为了美，有的是因为场合需要，还有的仅仅为了随意——随意也是有意义的，不是什么时候都可以随意的。不理解衣服作为一种物质文化的意义，是不可能理解穿衣这种行为的。服装是具有意义的物质文化，人们用它来满足自己的需要（社会的、精神的，只有很少一点点才是为了保暖）。理解物质文化的意义是微妙而困难的，在海滩上身着比基尼是再正常不过的事，若是在大街上就可能引发交通拥堵，同样的物质存在于不同的情境下意义迥异！所以，要把握物质文化的意义，就必须了解所关联的情境。

　　物质文化的意义都是象征的，一种物质遗存具体象征什么很少有规律可循，比如说青蛙，有些族群将之视为勇敢的象征，有的不然。物质的能指与所指之间的关系相当自由，这也就使得物质文化的象征变得难以捉摸。不过，按照结构主义者的说法，词语的含义可能会不断改变，但是结构是相对稳定的。物质文化的结构是可以探讨的，就好比我们中国人天人合一的思想结构，不仅仅体现在哲学思想上，而且还体现在艺术、建筑、礼仪，甚至是农业生产中，这样的结构还存在于我们的认识论中——我们喜欢把外界拟人化，结果失去了客观的角度，科学发展不起来也是情有可原的。所以，结构是一个可以重点探讨的方向。次之，物质文化往往都是多义的，同一套衣服，男性与女性相比，看法可能完全不同；红配绿在城市里看相当俗艳，但是在偏远的乡村，却相当漂亮。多角度考察物质文化是必不可少的，不同视角可能都是合理的。角度越多，就越可能发现物质文化丰富多样的含义。再者，把物质文化当成"文本"，除了多元的解读之外，还需要在关联中理解文本，脱离了关联，文本就会变得不可解读。寻找关联，尽可能多的关联，是理解物质文化的基本途径。

　　怎样才能理解人呢？我们现在是怎么做的，对于我们理解古人同样有启发。设身处地替他人想一下，尽管你不是他，但是这么想一想，还是很有帮助的。我们今天的人不是古人，但我们也需要设身处地体验一下，如果连这一点都做不到，我们如何能够理解古人呢？现象学的考古学非常强调体验，体验也是它的基本方法。在场的体验是一种透彻的理解方式，没有体验，也就没有真正的理解。

当代考古学的发掘工作与分析整理越来越细致了，其基本的内核就是寻找关联。一部考古学的历史，某种意义上，就是一部寻找关联的历史。

何以增强社会凝聚力：沙特尔胡尤克遗址过程分析的后过程方法

"世界杯"正在如火如荼地进行中，上到最高领导人，下可以到贩夫走卒，都在为一个小小的足球兴高采烈或是悲痛欲绝。按照某英国足球名人的说法：足球无关生死，但足球高于生死。看过一段智利队的宣传视频，两三分钟，非常感人。智利人在几年前那场举世瞩目的矿难救援所在地，让几十名获救的矿工来陈述，用一个盒子盛上矿场边上的沙土，说是要让球队把这杯土带到巴西去。他们说：智利人七十天都没有放弃，他们在巴西也决不放弃。最后，人们一起声嘶力竭地高呼"智利万岁"。太煽情了，我禁不住流泪了。无须多言，"世界杯"对一个国家、民族增强社会凝聚力的重要意义已经爆棚。

社会凝聚力对于一个群体，不论是国家、民族还是其他的社会组织单位，都是至关重要的。大到生死存亡的战争、自然灾难，小到最基本的社会合作，没有社会凝聚力是不可想象的。南联盟分裂之时，那场血腥的战争让我们看到，国家丧失凝聚力的代价。我们自然也会思考，中国历史上长期作为统一的国家，其凝聚力来自何方？我们都自认为是中国人，走到世界哪个角落都不会轻易改变，

图 2.6 反复呈现的装饰主题。两幅风格不同的豹子浮雕图案,这种成对的图案在许多地方被反复绘制、粉刷。图片来自《豹子的传说》(*The Leopard's Tale*,伊恩·霍德著)图版 9.10

我们为什么能够做到？考古学是否可以研究这些东西呢？

最近读伊恩·霍德有关土耳其的沙特尔胡尤克遗址（Çatalhöyük）的研究，了解到一个八九千年前的史前社会。当然，我们更重要的目的是想知道后过程考古学是怎么进行相关研究的。霍德是后过程考古学的开创者之一，我们都听说过他，但只有很少人知道他究竟在研究什么问题，以及他所研究的问题有什么现实意义。就沙特尔胡尤克这个遗址而言，霍德的核心问题就是：这个新石器时代早期的遗址所代表的史前社会，当时是如何增强社会凝聚力的？

沙特尔胡尤克遗址是一处位于土耳其小亚细亚半岛中部的新石器时代早期遗址，遗址面积达 13 公顷。广泛的区域考古调查没有在附近发现其他的大遗址，甚至小遗址都很少，说明人们的聚居程度比较高，高峰时可能有居民 3000 人。这个遗址发掘到 18 个居住层，前后居住了上千年，有的墙面前后粉刷了近 700 次。但是这里没有发现阶级或是政权明显存在的证据，数以千计的人们何以能够有效地在一起生活上千年而没有分崩离析呢？

霍德的理论基础来自福柯的后结构主义理论：权力就镶嵌在意义、知识与交谈之中。布迪厄的实践理论则进一步发展了以上认识：衣食住行等日常生活实践反映社会规则、价值倾向等，即无须刻意的政治管理，社会规则、意义、权力关系都已镶嵌在日常生活实践中，人们通过日常生活实践就会为其所教化。

有了这些理论基础之后，霍德将之应用到考古材料的分析之中，他从空间与时间两个角度着手。空间上研究那些反复呈现的空间关系与表现形式——社会规则、意义、权力关系就镶嵌在其中，那些反反复复的维修、空间位置的一致性，以及空间分隔的固有习惯等日常实践都在发挥增强社会团结的作用。按照霍德的说法，一个孩子从小在这样的环境中长大，他或她将知道不同的人埋在不同的平台下，不同的石膏灰泥涂抹在不同的地方，某些区域需要打扫得更干净，不同的象征符号要用在不同的区域，不同的人吃、坐、睡在不同的区域……社会规则由此深入孩子的脑海与心灵。

在时间上则表现为社会记忆的塑造。这个时期还没有文字，社会记忆只能通过社会生产的形式来进行。房屋本身就是社会记忆的形式，反复使用的木材、灰泥和空间等，不能简单用"传统"来抹杀它们，这些东西表明人们在积极地运用物质材料增强社会记忆，增加群体的认同感。形式远不止于此，广泛存在的室内葬、颅骨上的装饰行为，尤其是选择某些人（重要的人、老人）的颅骨，则进一步以神化或神秘化的形式（具体表现为各种仪式）强化了群体的记忆与认同。再者，农业社会的日常生活节律也会有所影响。日出而作，日落而息；寒来暑往，秋收冬藏。如此等等的时间关联，都会把社会规则、意义与权力关系以潜移默化的方式传递给生活在这里的人们。

为了更好地理解后过程的理论方法，我们不妨看看当代社会以及历史时期人们是如何增强社会凝聚力的。除了前面所说的"世界杯"之外，我们这个时代广泛地利用文字、诗歌、音乐、建筑等形式，当然还应该包括考古学所关注的古代遗存，在空间与时间两个层面上实现群体认同与规范驯化。"9·11"恐怖袭击的时候我正在美国，我也有机会见识到了美国式的爱国主义教育。美国人对音乐的运用非常充分，那一曲用苏格兰风笛演奏的 *Amazing grace* 让旁观者落泪，同时也深化了悲伤。美国的国歌可以用各种各样的节奏演唱，国旗也出现在各种各样的地方。教会则以上帝的名义把所有的人，不同种族的人，召唤在一起……美国人实际上运用了非常丰富的方式来促进社会凝聚力，孩子从小在升国旗时要学习把手放在胸口上，上学之后要学习历史，参观许多国家历史纪念地。他们没有专门的政治课，但教育效果似乎并不比我们差。

前面一直说如何增强社会凝聚力，也许还应该说说没有凝聚力的社会。禁不住想到近代一盘散沙的中国，为什么那个时候我们没有社会凝聚力呢？此前的中国，以儒家思想为社会伦理的基础，即便是入主中原的元朝与清朝也都不遗余力地推崇孔夫子。曾经读《曾国藩家书》，他认为最佳的传家策略就是耕读，这是他从中国历史中得到的结论。然而，近代中国遭遇到严重的文化挑战，不仅政治上陷于腐朽的政治体制中，在价值认同上也出现了严重危机，"孔家店"被打倒了，吴稚晖先生说是要烧尽古书。经过一系列的改良与革命，包括辛亥革命、抗日战争（民族革命）、新民主主义革命等，推翻三座大山，重建自己的价值认同。旧的腐朽的东西被抛弃，新的充满生命力的东西生长出来。社会变迁似乎总是以这样的途径进行的。当然，这种转型期的社会必定是纷乱的，从物质材料上也可以看出来。人与物的关系也在发生变化，当遗老遗少们还沉浸在故纸堆中的时候，以科学为中心的西方文化传入中国，人们开始剪辫子、穿西装、放小脚、上新式学校、用新式器具……中国人运用包括身体在内的物质传递新的价值认同，重建新的价值规范。

当代中国社会正遭受价值观危机。按照《天下无贼》中葛优演的小偷头目的说法："人心散了，队伍不好带了！"改革开放的大潮给中国带来了前所未有的繁荣昌盛，当然也带来了新的挑战。人们的心态发生了改变，旧的价值观已不可能再赢得认同，人们陷入了迷惘之中。2008年汶川地震救灾的时候，我注意到新的中国社会正在崛起，中国民间社会展现出了历史上从未有过的力量，从普遍的志愿者到慷慨解囊的大佬，不同身份的中国人很好地凝聚在一起。我也注意到我们的年轻人，他们能够有组织地开展交流活动，一种新型的人际关系似乎正在形成。他们借助网络时代的技术途径，尊重每个人的独立性，实现了松散组织的凝聚力。

这篇亦古亦今的小文其实有两个目的，一是考古学内的，了解后过程考古的目标、理论基础与方法，我们注意到西方考古学的研究进一步拓展了研究的范围，客观的考古材料变成了融入人自身的物质性，更关注史前社会关系的研究；二是我们或许应该向古人学习，善用物质材料（或称物质性），解决当代社会的问题。后过程考古学给我们提供了一个很好的理论基础，那就是物质性的概念，物质浸透了人类的文化，是会"说话的"，而且人们是能够听懂的，会受其影响的。

我时不时梦想，如果我们的大学建得如精美的中国园林，而不像一个工厂，那么徜徉在其中的学生就很容易理解何谓中国之美。如果我们希望中国大学生具有良好的公民意识，将来进入社会之后，治学的能够精益求精，当官的能够清正廉明，从商的能够诚信公平，教育他们的最好方式并不是上几门空洞的课程，而是需要用切实的物质性来教育他们。中国古人之讲孝悌，在建筑空间的布置上、在季节礼仪的活动上、在日常生活的安排上……几乎无处不在。"皮之不存，毛将焉附？"如今再提这样的伦理观，除了空洞的说辞，已经没有了真正的物质性基础。新的物质性正在塑造新的社会关系，互联网时代的人们正在以自己的方式构建社会关系网络。过去的终究要过去，新生的力量让我们看到希望。

考古学是一门关注过去的学科，然而我们并不是为了过去而关注过去，我们是为了现在、未来而关注过去的。在中国文化重拾信心的时候，在中华民族重新崛起的时候，在"旧邦新命"、文化再造的时候，中国考古学所发现、所揭示、所构建的物质性，对于中国文化的新发展将是重要的动力与源泉。

关联的方法

当代考古学中有个分支或流派叫作"关联考古"（可以参考《考古学：关键概念》有关这个词条的解释）。这是密歇根大学考古学家弗兰纳里（K. V. Flannery）首倡的，弗氏是宾福德在芝加哥大学时期的学生，也是过程考古学的领军人物之一。关联考古视文化或社会为一个整体，通过相关联系的追溯，进而了解古代文化或社会的方方面面。也正是运用这个方法，弗兰纳里进而去研究早期过程考古学较为忽视的认知——古人思想层面的内容。

　　这里所说的关联的方法跟弗兰纳里所倡导的东西颇为相似，不过是我自己体会到的。说来有点匪夷所思，翻译"关联考古"这个词条时我没有什么特别的体会，而是在自己做完具体的考古学研究后觉悟到这个方法。如今回到弗兰纳里的词条，既感到有点失落，也感到几分自豪。虽然悟道有点晚，好歹是自己切身的体会。

　　所谓关联的方法是什么呢？为什么要提它呢？这首先要从考古学的性质说起。考古学是一门通过研究实物材料来了解人类过去的学科，但是从古代遗留下来的实物遗存是有限的，不是所有的人类活动都会留下遗存，不是所有的遗存都会保留下来，保留下来的也不是所有的都会为考古学家发现，即便发现了，也不一定都能认识到……基于这一系列反复叠加的不确定性，考古学研究经常得到的是一些支离破碎的信息残片，考古学家的工作就是把这些残片拼合起来，形成有关古人较为完整的信息。考古学家凭借什么来拼接信息残片呢？关联的方法无疑是最基本的。

　　一段信息残片何以能够跟另一段信息残片连接起来呢？我们拼陶片的时候，是因为两件陶片之间有密切的吻合关系，而且这种关系基本不可能重复，这种独一无二的吻合关系就是基本的关联。当然，古人的生活面貌不会这么简单。考古信息残片之间的关联是需要分层次来看的。较为宏观的层次是文化的系统观，它给我们提供一个有关古人生活的基本框架，仿佛建筑设计蓝图一样，考古信息就像一块块建筑材料，通过两者配合形成对古人生活的完整认识。没有框架就如同没有设计蓝图，考古材料就只是一堆建筑材料而已。

再进一步说，贯穿文化系统观的原理性认识，如经济基础决定上层建筑，有什么样的生产力可能就会有什么程度的生产关系，这种马克思主义的认识就构成一种不同信息之间关联判断的依据（其实许多早期人类学家也有类似的认识）。需要提醒一句的是，理论上关联是研究者们提出的认识模型，只是经过部分检验的。就人类社会而言，存在着历史背景差异以及人解读自身的主观性，所以并非放之四海而皆准。但是，如果没有这样的模型及其立足原理的认识，那么我们认识古人生活的难度将大大增加。

以上所说的关联是不同系统之间的逻辑关联，是关联中比较复杂的方面，通常需要立足于理论研究。还有一类逻辑关联相对比较简单，我们通常称为因果关联，即一事物的发生是由于另一事物所致。因果关联是研究中最基本的逻辑关联之一，探讨考古现象总免不了要追溯其原因，是什么原因导致我们看到的考古材料呢？了解现象背后的原因对于研究无疑至关重要。

但是，我们也知道著名的"休谟难题"——发生在前面的并不一定是原因，发生在后面的不一定是结果。对于考古学家而言，这样的逻辑难题并不那么难以解决。考古学家的基本办法就是去梳理事件发生的来龙去脉，也就是历史过程。如果我们详细了解一个事件发生的全部过程，解释其实也接近完成了。时间上的关联是所有关联中非常基本的一种。与之相应的就是空间上的关联，它跟时间上的关联一样不是那么容易定义的。微观、中观、宏观尺度上，我们会看到不同的关联，其实时间上也是如此。也就是说，时空关联需要从不同尺度上去看，并不存在唯一的尺度。这是考古学的强项，微观上我们会去观察某个器物的使用痕迹，还有某个活动区的构成；中观上会关注整个遗址的结构；宏观上会注意一个地区的聚落形态。如果加上时间因素的话，关联的变化就更加复杂了。

一般地说，中国考古学研究对时空关联还是比较注意的，问题是尺度上不够丰富与精确；也注意到因果关联，不足之处是比较缺乏验证，所以总显得有点想当然，比如器物的功能推定。不过最缺乏的还是那种依赖理论推定的逻辑关联，究其原因，可能是因为中国考古学比较独立，跟相关学科不那么交融，其他学科的理论原理在这里无用武之地。或者说，我们已经设定某种关联的方式，把那些并不怎么真正关联的东西拉扯到一起。再者，我们还需要明白，所谓考古学研究，需要不断延伸触手，不断去探索那些未知的领域。研究亦如逆水行舟，不进则退。

　　关联的方法如何操作呢？我自己有一点点体验。我们曾经研究大山前遗址出土的石铲，前人进行了基本的分类，是从形制的角度来区分的。我们开始研究这批材料的时候，同样也是进行分类，但是从功能推定的角度确定。然后是对工艺特征进行分析，即这样的特征可能从事怎样的功能。再就是进行使用痕迹的观察，即工具究竟可能做了什么。一般研究做到这个地步，大抵可以结束了。我们则进一步拓展关联，一方面通过实验考古来验证前面的推定与观察；另一方面寻找民族学证据用作参考的依据。于是，我们进一步肯定了石铲的功能范围。我们可以很确切地说，它们不是用来挖土的石铲，而是用来锄草的石锄。确定了功能之后，我们并没有止步，而是在进一步拓展关联，跟当地的自然环境与文化历史背景（包括其他的石器材料）结合起来。我们发现夏家店下层文化时期人们开始耕种河谷中较为黏重的土地，发展出原始的精耕细作农业。这与当时高度竞争的政治环境是密切相关的，人们要在有限的面积上生产出更多的粮食来，养活士兵、手工业者、首领等不是农业生产的人群。正是运用不断拓展的关联，我们仅仅通过石铲这种工具，就可以透视出夏家店下层文化时期的生产方式与发展水平（图 2.7）。在此基础上，我们形成了分析磨制石器功能的方法论框架。

　　最近听浙江考古所刘斌老师讲良渚古城的一个极精彩的讲座，他运用的其实就是很典型的关联考古。最初发现的不过是几座带玉

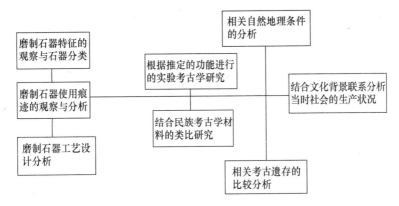

图 2.7 石器功能分析的流程图

器墓葬,后来发现基座,土是从外地运来的。再后来发现了城墙,围合的面积将近 3 平方公里,是中国同一时期面积最大的古城。事情并没有到此结束,接着在古城的外围山坡上发现了两道土墙,建筑工艺与城墙相似,现在的研究表明这可能是古老的控制洪水的水利设施。城里发现了码头,建筑方式跟当地一脉相承。他们还复制了草包泥的制作工艺,并根据草包泥的颜色区分出一船草包泥的数量,进而了解到运输草包泥的工具是竹筏,草包泥来自不同的地方。他们在城东的外围还发现了一些建筑在土台上聚落,它们类似古城的廓城,拱卫古城;再更远的地方,还发现六个一组的聚落群,每个聚落中都发现从早到晚的器物组合,可以推定它们是同时使用的;这里还发现了大型的水田遗址,让我们了解到古城的存在是有生产基础的,如此等等的信息连缀起来,我们对良渚文化时期的社会发展水平、社会组织、技术工艺等都有了较为深入的了解。我们得到的不仅仅是一堆堆考古材料。刘老师的研究并没有止步于此,他还跟古史传说时代联系起来,把良渚文化及其前后的发展跟整个中原的考古材料结合起来。通过环环相扣的关联,剥茧抽丝般的推理,为我们讲述了一个有关中国文明起源的精彩故事。

文化适应方式研究

过程考古学很强调研究文化适应方式，我自己也以之为题写过一些文章，但是从来没有专门思考过这个问题，何为文化适应方式？它是一种怎样的研究？怎么去研究它？它有什么优势与局限性？

于过程考古学而言，文化是人类适应外在世界的手段，是人体质之外的手段。与动物不一样的一点是，人主要依赖文化这一手段来适应外在世界，人没有虎狼的锋牙利爪，没有猎豹的速度，没有大象的气力，但是有锋利的刀斧，有快如闪电的交通工具，有移山填海的能量，这一切都是文化的产物。从人类开始制作与使用工具，人类的文化也就起源了。尽管两三百万年来（也就是有了石器之后），人类的体质也发生了很大的变化，比如直立姿势更加完善，皮肤变得光滑，牙齿越来越少，骨骼越来越细，然而相比较而言，文化的变化是一日千里，人类已从茹毛饮血到探索外太空了。既然文化对人类如此重要，研究文化也就成了考古学家责无旁贷的工作。人类的文化演化方式与形态自然也就成了重要的研究内容。古人类学家负责人类体质研究，生化学家负责研究人类 DNA，动植物考古学家负责研究与人相关的动植物遗存，其他门类的考古科学家负责诸如绝对年代、环境、物质遗存的成分与来源等的分析。考古学家负责什么呢？他们不应该仅仅是考古材料的发现与发掘者，还应该是文化的研究者，这是考古学家最重要的责任。顺理成章，文化适应方式研究应该是考古学家专属的研究内容。

知道为什么要研究文化适应方式之后，下一个问题就是：什么是文化适应方式？通常而言，我们把文化适应方式理解为生计方式（subsistence），民以食为天，吃饱乃是硬道理，生计方式的重要性不言而喻。但是，将文化适应方式理解为生计方式无疑是过于偏狭了，实际内容要丰富得多。文化适应方式实际指文化系统所处的某种状态。文化系统包含众多子系统，最底层的是环境，然后是生计方式、聚落形态、人口等基础子系统，然后是亲属关系、社会组织等社会子系统，最上面还有礼仪、意识形态等。子系统相互关联，宛如有机体的各个部分。关于文化系统的构成，不同学者各自有自己的体系。不过，文化系统观基本都脱胎于马克思主义：经济基础与上层建筑，生产力与生产关系。所以，文化系统观对于我们来说，倒是不难理解。当然，也许有人会问，文化是系统的吗？文化系统具有一定可识别的状态特征吗？

回答应该是肯定的，举个现实的例子或许有助于理解。一般地说，人类社会可以分为狩猎采集、农业与工商业三个阶段或类型，与之对应的是不同的聚落形态、社会组织甚至是意识形态，狩猎采集社会基本都过着流动的生活，只是利用水生资源尤其是海洋资源的群体能够具有一定程度的定居，城市是不可能存在的聚落形态，社会组织结构相对简单，基本都流行万物有灵的泛灵论。农业社会开始以定居生活为主，有复杂的社会组织，有少量的政治中心，比较典型的意识形态如中国的"天人合一"思想。工商业社会的聚落形态是以城市为主体的，社会关系通常不再以家庭为中心，而是以社群为中心，最典型的社会组织形态是民主体制，意识形态就不用说了，也很不一样。中国当代的许多问题就跟从农业社会向工商业社会转型有关，比如说在农村很少有垃圾这样的东西，乱扔垃圾不是一个问题，农村地域广阔，随地吐痰也不是什么问题，更没有人潮汹涌的路口，但是当一切发生在人口密集的城市中，不免让人愤怒。于是，有人将之上升到人种或文化传统的高度，其实就是不适应的问题。当然，形成新的习惯，恐怕还需要一两代人的时间。

这个例子说明文化系统是存在状态特征的，是可以区分出若干阶段的；而且我们可以确切地说，经济基础或者生产力水平的确会影响社会关系或社会行为习惯。文化系统中的诸子系统之间是能够相互作用的。下面的问题是，我们现在知道文化系统存在大尺度的状态特征，但是文化系统是否能够还原成若干小的系统呢？就好比我们说历史存在规律一样，通常都是在大的时间尺度上讲的，很难简单地用到小时间尺度的事件中。的确，考古学研究文化系统，在什么尺度上是合适的呢？这真是一个需要好好考虑的问题。

目前考古学上运用文化系统的概念实际上存在一个预设（assumption），即假定一个考古学文化就是一个文化系统，也就是可以研究其文化适应方式的单位。当然，这个预设有一定的问题。我们知道考古学文化是由一定时空范围内共享某些物质文化特征的人群所创造的。这个时空范围可能是很大的，以红山文化为例，它持续的时间超过千年，地理环境包括山区、冲积平原、草原，实际上同属红山文化的人群可能采用多样的生计方式，有的群体可能偏重于狩猎，有的则是以农业为主。而且在千余年的时间中肯定还有不少的变化。将之定义为一个文化系统多少有点勉为其难，我们可以假定所有共享红山文化特征的人们可能存在一个社会互动圈，这个假定是可以成立的！否则不可能共享相同的物质文化特征。实际上，除了"考古学文化"之外，考古学还真没有更好的概念可以利用，虽然它不完美，但这是我们了解得最清楚的、与具体材料能够直接对应的概念。究其根本，文化系统针对一个人类群体而言，剩下的问题是这个人类群体的规模，小到一个游群（band），然后可以是某一区域内相互关联的群体。只是因为我们无法回到过去准确地知道每个群体的边界，所以不得不利用考古学文化这个概念。而从理论上来说，文化系统的概念是可以成立的。

具体来说，文化系统中的生计方式研究大致可以包括以下几个方面：

（1）人骨材料。目前对人骨材料进行同位素分析是最直接的证据,古人究竟吃了多少C3或C4植物,同位素分析是可以判别的。理论上说,遗址中发现再多粮食作物遗存,与古人对它的依赖程度并不成正比。比如说武安磁山遗址发现了不少粮食遗存,可能为粟,但是此时粟在人们饮食的比重不足四分之一(假如磁山文化跟后李文化差不多的话)。

(2)动植物遗存。这是仅次于人骨材料的直接证据。动植物是否驯化、各自的比例与来源等都是重要的研究指标。植物考古与动物考古,以及基于DNA研究的生物考古已有一系列手段来研究它们。考古学家通常仅仅需要参考他们的研究就可以了。

(3)工具组合。这是考古学家研究的主要内容。工具组合及其功能是较为间接的证据,但是这类证据中包含的信息还是比较丰富的,需要下功夫提炼。一个是理论推导,狩猎采集者与农业生产者对工具的需要是不一样的,高度流动的狩猎采集者基本不大可能设计制作一些难以携带的耐用工具,流动性较低或已经定居的农业生产者才会投入人力物力去制作磨制石器工具。当然,判断流动性高低的指标并不限于此,打制石器组合也可以用来研究流动性。优质外来原料多无疑是流动性高的标志,流动性低的群体更多会选用本地的原料;打制石器的技术也会有所区别,流动性低的群体制作打制石器时更多倾向于采用权宜性工具生产技术,因为他们有耐用的磨制石器,打制石器不过是补充,不值得投入太多劳动。这些理论推导有助于我们去观察工具组合的差异,发现不同特征的意义。工具组合的另一个分析方法是功能分析,石器功能分析技术已有较为系统的方法论体系,通过分析,我们至少可以确定一种工具大致的功能范围,尽管有时不能准确知道其特定功能。比如我们发现夏家店下层文化已有了中耕除草用的锄头,这是有标志性意义的,它代表原始的精耕细作农业已经形成。工具组合类型、比例以及与同一时代不同地区的比较,同一地区不同时代的比较,也能提供不少有用的信息。还是以磁山遗址为例,其上下文化层砍伐工具、挖掘工具的比例都差不多，但是石镰与大量石磨盘、石磨棒在上文化层出现，下文化层却非常罕见且破碎，上下文化层之间的变化还是明显的。

（4）特征器物。就新旧石器时代过渡问题，陶器的出现就是标志。陶器是很容易破碎的器物，不适合长距离搬运。若还是从流动性的分析出发，陶器的出现无疑是流动性下降的标志。流动性是狩猎采集者文化系统中一个至关重要的变量，就好比农业生产之于农业社会、工商业之于当代社会一样，因为流动采食是史前狩猎采集者获取食物资源的基本方式。特征器物除了陶器之外，还包括磨制石器工具、石磨盘与石磨棒、石质容器，这些东西在旧石器时代晚期晚段都开始出现，跟一年中某个季节流动性降低（其余时间出外狩猎，流动性仍然很高），建立较为固定的中心营地相关。与之相应，因为人们在一个遗址中居住的时间比以前更长，所需要进行的活动类型也会增多，器物组合的多样性也会提高。简言之，通过特征器物也是可以佐证史前文化适应方式的变化的。

（5）遗址结构或聚落形态。旧石器时代晚期说不上有完整的聚落，所以用遗址结构这个术语。新石器时代有了定居的村落，可以说有了聚落形态。这个方面的研究所能提供的信息也是比较丰富的。大致可以细分为以下方面：①遗址分布的地理位置，我们知道狩猎采集者跟农业生产者所需要的环境资源是不一样的，对于狩猎采集者而言，需要生活在猎物众多，野生植物资源丰富的地方，除此之外，他们还需要考虑清洁的饮水，一般都是有泉水或是有小溪流的地方，还有燃料，以及避风。而农业生产者需要靠近耕地（好的耕地应该土壤平坦开阔，深厚肥沃，灌溉便利），其他条件都可以通过技术手段来解决。所以从遗址的分布环境也是可以推测出生计形态的，当然不是孤立遗址的分析，而是要看整体。从旧石器时代晚期晚段到新石器时代早期（如磁山文化），可以看到遗址的分布不断从山麓、盆地迁往平原地区。②遗址的废弃过程，农业起源的早期，人们的定居能力还不强，可能会季节性地离开，离开时可能会有计划地储备或安置工具或食物，但是因为某种原因没有回来，所以遗址中通常会保留较为完整的遗存。③居址的空间布局，比如泥河湾马鞍山遗址出现了类似于新石器时代的灶坑，东胡林遗址有了墓葬，南庄头遗址有木结构等。我们知道，人们在一地居留的时间越长，在这个地方投入的劳动就越多，包括更牢固的建筑、更耐用的工具。④遗址的器物组合，它也属于遗址结构分析的一个部分。⑤这里还应该提一下微空间的形态，因为目前研究比较少，所以只能简单提及。人们如果在一地居留的时间比较长的话，就可能清理活动区，活动区的功能区分也会比较明显。人是一种习惯性的动物，不仅因为这样更便利，也便于传递社会信息（这是我的地方）。所以微观空间分析也能在一定程度上揭示古人的流动程度。

　　这里需要强调的是，文化适应方式研究适合于那些文化适应方式存在明显变化的时代或地区，比如说新旧石器时代过渡，比如说燕山南北地区。考古学上唯一的一条规律就是，没有哪一种理论方法能够包打天下，一定的理论方法解决一定的问题。文化适应方式研究的理论方法原理大多立足于狩猎采集者的文化生态、行为生态学，这也就决定了它适合研究农业起源一类的问题。当然，相关的研究还可以拓展，比如建立某个区域的适应方式，甚至可以以某个遗址为中心进行研究。以上所说的只是概略的史前文化适应方式，具体研究的时候，还需要深入到材料中去，擅长不同方法的研究者可能会从自己的角度出发，包括石器分析、遗址过程研究、动物考古、植物考古、环境考古等。

　　最后要说的是，文化适应方式研究并不是考古学研究的结束，从某种意义上说，它只是开始。目前文化适应方式其实还是相当片面的，它侧重的是人群的经济形态，对于社会结构、意识形态等几乎没有触及，并没有全面地反映文化系统的状态。但是，如果一旦研究到诸如意识形态的问题，文化适应方式就是重要的背景关联，是不能不考虑的因素。同时，文化适应方式研究暗含着一个假设，文化变迁是为了适应外在条件的改变，而没有考虑到文化内在的自我发展。实际上，我们知道人类文化是具有历史累积性的，或者说叫作发展，一代一代地不断改良，不断提高，这是人类文化的特质，适应性其实只是文化的自然性的一面。了解文化适应方式研究局限性跟肯定它的优势一样重要。

寻找中国的古典考古

读西方有关精致生活的著作，如彼得·梅尔的普罗旺斯系列、梅斯的托斯卡纳系列，其中都会细致地描述地中海地区灿烂的阳光，慢节奏的生活，坐在树荫下的餐桌边，喝着醇香的葡萄酒，就着各式各样的奶酪，把初榨出来的橄榄油涂抹在新鲜出炉的面包上……好生让人羡慕。这种经过现代科学证明的良好生活方式其实并不是什么新的发明，古希腊时期就这样了！古希腊人还会吃比较多的鱼与新鲜水果。这些如今都是西方文化的遗产，并开始向中国出口，红酒、橄榄油、水果、谷物面包等逐渐进入中国人的生活中。除了美食，还有美的概念。我还记得小时候在农村看外国电影，觉得西方人长得真丑，看着不顺眼。而如今，经过西方文化铺天盖地的洗礼，我似乎也接受了西方的标准，身材要修长，鼻子要高挺，脸也要窄一点……男的最好都像大卫雕像，女的最好都像维纳斯。偏偏大多数中国人的体型不合乎那个标准，所以西装穿在我们的身上总觉得不如穿在西方人身上精神。这也难怪，西装就是按照人家的体型设计出来的。

讲到这里，不难看出西方文化所谓"精华"的一面其实来自历史的长期积累。而这积累的方式并不是通过什么文献记录实现的。一方面是通过日常生活，另一方面来自物质材料本身。如古希腊的雕像，它们就时时都在提醒观察者什么是标准的美。当代西方文化的方方面面都可以追溯到古希腊罗马时期。文艺复兴运动的一个重要目的就是要继承古希腊罗马的优秀文化，如科学与民主精神（古希腊），法治与实用（罗马），这些正处在古典考古的范畴中。所以我们可以说，古典考古是西方传承自身文化的基本方式。17、18世纪英国贵族、地主的子女有"大旅行"（Grand Tour）的传统，他们一般从巴黎开始，穿越阿尔卑斯山，游历众多意大利城市，终点是罗马。这是一趟典型的古典教育之旅，从中收获最正宗的西方文化教育。英国虽然处在欧洲相对边缘的地方，但是通过对西方古典文化的继承，俨然成了西方文化执牛耳者。我们知道美国崛起的时候，同样奉古希腊文明为西方正宗，当代美国文化的一个主要源泉就是古希腊文化，从政治文化到审美原则都是如此。从这个角度来说，古典考古承载了西方文化正源，西方何以是西方？西方所谓的美好标准何在？如何接受文化的传承，古典考古提供了最简捷、最明晰的途径。

读过特里格《考古学思想史》的人可能有印象，他说近代考古学有两大渊源：一是北欧的史前考古学，二是英法的旧石器考古。它们都是在近代科学的摇篮中形成的。不过，特里格似乎忘记强调近代考古学还有一个特别重要的渊源，那就是古典考古，前身就是艺术史，开创者就是大名鼎鼎的温克尔曼。考古学的这三个源头一直影响到现在，旧石器考古－古人类研究基本属于自然科学领域，所谓史前考古通常是指新石器－原史考古（即文献记载还很稀少的时代），与古典考古一脉相承的是历史考古。这三个分支各有自己偏好的理论与方法，如旧石器考古领域偏好过程考古，历史考古领域偏好后过程考古，史前考古领域偏好文化历史考古。当近代考古学传入中国的时候，它是以科学的面目出现的。中国本土考古学的开创者们都特别注意学习西方科学方法，对于更偏向人文领域的古典考古比较忽视。以至于我们现在说起近代考古学时，基本理解为强调获取科学材料的田野考古，充其量加上具有浓重自然科学色彩的旧石器考古学，而忘记了近代考古学还有一个更早的正源——古典考古。

中国本来是有自己的古典考古的，至少有其前身，那就是金石学。为什么说金石学可以是中国的古典考古呢？在近代中国考古学的开创者看来，它是不科学的，是落后的，甚至是旁门左道。我自己很长时间就是这么理解的，也是这么教给学生的。现在我觉得自己错了！这要从金石学的宗旨说起。北宋吕大临《考古图记》中说："论次成书，非敢以器为玩也，观其器，诵其言，形容仿佛，以追三代之遗风，如见其人矣。以意逆志，或探其制作之源，以补经传之阙亡，正诸儒之谬误。"吕先生的话说得很清楚，收集金石不是为了玩耍，而有很重要的目的，那就是接受文化传统的教育，传承古代最美好的政治与社会文化传统。我们中国人认为什么东西美好呢？我们的标准又是什么呢？我们怎么能够接受到那些美好的东西呢？金石就是非常好的载体，就好比临习颜真卿书法的人，不知不觉就会接受其博大雄浑的气质，不知不觉向往中正端方的品格。中国是一个文献丰富的文化古国，但文献并不限于文字的。所有的器物材料都是文献，相反，文字文献只是其中内容比较抽象的一种。

很可惜，中国重视文字文献，却忽视了那些无字之书。殊不知我们的文化更多承载于日常生活实践与那些的物质材料中。睹物思人，物便是人。祖先已逝，似乎与我们没有关联了，通过物质材料，他们还跟我们生活在一起。我们面对秦砖汉瓦，分明还能感受到那个纯朴雄健的时代精神，不得不相信"一诺千金"切实的力量。面对盛唐的陶俑，那包容、雄壮的气度，我们不能不受到感染。春秋战国时期遗留下来的绝不仅仅是诸子百家的经典，更遗留下一批丰富多彩的物质材料，从神秘的楚风到慷慨激昂的燕赵，从崇尚礼仪的齐鲁之邦到法治高效的秦地。中国文化的基本格局奠定于这个时代，就像古希腊之于西方文化一样。当古典考古在西方高居庙堂之上的时候，禁不住想到我们中国的古典考古，我们的古典考古在哪里呢？

当代中国在经济上已有巨大的成功，甚至在科技上也可以给予肯定的预期，在不久的将来，我们会有世界级的成果的。但是，我们的文化呢？我们岂能放弃五千年悠久文明所传承的文化精神而执迷于现代主义的神话？陈寅恪先生就曾有过类似的忧虑，中国可能重新回到世界经济领头羊的地位，而要在文化上有大的贡献却存在很大的不确定性。毫无疑问，我们应该向西方学习科学，不过，我们还应该明白与科学伴生的人文传统，它们是相辅相成的关系。我们向西方学习了科学的考古学，抛弃了它的人文基础；与此同时，用科学的标准阉割了我们自身的人文血脉。今天，当我们行走在世界上的时候，我们甚至都找不到自己的服装。我们自己美好的东西何在呢？我们何以知道什么称得上美好呢？中国金石学衰落的同时，也是我们的文化精神至为贫困的时候。于是，我们不得不以别人的标准为自己的标准，我们只能羡慕人家的优雅，把自己的头发染成金黄，把自己的鼻梁垫高……

中国之美的载体在哪里？中国和谐的精神在哪里？尽在口头上吗？尽在文字上吗？徜徉在古典中国园林中，才能体会那种"画境文心"的境界。行走钢筋混凝土的丛林中，我们看到了什么呢？一种让人焦虑的纷乱，一种空洞的物质堆砌，一种失去了精神联系的彷徨。中国千百年来所强调的人与自然的和谐、身与心的和谐何以体现呢？在这个物质不再贫乏的时代，我们处在文化的饥渴中。我们需要寻找中国的古典考古，接续我们的精神血脉。仅仅靠古典考古也许并不足以传承西方的文化精髓，但是离开了它，文化传承就失去了最切实的载体。当然，我们还需要知道金石学还不能算真正意义上的中国古典考古，我们需要融合当代考古学的发展，丰富中国古典考古的内涵。我相信这是重建中国未来人文精神不可缺少的一环。

当我们注意到古典考古的时候,我们也就注意到了考古学的人文意义,它让考古学的发展更加平衡。科学与人文,缺一不可。它们是当代考古学发展最重要的两条线索,就像DNA的双螺旋结构一样,在循环往复中绵延不绝。按照《中国大百科全书·考古学》中对考古学的定义,它属于人文科学,而在过去差不多一个世纪的时间里,中国考古学的目标其实一直是希望走向科学。当然,这样的目标并没有错,只是它不够完整,我们还需要真正作为人文的考古学。观察当代中国考古学的发展,不难发现这样的考古学更多的是在民间,更多处在一种草根状态。作为学术的中国考古学需要更加接地气,这或许也正是《大众考古》的意义所在。

我无法想象未来一个失去了文化血脉的中国人如何立足世界。作为考古学与考古学人,有一种责任去接续(创造性地)数千年的中国文化血脉。这不是狭隘的民族主义,因为我们也希望欣赏与创造最美好的自己与世界!

第三章

从这里出发：中国考古学的问题与前景

曾经问过自己，如果能选择的话，在中国最近五百年的时间里，愿意生活在什么时候呢？一番权衡之后，我想还是愿意生活在这个时代，尽管它不那么完美。这是一个开放的时代、一个发展的时代、一个大转折的时代，许多让人喜欢或不喜欢的因素都混合在一起，互相激荡，这就是中国考古学发展的关联背景（context）。当我们思考中国考古学的问题与前景的时候，不要忘记了我们讨论的语境，不然，或是失之空洞，或是陷入沮丧。中国是古老的，但中国考古学是年轻的，中国未来的文化则正在孕育中。一个强盛的中国必定要以辉煌的文化才能屹立于世界民族之林，考古学无疑是建设我们自身文化的生力军。想到这里，不免让人激动，我们从事的工作具有重要的意义，是有大"用"的。当然，我们还需要知道，学术文化的建设没有什么捷径可言，不是一场革命就能解决的，需要一代一代学人的努力，也就是在不断发现问题、解决问题过程中前行的。

中国考古学的困境

写这样一个题目需要先做一点澄清，即没有人能够否定中国考古学所取得的伟大成绩，过去将近一个世纪的时间里，数代中国考古学家筚路蓝缕，呕心沥血，开创出中国考古学今天的天地。然而，我们仍然直面困境。成绩归成绩，问题归问题，不是说因为有问题就否定了成绩，也不能因为有成绩而忽视问题。

比较中西考古学的发展历程，我现在有一个比较确切的认识，那就是中国考古学处在功能主义考古学的初级阶段。在西方考古学中，这个阶段是在20世纪30年代到60年代。最有代表性的考古学家，在欧洲是主张经济学方法与马克思主义考古的柴尔德与强调古经济学与多学科研究的格拉汉姆·克拉克（Grahame Clark），在北美是掀起波澜并提出"缀合的方法"的瓦尔特·泰勒（Walter Tayler）与聚落形态考古的开创者戈登·威利（Gordon Willey）。考古学史家特里格在其名作《考古学思想史》中将之单列为"西方功能主义考古"。我认为这可能是其著作中最精彩的部分，这样的划分很好地突显了西方考古学这一阶段发展的特殊性，而这恰恰是其他考古史家如格林·丹尼尔（Glyn Daniel）、戈登·威利等没有注意到的。

为什么要把中国考古学的发展阶段确定在功能主义考古的早期阶段呢？成熟阶段就是过程考古学了。中国考古学跟过程考古学的关键区别在于以下两点。

第一，我们试图用文化特征来研究文化功能。什么意思呢？我们运用的文化（最典型的代表就是"考古学文化"）的概念是以特征为中心的，所谓一个"文化"就是以一系列具有标志性的特征构成的，即便是聚落形态也是特征的一部分。特别值得指出的是，当初戈登·威利在运用聚落形态这个概念的时候，他将之视为文化功能的反应，即社会组织的复杂化导致了聚落形态的复杂化，这个过程中涉及不同变量之间的相互作用（function），而不是静态特征的罗列。瓦尔特·泰勒的"缀合的方法"之所以失败，最关键的原因就在于他立足于统合文化特征，而没有去研究文化功能。再多的特征相加不过是数量的累积，而没有实现对不同特征之间关系的理解，比如石器技术与聚落形态之间、石器技术与象征符号之间，如此等等。也就是说，我们不知道古代社会是如何运作的，也没有相应的研究工具来实现这一目的。

第二，退一步说，以上的说法可能有点偏颇，中国考古学研究并非不考虑有关变量之间的关系，但是我们之于其间的关系存在诸多不言而喻的前提。比如说环境影响的前提，某种文化的变化很容易跟环境变迁联系在一起。环境与文化之间究竟存在怎样的联系呢？成也环境，败也环境。环境原因就成了解释文化变化的不二理由，但是为什么会如此呢？另一个不言而喻的假设是文化传播，某种文化出现了变化，若与周边某种文化有相似之处，那么就可以将之理解为传播的产物。为什么一定就会传播呢？文化传播能够告诉我们什么呢？还有一个毋庸置疑的假设就是经典的单线进化论，原始社会，尤其新石器时代农业社会都可以称为母系社会。社会组织状态通常是非常多样的，我们对当代社会的观察就不难发现这一点，没有理由认为在交通、信息极其不便利的史前社会，全世界的社会组织形态居然可以是同样的。

正是基于以上两点，我们有比较充分的理由认为中国考古学处在功能主义考古学的初级阶段，它与以文化功能为中心，注重文化变量之间相互关联探讨的过程考古学是有所区别的。更明确地说，也就是中国考古学没有去探讨史前社会、文化或是人类行为等变化的机制。我们考察当地社会经济现象，必然需要考察市场经济的机制，如说凡是机会都是有成本的，物以稀为贵，等等。而仅仅收集经济运行的数据是不够的，这些数据不会自己说话。举个考古学的例子，研究农业起源的过程考古学家，他们考察狩猎采集者文化适应机制，当他们遇到人口压力或资源短缺时将会怎么反应，如加强流动性（去更多地方寻找食物）、出现广谱适应（吃平时不吃的食物）、强化利用食物（增加其产量与分布范围）、发展同盟关系（向朋友求助）或是劫掠（抢别人的食物）等。正是通过这些机制的探讨，并结合考古材料的证据，过程考古学家可以探讨为什么有的地方农业能够起源，有的地方则不能。

简言之，中国考古学的困境就是无法深入了解古代社会、文化、行为、历史的机制。这个问题需要从宏观与微观两个层面上来理解。

从宏观层面上来说，考古学研究根据非常零碎、有限的实物遗存材料（显然不是所有的材料都能保存下来的）去了解人类过去，就像用砖瓦土木石去盖房子一样，我们现在有了原料，还需要蓝图，但是这样的框架绝大多数情况不是考古学能够提供的。考古学家依赖的框架多来自人类学、历史学、社会学乃至哲学领域。如果考古学不想将自己仅仅限定在材料发现与整理上，还希望了解古代人类的生活，那么就必须利用相关学科提供的路径。我们复原人类过去的视角非常多，不同学科、不同学者的角度可能都不一样。了解人类过去这样一座高峰需要从多个角度来看。如果没有相关学科的襄助，再多的材料仍然不能说明什么，即使我们知道它们过去是做什么的。

从微观的层面上讲，就是要从考古材料中"透物见人"，目前考古学家基本借助两条路径：一条是对考古材料进行科学分析；另一条是借助中程理论（主要是民族考古与实验考古，直接历史法某种程度上也是一种中程理论），在考古材料与人类行为之间架起桥梁。应该说，中国考古学在微观上还是非常努力的，许多考古学研究者已经认识到这一点，只是目前的进展还不是很理想。前者主要表现在科学分析与考古学研究的结合上更多像是"两张皮"，不大能够无缝贴合；后者也存在同样的问题，应把民族考古、实验考古等研究与具体考古学研究实践结合起来，比如说实验考古需要解决考古学的问题，而不能为了实验而实验。

宏观与微观层面上研究是相辅相成的，如同一栋房子要盖得漂亮，一方面要有好的设计，另一方面是精工的建造。中国考古学宏观框架不能说没有，只是过于单调。我们需要更多样的设计，需要非常精彩的理论构建。当然，即便没有像样的理论构建，若是精工地建造，也是相当可观的。最怕的是用粗制滥造的方式去构建单调的构架，偶尔冒出一星半点的新概念，最终还是一个垃圾工程。再完美的构建也需要精工实施，在考古学研究中，那就是科学！科学崇尚理性，追求真理，立足客观，那些花架子最怕科学这面镜子。科学不等于正确，但是它把理论前提、研究方法、事实材料都亮出来，让人批评修正，让后人能够立足于基础上进一步发展。

中国考古学怎么才能走出困境呢？恐怕不少人相信只要给予足够长的时间，中国考古学肯定能走出来。我当然相信这一点，这个时间究竟有多长呢？从中国考古学发展的角度来看，我们需要怎么做才真正有效呢？如果我上面的说法有那么一点儿道理的话，考古学家似乎可以感觉轻松了一点，因为要真正让中国考古学有大的发展，需要社会科学的其他领域如经济学、政治学、社会学、人类学，以及文史哲等人文学科的突破。单凭考古学是不足以了解古代社会的，我们需要其他学科来协助发展理论构架。与此同时，还需要发展科学，发展考古学家的科学态度、一般科学方法，而不仅仅是特殊的科技手段。我们热爱技术，对科学本身的兴趣还真一般，要学习西方像对待上帝那样对待真理的追求，这才是科学的态度。至于说一般科学方法，有太多的人讲得比我好，也就毋庸置言了。

在可以预见的时间范围内，中国社会科学取得大的发展不那么容易，全民科学素养的提高也不是一朝一夕能够实现的，所以，让中国考古学走出困境，也只能期许未来的考古学家了。在这个方面，我有一个梦想。有评论说，宾福德其实不咋的，而是他的一帮学生实在太优秀。如果我也能得到这样的评价，那将是多大的荣耀啊！人生至此，焉复何求！对于未来一代的考古学家来说，要想让中国考古学走出困境，就不能只在考古学的圈子里打转，我们的教育需要一场革命。

中国考古学的"生活"转向

多年前在美国南卫理公会大学（SMU）的图书馆里乱翻书，看到一册日本宣传自己国家的画册，书名似乎是《日本的四季》，书中除了展示日本四季的风景之外，还展示了日本人四季中的礼仪与生活。这本画册给我留下了很深的印象，并非因为照片精美，而是它的视角，生活气息浓厚，很贴近普通人。我们的宣传画册也不少，照片、印刷、装帧都有过之而无不及，但是你总是看到雄伟的长城、壮丽的泰山、气势逼人的青藏高原，或者是鳞次栉比的城市风景线，间或有一张特写，也要展示一个宏大的主题。这样的表达方式是很难引起西方共鸣的。当时我就想，为什么我们喜欢这样的自我表达方式呢？它反映了怎样的心理呢？

广义地说，考古学研究也是一种文化的表达方式。如何去表达显然是受到许多因素影响的，是许多因素共同作用的结果，当然，不同时期主要的作用因素可能有所差异。布鲁斯·特里格《考古学思想史》的一个重要贡献就是注意到中产阶级的形成跟近代考古学兴起之间的关系。当然，他还提到许多其他因素，比如民族主义、启蒙主义、近代科学方法等，这些因素都在意料之中，但是强调中产阶级的重要作用，却是有点出人意料的。历史上中国一直没有什么真正的中产阶级，中产阶级的出现与迅速发展都是改革开放之后的事。这里给中产阶级一个准确的定义是困难的，一般说来，社会技术职业阶层、管理阶层（经理、小业主、行政管理阶层等）都可以视为中产阶级。传统社会以农民占绝大部分，手工业者、商人、文吏比较少，处在社会顶层的就是极小的一个权贵阶层。近代化开始后，越来越多的农民迁入了城市，农业人口的比例越来越少，权贵阶层的规模也在缩小，世袭程度也逐渐降低，社会的中间力量日渐膨大，形成了所谓中产阶级。当代理想的社会结构呈橄榄球形，中间大，两头小，且认为中产阶级是社会稳定的基石。

中产阶级与近代考古学的关系是如何产生的呢？我们知道考古学的前身是古物学，在中国叫作金石学。西方古物学经历了至少两个阶段，前一个阶段是社会权贵及其依附阶层所操持的，叫作艺术史，专门收集与研究古希腊－罗马时代的古物，如庞贝古城的发掘与研究者温克尔曼（艺术史的奠基者之一）；后一个阶段是所谓科学的古物学，北欧地区比较兴盛，著名的"三代论"就是由丹麦古物学者汤姆森（Thomsen，C. J.）提出来的。"科学的"古物学，顾名思义，就是运用近代科学的方法来研究古物。近代科学的崛起是理论研究与实践相结合的产物，也就是从前很清高的哲学家们（早期的自然科学家大多是哲学家，如莱布尼兹、笛卡尔等）开始研究具体的经验世界，并开创了实验科学的方法，他们与能工巧匠们结合起来，发展出近代科学。而要追根溯源，近代科学的兴起与地理大发现后西方工商业社会的形成关系非常密切，工商业的发展提供了科学发展所需要的社会需求、物质资源、开放的社会结构，以及一个教育较为普及的社会文化氛围。所以，不仅仅说中产阶级与近代考古学的兴起关系密切，还要说中产阶级也是科学发展的温床。这个阶层中大多数人都是靠技能吃饭的，没有那么多想当官的人和想一夜暴富的人。他们注意技艺的提高，注意教育的发展，注意社会文化的质量。他们有知识，又有点闲钱与闲暇，可以发展自己的爱好。于是，博物馆、大学、研究所开始获得更多的关注与支持。

中产阶级支持的考古学跟从前权贵阶层爱好的考古学有所不同，权贵阶层喜欢罕见的、精美的艺术品，这样才能彰显身份。中产阶级所偏好的考古学是那种生活气息比较浓厚的考古学。我们通常将中产阶级的趣味称为"小资"，布尔乔亚式的，讲一点斯文，但更多的是生活趣味型的，而非夸张炫耀式的。我们通常说考古学是研究实物材料的，就物质材料而言，中产阶级偏好的方面恐怕要实用得多，跟生活的关系也要密切得多。以前中国曾经很讲究阶级成分，走过了头。不过从考古学发展史的角度来看，也有几分道理。中产阶级是个靠技能为生的阶层，关注技术自然是再正常不过的事了。最近看了保罗·肯尼迪的新著《二战解密：盟军如何扭转局势并赢得胜利》，他将胜利的直接原因归功于专家与工程师，是他们找到了解决当时困境的方法。是不是有点意思？中产阶级看"二战"也是中产阶级的。当代西方考古学侧重技术（过程考古学），强调中产阶级的价值观（宾福德说后过程考古学的领军人物伊恩·霍德就是一个中产阶级的好人），总体上可以称为"生活考古学"。西方早期的权贵考古很少会关注这些东西。

读西方考古学史曾经有个小小的发现，那就是19世纪时统治阶层一般都偏好民族主义——让所有人都团结在我的周围；中产阶级多喜欢自由主义；社会偏下阶层喜欢社会主义，即见者有份儿。不过，话又说回来，在19世纪西方民族国家（nation）形成的时候，民族主义是一面旗帜，是不同阶级都比较认同的，尤其是如丹麦那种被拿破仑欺负的小国。民族主义鼓舞下的考古学就要努力寻找祖先辉煌灿烂的文化，寻找所有成员都能够认同的象征，确立民族文化悠久的时间编年。西方国家的民族主义到"一战"时走到了顶峰，每个人都是一腔热血走上战场，最后得到只有死亡、伤痛与幻觉。西方考古学在20世纪30年代其实就开始转向了，如格拉汉姆·克拉克的"生态考古"，还有他的学生埃里克·希格斯（Eric Higgs）的"剑桥古经济学派"，关注的都是很生活化的方面。当然，这么说并不是很准确，19世纪中北欧的史前考古其实就很注意史前生活的研究，詹斯·沃尔塞（Jens Worsaae）不是组织过多学科研究吗？他们研究石器的功能，注意研究动物遗存、古环境等，相当前卫！追根溯源，似乎与北欧更加发达的中产阶级社会结构相关，其权贵阶层的权力没有欧洲大国那样夸张。

单纯从社会阶层变化的角度来看，当中国日渐共同富裕之后（这是中国梦的体现！），是不是可以期望中国考古学的发展会发生转向呢？中国现代考古学的历史有一个特别明显的特点，那就是它一直为帝国主义所缠绕。最早的中国现代考古学都是外国人在中国做的，后来中国人可以打下手了，再后来中国人可以独立工作了，每一步都伴随着前辈学人不懈的抗争。看看周口店的研究史、"西北科考团"的历史，都可以深切地体会到这一点。那时正是中国民族国家形成的时期，尤其是在这么一个半殖民地半封建的国家，救亡图存是主旋律，民族主义是不得不做出的选择。从某种意义上说，不是中国人选择了民族主义，而是帝国主义迫使我们选择了民族主义。可以想见中国老一辈考古学家对"中国文明西来说"的反感程度。看李济之于彩陶的研究，其实他的发现并不能充分证明安特生的"中国彩陶西来说"就是错误的，但是他首先肯定了本地起源的可能，我能理解这种情感。

如今帝国主义的威胁基本不存在了，当然，文化帝国主义、后殖民主义的影响还是有的，所以民族主义之于中国考古学的影响短时间还不大可能消失。若要批评中国考古学家总是戴着民族主义眼镜在工作，其实批评者何尝又没有戴着文化帝国主义的眼镜呢？当我们急于与国际接轨的时候，是否又有文化自我殖民的危险呢？事情总是矛盾的，民族主义也是一柄双刃剑。极端者如德国纳粹主义考古，考古学成为政治操纵的工具，考古学家也成为侵略的工具。这样的考古学研究中，所有的工作似乎都是为了寻找德意志民族的标志，满足民族自豪感。

随着中国的日益强大，冲破帝国主义的体系，中产阶级增加，有理由相信中国考古学可能会发生"生活转向"。这样的考古学如何看待考古材料呢？可能会更关注火塘边的故事，古人在那里做了什么，是如何活动的；会关注古人四季的活动，从衣食住行到礼仪崇拜；会注意遗址的风水、牙缝里的秘密、男女家庭关系……这样的中国考古学研究内容会更丰富，更贴近我们的生活，而不只是关注时空框架、谱系传承，或是中国学派。

当然，仅仅从这么一个角度就论断中国考古学的转变，毫无疑问是有点偏颇的。每个认识往往都是从某个角度出发的，也注定只有某个角度的合理性，能言之成理就行。如果上面所说的有那么一点道理的话，我倒是很期待中国考古学的"生活转向"！

中西考古学结合的问题

我想没有人会反对向西方考古学学习，问题在于学习西方考古学之后怎么来解决中国考古学的问题。这是一个令人困扰的问题，不仅于我自己而言，我想对西方考古学有所了解的研究者都会存在这样的疑问。时常会出现这样的情况，西方考古学的理论方法在中国考古学的研究实践面前，就像涂了特氟龙一般，完全"不粘"；即便用了，也像西方考古学者研究中国考古学的问题，总觉得隔了一层。为什么会这样呢？我们需要结合什么呢？应该怎么去结合呢？为了更好地结合，我们应该做些什么呢？在一个安静的午后，我禁不住思考这些问题，似乎有了一点心得。在开始讨论之前，为了避免误解，应该提一下，中西考古学结合并不是中国考古学研究的唯一形态，而是其中一种形态，这里所说的仅就中西考古学结合而言。

首先需要弄清楚中西考古学不能兼容的原因。西方考古学者研究中国考古学的问题为什么不受中国考古学者青睐呢？其主要原因是他们讨论的问题不是中国考古学者关注的，对他们来说，研究中国考古跟研究近东、非洲或是其他非本土地区一样，都是为了扩充科学研究的范畴。考古学者纯粹是"科学家"，可以非常客观，不掺一点个人情感在内。就像读高居翰的中国画研究著作，你佩服他的研究水平，但是很可能不能认同他的研究，因为他无法继承中国画研究的传统，无法传递中国画的神韵。人文、社会科学的研究有点像谈恋爱，那些经验之谈有帮助，但是只能借鉴，每个人的情况不一样；即便完全相同，恋爱本身的参与仍然是不能替代的。也就是说，中国考古学者研究中国考古学，不仅仅是一项科学研究，它还在承续中国学术命脉、文化传统与文化精神。也许我们的研究在许多方面做得不如西方考古学者，但是他们的研究并不能替代我们，这不是简单地用民族主义就可以解释的。

还有接地气的问题。何谓地气呢？简单地说，任何一门学术研究都是特定时代社会发展的产物，中国考古学无论水平高低，都离不开中国社会的发展，不仅包括当下的发展，也包括中国历史，乃至与环境关联（比如说"一方水土养一方人"），这些就是中国考古学的地气。西方考古学者生活在他们的社会中，只能作为旁观者观察，即便是在中国长期从事野外工作，因为不需要真正参与中国社会生活，就像斯文·赫定（更不必提斯坦因了）、安特生这样的西方学者都不会考虑中国文化命运之类的问题。他们将中国的古代文物只视作科学研究材料，不会像黄文弼、李济等中国考古学先贤那样带着满腔悲愤而努力"为往圣继绝学"。那一片片竹简、一件件青铜器积淀着数千年前的中国文化，作为中国人，依旧可以感受的大汉气象，三代神韵。也正因为接不了中国考古学的地气，所以西方考古学的中国研究并不能取代我们自己的研究。当然，作为科学研究的话，他们的研究具有很高的参考价值。

回到中国考古学中来，我们的研究需要结合西方考古学，而主要问题也在这里。简言之，那就是如何把西方考古学的理论方法跟中国考古学的研究实践结合起来。西方考古学的理论有哪些呢？目前归纳起来有八大范式，包括文化历史考古、过程考古、后过程考古、生态、能动性、进化、马克思主义、历史/艺术史等。这是《考古学理论手册》（*Handbook of Archaeological Theories*）的归纳，实际状况要更复杂一些，比如女权主义考古、惯习、社会考古、认知考古等与上面的范式虽有重叠，但也有其不能涵盖的地方。这些理论都提出了自己所要研究的目标，即要去研究什么；也包括基本的方法论,即大致应该往哪个方向努力。西方考古学因为比我们更靠近学术前沿,所以理论更加发达,这不难理解。走在前面探路的人经常需要考虑应该往哪里走,哪里可能走得通;走在后面的人经常思考的则是如何赶上去并超过前面的人。因此,作为追赶者的中国考古学自然需要借鉴西方考古学理论。

然后是分析考古材料的方法,有了需要探索的目标,就需要合适的方法来解决。当前的考古学方法让人目不暇接,几乎交织成了网络。从器物的角度来说,有专门的石器研究、玉器研究、陶器研究等;从遗迹的角度来说,有墓葬研究、居所(Household)研究等;从更大的区域来说,还有聚落考古、区域分析等;就研究对象来说,如生计研究、社会关系研究、意识形态研究等。纯从技术方法上来讲,那就更多了,许多学科都与考古学相交叉,形成了新的分支学科,有时统称为科技考古或考古科学。作为中程研究的实验考古、民族考古自然也不能忽略,最普遍的统计分析也不能忘记。另外,还有从19世纪传下来的田野考古,以及贯穿其中的考古地层学与类型学。在方法上,西方考古学给我们留下的印象最为深刻,我们经常学习的也是这个,近代以来,"师夷长技以制夷"的想法一直都是存在的。

其实,我们结合西方考古学不仅有理论方法,还包括各大洲的材料与研究。我们在讨论人类起源、农业起源、文明起源这类大问题的时候,不可能不考虑世界其他地区的情况。除了考古材料及其研究之外,还有一项重要的信息,那就是民族学材料,西方在殖民过程中收集了大量的相关材料,这些材料是考古学研究的重要参考。早期研究人类史前社会的研究者如约翰·卢伯克(John Lubbock)、爱德华·泰勒(Edward Tylor)、路易斯·摩尔根(Lewis Morgan)以及马克思、恩格斯等依据的多是民族学材料,得出的结论有相当的部分经得起考古材料的检验,尤其是摩尔根的。我还想到一项重要的内容,那就是与考古学相关的其他学科的研究,比如生态学、心理学、社会学，甚至是哲学，等等。考古学研究很少是能够孤立地解决问题的。中国考古学存在理论方法的不足，同样的问题其实也存在于许多学科中，因此在借鉴相关学科成果时，这是一个不能忽视的重要方面。考古学要变得有趣一点，就必须与其他学科交叉。

以上说的是要结合西方考古学的什么，下面的问题是如何结合。在谈结合之前，有必要先说一点困难。南辕北辙是怎么都结合不起来的，"巧妇难为无米之炊"也是问题。所以，第一个困难就是我们所问的问题是不是与西方考古学完全没有相关性，比如说要从考古学文化的谱系研究实现所有考古学的目的，这可能就是一个南辕北辙的问题。在美国学习考古学的时候，当时很困惑的一点，是怎么在人家的著作中找不到"考古学文化"这个术语，通常仅以"序列"（sequence）来表示，我花了好长时间才适应这样的表达。也就是说，那些仅存在于中国考古学中的特定问题是没法与西方考古学结合的。第二个困难是材料的精度问题，这的确是一个悲催的状况，你想要的信息，人家都没有收集。第三个困难可能是最让人犯难的，那就是后过程考古学所说的，所有的材料本身就是带有理论的。其实中国考古学早就有类似的认识，即有什么样的理论方法才会有什么样的材料——材料与理论方法密不可分。

不过，话又说回来，考古学研究总是存在材料与理论方法不匹配的问题。经常的情况是，想研究某个有关古代人类社会或行为的问题，但是发现材料缺乏或是根本就不知道材料在哪里，因为我们的考古报告多是遗存的描述、分类与分期。坦率地说，以前我不是很能接受这些东西。最近有两个体验，部分改变了我的看法。一次是对白音长汗遗址出土兴隆洼文化石铲的重新分类，根据刃口偏锋（可能为锄）与正锋（可能为铲）分为两类，然后发现每个亚类中又有大小之分，还有毛坯与成品的区分，其中还有可能属于儿童玩具的石铲（锄）。通过这样的分类，并结合实验研究与使用痕迹分析,我可以较为肯定地判断这些石"铲"的功能了。分类,不是不可以做的工作,重要是在什么意义上做。

另一个体验是有关分期的,根据陶器纹饰重新对查海遗址进行分期,可以分为四期。这本来是很常规的研究,但是我发现这四期可能与遗址废弃过程有关。第一期房子很少,可能是打前站的人们季节性的居址,他们每年来这里一段时间,积累建筑材料如树木(新鲜树木是不适合盖房子的),开挖半地穴基坑。用简单的石质工具开挖风化基岩基坑,不是很简单的工作。研究查海遗址的学生估计,一座普通的房子地穴开挖的土方可能需要17立方米。显然不可能一次性就挖好整个聚落的基坑,一定有若干年的准备。中间两期的房子废弃后很可能会被再利用,不论是还住在村子里的人,还是后来的人。最后一期的废弃物应该是最丰富的,如果是彻底废弃,遗存会比较混乱;如果只是暂时废弃,那么还可以使用的东西(de facto refuse)会比较多。考古材料的分析似乎支持后者,这与查海作为早期新石器时代文化面貌是一致的,那时人们的定居能力还比较弱,可能还需要季节性地离开中心营地去利用某些资源。从查海遗址的分期研究中,我发现它也是可以与人类行为、社会状况联系起来的,并不是毫无意义的描述。

讲这两个例子是为了说明,传统的考古学方法并非不能与人类行为、社会研究(过程考古学所倡导的)结合起来,其实在考古学最基础的层面上来说,中西考古学并没有太大的区别,分类、分期、分区都是需要的,问题是在什么意义上来进行。如果目标是重建时空框架,所选择的区分特征自然也是与之相关的;如果目标是古人的行为与社会,那么区分的标准就会改变。所以,如果说中西考古学结合有什么问题的话,首先就在目标的设定上面。

当然,事情没有这么简单。有了目标还需要一点理论演绎,即我们所希望了解的古人行为或社会状况可能以什么样的考古材料特征表现出来。这一点非常关键，通常是我们的研究中非常缺少的。比如我们想研究旧石器时代社会复杂性的问题，它显然不仅仅指政治地位的不平等，还可以指经济上的，以及如婚姻、社会交往等方面。但是与之相关的信息很难直接以考古材料的形式保存下来，所以这里就必须进行一些理论推导。社会复杂性表现为领域观念，即这是我的地盘，你不能进来，后来的复杂社会更是表现为强烈的边界观念（如国界）。因为有效的隔离，会形成非常明显的风格区。社会复杂性的表现形式是多样的，不同的理论视角关注的特征不一样。同样的问题，若是从安德烈·勒鲁瓦－古昂的理论来看，技术本身就是社会生产，技术的操作程序反映社会关系，社会复杂性会反映到固定的石器操作程序上来，就像生产波音飞机的人与生产袜子的人，前者讲求遵守规范的职业精神，后者充斥着无所不在的随意与草创精神。

理论演绎出可供切实观察的考古材料的形态特征，这是研究的一个关键环节。另一个环节则是从相反的角度出发，即从考古材料中提取更多的信息。当代考古学发展了许多科技手段来实现这样的目的，除了常见的科技考古分析手段外，还会利用统计学方法、地理信息系统（GIS）等来挖掘考古材料之间的关联性。不过，即便如此，有时还是感到理论和材料之间有难以跨越的鸿沟，此时我们可能就需要借助中程理论比如实验考古与民族考古来增加中间环节。

总结一下，不难发现上面所说的其实是考古学研究的普遍问题，并不限于中国或西方考古学。也就是说，当我们谈到具体研究程序的时候，中西考古学之间并不存在结合的问题。作为科学研究，都需要遵循一系列基本的途径。中西考古学之间存不存在结合的问题呢？存在又不存在！在文化传承的意义上，存在；在科学研究的层面上，则又不存在。

反向创新的中国考古学

创新是我们这个时代的热词,它之所以火爆,当然是与我们所处时代的社会背景密切相关的。创新缺乏是当代中国之痛,并不限于考古学领域,而是这个时代的普遍现象。钱学森先生临终前有一个世纪之问——我们如何才能拥有世界一流的人才?没有创新,何谈一流!如何才能实现创新呢?不同学科的学者都有自己的思考。

所谓反向创新跟我们通常所说的创新有所不同,它是指在前人或他人创新的基础上,根据自己的实际情况,去粗取精,发展出适合自身特点的东西,然后将之推广出去。当代中国科技的发展很大程度上走的就是这条道路;在社会科学领域,比较典型的反向创新就是马克思主义在中国的发展。从这个意义上说,反向创新并不是什么新生事物,中国从近代开始的现代化进程中,不断在运用,从简单的产品到具有中国特色的马克思主义,中国的改革开放大业本质上也是一种反向创新。中国考古学的发展是整个大业中的一个小部分。

简言之,反向创新的过程大致可以分为四个步骤:首先是一个学习的过程,向先进者学习;其次,要深入地分析自身的实际情况,了解自身特点与需要;再次,根据自己的实际情况,结合所学习的先进者的经验进行再创造,形成新的理论或方法;最后,把经过自己成功实践的创新推广出去,在更大范围里发挥作用。值得强调的是,反向创新首先要立足于学习,然后立足于自身的特点与需要,这是先后之分。它既不是闭关自守,也不是妄自菲薄。学习是基础,但中心是自身的实际情况,这是主次之别。

我们为什么要选择反向创新而不是直接创新呢?这一概念的应用立足于当前的现实条件。如果说我们有很好的自身创造能力,在国际上也处于先进水平,那么提反向创新实属多余,直接创新就可以了。如果中国考古学完全处在非常低层水平，没有一定的基础，也缺乏相当的学习水平，那么连反向创新也是无法实现的。我们现有的创新水平无法达到国际先进水平，但是已有较为充足的实力，可以通过反向创新的过程，实现中国考古学的追赶与超越。简言之，反向创新是当代中国考古学因时制宜的选择。

在强调中国考古学反向创新的时候，我们需要解决三个层面的问题。一是我们学习西方考古学的什么？一般地说，自然要学习其精华，那么西方考古学的精华何在？哪些又是我们亟须学习的？这就涉及第二层面的问题，中国考古学的问题何在？中国考古学的特殊情况是什么？在学习与结合自身特殊情况的基础上开始反向创新，我们可能首先在哪些方面取得突破？这又引出第三个层面的问题，即我们既有的基础何在？

追溯西方考古学的形成历史，我们可以很清楚地看到其活力立足于科学和活跃的思想探索上，前者构成西方考古学的科学传统，后者构成其人文传统，两者相辅相成。科学不是中国传统文化中所强调发展的方面，尤其是以纯粹理性为中心的近代科学。前科学时代的认知是以经验为基础的，通过历史实践来加以检验，但是近代科学追求真理，这来自对纯粹理性的追求。如果追溯其认知结构的话，它与西方的基督教传统具有一致性，即真理等于上帝。中国没有这样的传统，因此，我们的科学精神较缺少其非功利的一面，更多的是从实用主义的角度出发，把禁得起长期实践而非获取真理视为检验标准。我们在学习西方考古学的过程中，如果不能学习其求真的精神，而只是学习那些适用的方法，要实现超越将非常困难。其直接表现就是难以在理论领域有所突破，没有理论的建树，中国考古学只能在方法、实践上亦步亦趋。这也就是说，我们学习西方考古学，要掌握其精髓，学习其追求真理的精神。

与之相应的是，活跃的思想探索使得西方考古学的研究具有良好的理论基础与动力来源。试想没有启蒙主义思潮的话，近代考古学是不大可能诞生的。没有结构主义思想的发展,也不可能有法国考古学独具特色的理论方法。没有后现代思想的发展,也不会有当代后过程考古学的兴盛。思想创新,启迪考古学研究的创新。如果思想领域是一潭死水,创新就是无本之木,无源之水。

中国考古学的实际情况首先是中国上百万年的人类历史、上万年的农业社会历史与五千年一脉相承的文明史,而中国广袤土地上极其多样的自然环境又进一步丰富了不同地域的文化色彩。这样的状况决定了中国考古学所面临的问题十分复杂。与此同时,当代中国发展迅速,旧邦新命,中国考古学的发展亟待抓住时代的精神,为中国文化的复兴添砖加瓦。再者,考察中国考古学的发展史,我们知道中国近代考古学是从西方引入的,其后对西方考古学的学习时断时续,我们对西方考古学的了解还远远不够。在过去超过半个世纪的实践中,中国的马克思主义考古经历了全面学习苏联考古、受到"以论代史"的误导,以及对考古材料研究的回归。从理论到考古材料之间的断裂变成了完全以材料为中心的研究,理论研究相对受到忽视。这些就是我们当前面临的主要状况。

中国考古学首先能在哪些方面取得突破呢?从研究发展的一般途径来看,我们大致可以看出一个从材料向理论方法前进的趋势。在一定的理论方法与资料条件下,存在最优化的研究策略,以充分发挥研究者的优势。美国考古学的崛起历程很好地反映了这一点。美国考古学之所以能够后来居上,除了利用其强大的政治、经济、科技实力之外,还利用了北美独有的极其丰富的民族志材料与人类学理论传统,尤其是在狩猎采集者与简单农业操持者研究上,所以美国考古学带有非常强烈的人类学背景。鉴于人文基础相对薄弱,美国考古学在科学方法上可谓是登峰造极,成为另一大特色。过程考古学"更人类学,更科学"(more anthropological, more scientific)的口号也源于此。

中国考古学首先能够进行创新的领域一定是具有比较优势的

领域。为了发挥这些比较优势,我们还需要准备一些条件(或要素)。当代中国考古学具有四个重要的基石:金石学、马克思主义考古、田野实践,以及现代科学技术。金石学秉承了中国悠久的历史文化,是中国文化最重要的物质载体之一,与古典文献具有同等的价值,是构建未来中国文化的基本材料。过去我们简单视之为考古学不成熟的雏形,而忽视了它在传递中国文化传统上的意义。在后现代思潮破除现代主义的魍魉之后,我们有必要重新审视金石学。它不应是中国考古学的负担,而是需要加以珍惜与再利用的创新源泉。

马克思主义是中国考古学家从 20 世纪 30 年代就开始探索利用的主要理论,新中国成立后成为中国考古学的基本指导思想。它作为一种极为宏观的思想框架为中国考古学提供了本体论、方法论与价值论的指导,也就是辩证唯物主义与历史唯物主义;它还提供了社会演化的基本框架,比如原始社会从母系到父系的演化序列;近年来,则较为关注古代社会发展的微观研究,更注意吸收当代西方马克思主义研究的成果,而非将其简单化与教条化,这些都是值得肯定的进展。在未来中国考古学的创新之中,马克思主义考古同样也是我们立足的基石之一。马克思主义考古的发展并不仅限于中国,西方考古学也在应用,是当代西方考古学八大主流研究范式之一;在拉美地区,受到欢迎的程度更胜一筹。马克思主义作为一种宏观的思想,还有许多资源有待发掘。如果能够解放思想,根据当前的实际情况,创造性地加以利用,那么马克思主义考古就不会是一种负担了。

中国当代考古学研究的主体就是田野考古,每年数以百计的田野发掘项目带来大量考古材料的收获。田野考古是 20 世纪初由西方传入中国的,通过它来获取科学考古研究所需的实物材料,从而拉开了中国考古学从传统考古学向现代科学考古学转变的序幕。新中国成立后,尤其是改革开放 30 多年来,大规模的经济建设带来大量考古遗存的暴露与破坏，田野考古成为保存古代文化遗产的重要手段。经过几十年的实践，中国考古学在田野考古中已经形成一系列符合自身需求且行之有效的田野方法（包括调查、发掘、整理等），将考古地层学、类型学发展到了一个新的高度，如区系类型学说的提出、文化因素分析法等。跟考古学理论、方法的普遍性相比，田野考古带来的材料具有地区的特殊性，这就使得它不可取代；与此同时，考古材料作为考古学研究的基础，同样不可或缺。所以，无论如何，田野考古都将是中国考古学立足的基石之一。

当代考古学发展最为活跃的领域就是科学技术方法的应用。科学技术方法一直是考古学前进的主要动力之一，而且其重要性在不断加强。20世纪中叶，放射性碳测年技术开始出现，计算机技术也开始在考古学中得到应用，这直接推动了新考古学（即过程考古学）的兴起。当代考古学研究，网络技术成为后过程考古学所依赖的技术手段。考古学与自然科学的分支相互交叉渗透，形成了一系列新兴的考古学分支，如地质考古、生物考古、环境考古、生态考古、动物考古、植物考古等。中国是一个科学技术中等发达的国家，随着国家经济状况的发展，我们有能力引进先进的技术，然后消化吸收，将之国产化。近年来，一系列科技考古实验室建立起来，体现了中国考古学与自然科学及其技术方法的合作。这些无疑构成中国考古学进一步发展的重要基石。

最后，我们需要注意的是，反向创新也面临一些风险，从口号式的形式主义、故步自封的自我殖民到大杂烩式的拼凑"山寨"。而解决之道就是反向创新的核心：以我为主，深入学习与把握当代西方考古学发展的精髓，立足自身的实际情况进行发明与革新，实现最好的可能性。

第四章
态度决定一切：选择考古学之后

考古学一直都是有点冷僻的学科，尤其是在基本生活问题都还没有解决的时代，当不能用"奢侈"来形容考古学的时候，就只能用"无用"来描述了。考古作为一项爱好极为古老，而作为一种职业又极其年轻，在西方是 19 世纪的事情，在中国还要晚一个世纪。绝大多数社会大众对作为职业的考古学了解非常少，信息来源基本是影视作品，并不真实。所以，很少有年轻人在选择考古学之前是真正了解它的，于是真正的选择就是在选择了考古学之后：培养兴趣或者勉强凑合。不同的选择不仅会影响学习者的前途，也会影响考古学本身。试想考古工作者都怀着痛恨工作的话，这样的考古学必定非常乏味，何谈为社会公众、文化建设做贡献？我们与考古学的相遇不仅仅是一种邂逅，更是一种努力，后者更加重要。同时，考古工作只是生活的一部分，受制于人生的基本原则，所以这里我从一些基本的人生态度出发，然后回到考古中谈一谈。

欣赏考古

读阿兰·德波顿（Alain de Botton）的《工作颂歌》（*The Pleasures and Sorrows of Works*），得知英国输电行业中有个"高压输电线塔鉴赏协会"，成员们沿着高压线的路线，欣赏不同输电塔的设计、布局等，真是有点不可思议，想来世上真没有不能欣赏的东西！

考古有什么可以欣赏的呢？

从古人到现在，最容易被欣赏的是古代器物。历史时期的古董就不用说了，旧石器时代的石器在一般人看来就是一些破石头，然而当你从地层或地表把它们认出来的时候，那种感觉是非常好的。即便是最简单的砍砸器，它的原料、大小有特殊的要求，刃口的角度、长度并不随意。当你端详百万年前的石器时，你可以发现惊人的变化，有些绝对不原始，比如打制石器的巅峰——细石叶与细石核，用巧夺天工来形容并不为过。

遗址本身的发掘也是值得欣赏的，当你把一片杂草丛生的荒地变成由一个个方方正正的探方组成的工地的时候，常会油然而生一种满足之感。那笔直的剖面、干净的探方、整齐的格局，科学的规矩与自然的随意形成鲜明的对比。下工时总忍不住多看几眼。考古发掘是考古学家的艺术作品，其布置选择、大小、深度、精致程度等有许多可看的地方。

古人选择遗址的考量决定了遗址的位置是一个特别值得欣赏的要素。旧石器遗址常与洞穴、阶地关联，人们要考虑遮风避雨、取水、获取燃料与石料的便利，古人没有很好的搬运工具，让长腿的人来就物比让物来就人要方便得多。新石器时代的人选择居址时主要考虑用水、交通、土地等因素，小河流入更大支流的汇合处经常是首选地。历史时期遗址更是有风水的考量了，亲自去走一走，那种感觉是很奇妙的。

考古工作还有许多连带可以欣赏的东西，比如欣赏不经意间遇到的风景，考古学家大多爱好摄影，因为他们经常能遇到一些让人心醉的美景，这些景观通常是在名胜古迹之地看不到的。

户外生活本身也有许多值得玩味的地方，如今户外生活用品设计早已是一种艺术，那些对细节的仔细考量，让户外生活不仅舒适,更增添了许多工艺的美感。

我常想每到一个地方,应该拍摄一些小视频、照片或是进行录音,记录这个地方的风土人情,从方言、居所、景观,到集市、广场,然后编一个集子。多年以后重新回顾时,将是多么有意思的事情。

考古工作更多的时候是艰苦与孤独的,其实身处异乡的孤独也是一件值得玩味的东西。想一想雨夜的村庄,没有电视、网络,有时甚至没有电、手机信号,人难免会感到自己被世界遗忘了。我们就像孤身修行的喇嘛,那份孤独显得格外单纯。想冥思吗?不需要花钱去西藏,在考古工地就可以开始。

在没有野外的日子里,考古人更多的时候只能蜗居了。经历过野外的颠沛生活,回到自己的小窝,那种感觉不是一年四季蜗居在城市的人们所能体会到的。风雨之后的宁静总是格外迷人,分别之后的重逢总是格外让人珍惜。

专业的学问

有点犹豫,不知道该不该写一下自己之于学问的态度。近来回顾了自己的研究经历,追问了自己一些问题:究竟哪些因素最有利于我的研究?我为什么要做学问呢?我怎么看待自己的职业生涯呢?总结一下,对于今后的研究道路或可有推动作用。纯粹的个人体验,或许对正在学习考古的同学,尤其是研究生有些许借鉴意义。

比较再三,发现一条极简单又极实在的道理,有利的研究就是那些长期的研究,围绕一个重要的问题长期追踪、思考,积累材料。若干年下来,效果还是挺惊人的。我还记得自己大约是在读硕士的时候对农业起源问题产生兴趣,后又经过博士论文的训练,给学生开设相关课程,不断学习与研究。在我所有的研究中,我对这个问题相对比较有信心。毕竟,我在这个问题上投入了差不多20

年的时间。所谓水滴石穿，绳锯木断。时间是最好的老师。我曾经注意过西方与中国学者的差别，其中非常重要的一个方面，就是西方学者长期坚持的努力。中国前几代考古学家由于社会动荡的原因，学术事业断断续续；新中国成立前一代的学者因为日本侵略，流离失所，艰难度日，如周口店遗址，不仅发掘工作停顿，连珍贵的化石材料也因战火纷飞而下落不明；新中国成立后，频繁的政治运动影响也非常大，加之为西方所封锁，经济发展受限，学术交流困难，系统教育中断。还记得有个故事，说的是80年代初北大的王力先生对研究生说：你们搞不了学问！为什么？因为你们连书都买不起。学术研究需要安定平和的环境，过于拮据，哪里有能力做学问！

治学是一项长期的思维活动。正如人云，唯有肉体的宁静，方能有思想的灵动。简单、安宁、长期的坚持与积累，无疑是获得学术收获最重要的途径。我们有幸生活在一个太平繁荣的时代，社会基本安定，生活大体过得去，应该说是一个适合做学问的时代。只是如果心思都在钱上，做学问哪有心境。我经常说一句话，做学问并不难，不怕人傻，就怕聪明过头，世上鲜有人因为智力不足而放弃学问的，太多的人因为利益而放弃学问，所以人不冒一点傻气就不适合做学问，尤其是在这个时代。曾国藩语："置之一处，无事不办。"这个"一"字是有点难的，持之以恒地专注非有志者不能为。大学时代，一直都在跟自己广泛的兴趣搏斗，跟自己的懈怠搏斗。我们这个时代是个凡俗的时代，是一个解构的时代，所有神圣的东西，从为社会大众到科学，都被拉下圣坛，学问的意义不断受到质疑。

从实用的角度来说，我们生活在这个世界上，自己又不生产粮食，靠的是用交换来获取基本的生活资料。我们跟他人交换什么呢？如果我有的东西别人也有，那么别人就不用跟我交换；如果我所提供的产品品质很差，那么别人完全可能选择跟其他人交换。市场经济时代，也是专业高度分工的时代。因为分工，所以可以专业；因为专业，所以可以交换。时代正在变化，我们必须要对自己交换的对象负责，因此我们必须要专业，必须讲究信誉与品质。做学问也是一份工作，我们需要 be professional！很可惜，这方面我们做得还很不够。成为专业人士，自然需要系统的教育与训练，需要好好地琢磨如何提高自己的水平。只有不断学习，才能提高自己的专业水准。所谓研究水平，也就是治学这个专业行当的衡量标准。

何为专业呢？看马拉松比赛就知道运动员其实并不只用腿跑，而是动用全身的力量。更明显的例子是武术专业选手，他们其实并不一定很强壮，之所以能够打败更强壮的人，主要是因为能够集中全身的力量；而没有受过专业训练的人，往往只能运用自己身体某个部分的力量。治学的道理同样如此，专业训练的目的就是让人能够把自己所学到的方方面面的知识都运用到研究方向上。我自己有切身体会，经过多年的专业训练之后，确实发现看什么书都像在看考古书。而当我还是学生的时候，精神比较散，不知道自己应该把注意力放在什么地方，经常为之而痛苦。后来有了自己的研究方向，注意力逐渐开始集中，也逐渐变得专业起来。对于武术家而言，是要把自己身体所有的潜力都激发出来，集中到一点上，以最快的速度打出去；对于治学的人，我想我们需要把所有的智力都激发出来，集中到一个问题上去，以最巧妙的方式解决它。

专业训练同时也是系统训练的代名词，非专业人士往往略知一二，没有深厚的基础，知识体系缺乏足够的支撑。对于考古专业而言，大学与研究生课程是目前能够提供的知识体系。显然，在当前开放与迅速发展的考古学面前，这样的体系存在诸多的弊端，所以需要学生发挥自己的主观能动性，去弥补专业知识体系的不足。比如说我们的考古专业教育体系提供的基础范围太窄，尤其缺乏自然科学的教育，这就需要学生，尤其是研究生自己去旁听或自学。再比如英语教育，虽然学校也很重视，但是公共英语教学是"大锅菜"。要想吃点好的，还得自己动手，或是依靠辅导班。这是我自己的经验。三百六十行，行行有门道。考古学也不例外，基本原则就如《孙子兵法》所说的，"以正合，以奇胜"。基础要宽厚扎实，还要有拿手的绝招，或者说就是自己的兴趣点吧！

成为专业人士的好处之一就是压力比较小，把自己从事的工作做好就是对社会最大的贡献，当然也是对全人类的贡献。专业工作是一个人能够做好的事，每个人都可能有自己的专业，所以都可以安心做做自己的事吧！和平时期最需要专业人才。一个稳定发展的社会，往往都是以专业人士为主体的，也就是我们常说的中产阶级，这也是如今绝大多数受过高等教育的同学的出路。换句话说，要成为中产阶级，最简捷的方法还是成为专业人士。对于中国考古学而言，最需要的还是一种专业化的考古学，不要让人看了说，这活识字的人都可以干。

向死而生：考古学研究如何能成为一项事业

第一次想到死是在研究生二年级时候，父亲给我来了封信，讲了件窝心的事。说是有一天邻居家来了个看相算命的，父亲过去围观。看相的人忽然转移话题，说到父亲，好像调查过户口一般准确（骗子都是踩过点的）。他说：你儿子比你强……当然啦，我父亲上学时正赶上三年困难时期，高小毕业。我当时在北大读研，我父亲为此感到挺骄傲的。邻居接过话茬说：这还用你说。看相的话锋一转：你儿子24到26岁间会遇车祸，不死就是重伤。把我父亲气得够呛。父亲爱子心切，给我来了封信。他说他也知道这人是在胡说八道，但是还是希望我注意安全……尽管父亲坚决反对，母亲还是偷偷到木兰山去还了愿（骗子达到了目的）。我收到信的那个暑假去大同参加了18天的地质实习，回来后马上去河北的考古工地打工了20天，紧接着又去金牛山发掘。到处奔波，还真有点担心安全问题。读到信,我第一次意识到"死"。死是什么?我特意买了几本书来看,其中有本书叫《向死而生》❶,至今还在我的书架上。经过一番学习思考之后,我的心得是,根本不要去考虑这个问题,投入地生活,乐而忘忧,不知老之将至、死之迫近,这就是人生对"死"最好的回答。但是,死是不可能忽略的东西,所谓忘却的办法类似鸵鸟,挺消极的。

当然也有积极的办法,最近看了一本讲人生意义的书,它也说到"向死而生"这个话题。其中有句话很值得玩味,说是"人生若不包含人们没有准备好为之赴死的东西,这种人生就不可能富有成就"。也就是说,有没有为之赴死的事是检验人生的试金石。俗话说,人为财死,鸟为食亡,似乎每个人都天然地具有为之赴死的事,但是这句话其实是夸张之语。如果这会儿有抢劫犯把刀子架在你脖子上,你要钱还是要命?爱财如命的人恐怕还是要命。所以说,人为财死是假的。但是革命志士、抗日英烈就不同,刀架到脖子上,问要命还是要事业?他们宁可不要命,也绝不背叛事业。这是真正的英雄!人若死都不怕了,还有什么好畏惧的呢?还有什么事业不能做成呢?"向死而生",这些英雄践行了人生真谛。

考古学研究能否成为一项可以"向死而生"的事业呢?这么说是不是太夸张了?考古学成天与一些破坛烂罐打交道,不问国计民生,如何能成为可以为之赴死的事业呢?司马迁说:"究天人之际,通古今之变,成一家之言。"我认为这是对考古学研究目标的最好阐释。而且,司马迁以自己的人生经历很好地诠释了"向死而生"。因为替李陵辩护而遭腐刑之后,司马迁想过自杀,他之所以没有自杀,是因为想到自己的《史记》还没有完成,所以忍辱负重,"肠

---

❶ 《向死而生》(Im angesixht des todes Leben),(德)贝克勒(Boekle Franz)等编著,张念东、裘挹红译,生活·读书·新知三联书店1993年出版。本书以现代社会生死问题为主线,集西方现代各家真实记述之大成,包括我们时代的死亡见证、暴力死亡、死亡自由等六章内容。

一日而九回"。死已经不是司马迁所害怕的东西,他要活着去完成一件比死更有意义的事情。这部"史家之绝唱,无韵之离骚"流传千古,泽被后世,成为中国文化的里程碑。

但是如果考古学只是做点抢救性的发掘,挣点补贴;写几篇文章,混个职称;或是执行上头的指令,完成安排的任务……这如何值得为之一死呢?司马迁时代都有可以超越生死的事,现如今为什么不可以了呢?想到考古学研究就是发掘、写报告、写ABCD级别的文章,以及各种各样烦琐的程序等,就令人兴趣索然,避之唯恐不及。前些天给孩子们做了个小讲座,讲考古。这不好讲。小学生,谁会对石器、陶器的分类感兴趣?谁会在意什么是灰坑、什么是房子、什么是墓葬?我需要给孩子们讲些考古学上的大问题,比如讲过"人之由来""吃的进化史"等。考古学其实是研究很多大问题的,战争、社会、权力、阶级、性别、家庭、技术、文化、能动性、自我意识、国家起源的探索都需要考古学的参与。考古学通过提供实物材料的研究能够给这些问题提供非常重要的实证。这些问题都是关系人类根本的,其重要性毋庸置疑,皓首穷经也未必能够弄明白。正因为它们如此重要又如此困难,所以也就可以成为"向死而生"的事业了。

考古工作是一项文化事业,而文化是人的特征,是一个群体、一个民族、一个国家的特征。没有了文化,也就没有了他们的特征。当然,考古学研究的只是文化的一个部分,是属于古代的那个部分。但是没有过去,现在也无所立足。当然,你也可以仅仅将考古学视为一种爱好,喜欢而已,喜欢也是理由,喜欢就是意义。当代教育极其重视兴趣,兴趣是纯粹个人的事,没有兴趣,考古学就不可能成为事业,更不可能为之出生入死。

考古学作为一门学问本身是属于社会的,它的意义也只有通过社会才能够体现出来。所以,要让考古学成为值得一死的事业,必定要有重要的社会意义。何为社会呢?单位、国家、民族、人类,规模从小到大都是社会。考古学前面所说的那些问题都是关系到整个人类的问题，值得终生探索。我们中国考古学大多数时候更关心国家民族的问题，为国争光，为中华民族崛起，等等。谁让我们生活在一个有 13 亿人、五千年文明史的国度呢！生活在这里，你注定要背负一点沉重的责任；生活在这个复杂的社会，你注定要有些迷惘与郁闷——太多的事让你感到无能为力。你不是生活在一个热带小岛上，享受迷人的热带风光，每天开开心心，不用考虑那些遥远的过去，不用追问中华文明的由来，不用思考人性的本质。因为沉重，因为迷惘，因为痛苦，所以需要用"死"来追求，才能成就事业，成就人生的深度。因为有这个背景关联，所以中国考古学或许可以称得上"向死而生"的事业。

对于考古人而言，最难以舍弃的可能是文化，它是老庄孔孟的思想，是李杜的诗篇，是《红楼梦》的故事……还记得在国外读书的时候，读得最入心的还是中国古代经典。西方文化不好吗？它博大精深，但是很可惜，我没有能力去充分享受它。中国文化同样博大精深，很幸运，我能够欣赏它。一首诗、一幅画、一首歌，都可能引起共鸣。能够欣赏这种文化，让我有一种深深的幸福感。这也许算得上是回国最大的好处了。"为往圣继绝学，为万世开太平"。考古学若能为如此神圣的使命做点贡献，虽九死一生，又有什么好遗憾的呢？

美好的考古学

人活着，是因为有美好的事物存在。我闲时爱看碑帖、画集，其实不需要看王羲之，仅仅看北朝时期的墓志，就能让人得到美好的享受。那个时代似乎是创造书法艺术的时代，就像唐人写诗、宋人写词、明清写小说一样。最近看了朱德群的画集，他以抽象画而闻名。我并不能准确地说清楚为什么喜欢，但是的确从中得到了美的享受。我因此产生了一种认识，现实世界不乏美好的地方。这些也正是我们生活的理由，我们留恋、欣赏，并且自己努力去创造同样美好的事物。

不需要理由，我想到了考古学，我所从事的职业，也许算是我的事业。许多时候我都在批评它，嘲讽它，似乎是厌恶它，试图远离它。当整个社会环境都有点愤怒的时候，要平静地对待考古学是困难的。于是，我想到我应该去努力寻找考古学的美好之处。当然，这或许有点荒诞，对于本身喜欢考古学的人来说，喜欢还需要理由吗？"情人眼里出西施"，考古学对他们来说每一处都透出美好的光芒。恭喜这样的考古迷，他们不需要考虑这样的问题。对于大多数人来说，就如同对待爱情一样，他们没有找到特别心仪的人，又不想改弦易辙，就需要把不那么理想的爱情创造成理想的爱情；对于我们从事考古学的人来说，就是要努力寻找考古学的美好之处，并努力创造属于自己的美好考古学。

就我个人的体验来说，考古学的美好之处首先是它的野外生活。离开拥挤喧嚣的城市，走出封闭孤寂的书斋或总是充满怪味的实验室，摆脱机械的生活规律，呼吸一下田野中草木的清香，看看繁星满天的夜空，听听周围人的故事……这无疑是一种比较健康的生活（如果不瞎吃瞎喝的话），这也是多少年后都会回味的生活。野外生活的机遇，能够让人邂逅一些自然美景。即便是最没有诗意的心胸，也会为之触动。人云"人诗意地栖居"。天天诗意，我辈可能做不到，如果从来没有过诗意，那么的确有点遗憾。在野外，遇到诗意的机会还是比较多的。乐于寻找诗意的考古人并不少见，因为野外生活本身就是诗意盎然的。当然，诗意可能常常被恼人的征地费、工钱等事破坏。除此之外，野外生活还是可以欣赏的，至少那一轮清亮的明月是城市中不常看到的。

考古学是一门很接地气的学科，不仅因为它直接研究实物材料，也因为它深入乡村。如果你有足够兴趣的话，你可以成为民情、民风、民俗的观察家。读韩少功的《山南水北》就有这样的体会，考古学家也可以做这样的工作。他的作品虽然是文学，却几乎可以当作社会调查来读，比那些所谓的统计数据要准确得多。接着土地的考古学似乎比较适合我这种从农村长大的人，挖土、搬运都不在话下。尤其是在研究史前时代，比如做石器是实验考古，这不就是小时候就玩的游戏么！

　　如果一个人的兴趣实在太广泛，考古学无疑是最佳选择之一。迄今为止，几乎没有发现哪门学科跟考古学没有关系，举凡自然、社会、人文科学都能跟考古学产生一些瓜葛，数理化天地生，政经商法社会心理教育，文史哲艺术，考古学通通需要。所以，学考古就没有闲书一说了，似乎什么书都可以当考古学著作来读。即使是最不相干的军事，考古学家还在研究战争的起源呢！总之，考古学不会嫌一个人的知识广博。考古学主要研究的史前社会包含了古人的一切，所以没有什么知识是不需要的。考古学本身是一个很小，甚至有点冷僻的学科，但因为联系广泛，所以又很博大了。如果你喜欢科学，讨厌人文社会科学的模糊，考古学中有适合你的领域，考古科学如今相当火爆；如果你特别浪漫，特别文艺，考古学中艺术方向可能很适合你，要知道考古学的前身之一就是艺术史。于我个人的感觉而言，考古学关心的都是一些本质的东西：人是什么？人怎么来的？社会是什么？社会又是如何形成的？为什么会有权力？会有等级？会有……每当遇到困难的问题，你都可以追根溯源，一直追到人类作为灵长类的祖先。这很让我着迷，就这些问题而论，我认为考古学家甚至比哲学家更有发言权，哲学家像是为了证明自己的观点不惜臆造人类过去的人，考古学家相对要客观得多。想知道你为什么喜欢喝酒吗？追溯一下人类进化史吧？你可以从古代的酒窖一直溯源到进化心理学。考古学可以让我们更好地了解人本身。每个人都想知道人是怎么来的，人跟动物有什么区别，人何以会有如此之多的毛病，如此等等。考古学是回答这些问题的一条路径，虽然不是唯一的。即便不能回答，能思考这些重要的问题，也足以证明考古学是美好的。

无疑，每个人都会有之于考古学的独特的美好体验。世界因为美好而存在，考古学因为美好也才成为你我追求的对象。欣赏美好可以增添我们的勇气与希望，世界可以更加美好，考古学也是如此！

享受研究

很多新闻人物的报道给人留下的印象是，研究生活太恐怖了！研究者基本都是头悬梁锥刺股；要不就是不惜身体，带病工作；要不就是不顾妻儿老小，都向大禹学习，过家门而不入；再不就是视生活享受为仇寇，衣必朴素到褴褛，食必简陋到不知滋味为何物。这若非是在特定条件下的行为，就真是为了宣传硬生生塑造出来的。其负面效果是让人觉得，研究是件极其辛苦的工作，若非有自虐倾向的话，断然是不会选择这样的工作的。

从小到大，接受的基本都是吃苦教育。"天将降大任于斯人也，必先苦其心志，劳其筋骨，饿其体肤……"古代的圣贤都如此说，那么我们应该照做才是。我还真的做过，高中二年级用过一段时间功，为了达到圣贤所说的效果，给自己最差的饮食。其实，我家境虽然不怎么样，但还不至于吃不饱饭。成绩是上去了，人却瘦了一圈。大学三年级时，也曾经这么干过，结果弄了个阑尾炎，挨了一刀。心里似乎就是这么认为的，不吃苦就不叫用功。后来从事研究，也仿佛得到一种认识，研究就像是一项吃苦比赛，谁吃的苦多，谁的研究成果才可能更突出。若不吃苦，研究就是偷懒。

西方的教育好像跟我们不一样，他们提倡快乐教育，快乐成长。教育不应该是一个让人痛苦的过程，而是快乐的。研究则叫作探索真理，非常崇高，也是非常快乐的，就像阿基米德在浴缸跃出，大呼"尤里卡"，想必是一种狂喜！当然，我也知道，让一个人对考试充满兴趣、感受快乐的确是勉为其难的事。如果我们的教育注意研究真实的社会与自然，探索艺术与科学，我们还会感到那么痛苦吗？我们的研究那么艰苦，究竟苦在什么地方呢？是研究硬件不足？还是软件让人饱受折磨？抑或是研究就如同考试一般，不过是什么东西的敲门砖？

　　按道理说，研究应该是件非常美好的事情，完全可以充分享受，不仅仅是其结果，也包括其过程。研究何以能够享受呢？有哪些方面可以享受呢？研究最可爱的地方可能是一种自由的生活方式。做自己想做的事情，我想在任何人生观中都是受到肯定的。现实之中，研究之所以不那么可爱，可能就是因为你想做的事得不到支持，你不想做的事倒是经常找上门来；还有一种情况，就是虽然你很喜欢做一件事，但是人家给钱让你做得更多一些，于是倒了胃口。做自己想做的事是相对而言的，研究者经常面临压力，年轻者要评职，年长者要完成项目与考核。自由似乎是遥不可及的。如果不那么走极端的话，不那么积极要求进步的话，每年完成一个基本的考核量不是很难的，剩下的时间也就比较自由了。何况如在大学、研究所里做研究的话，自由相对而言更易获得。工作间隙，给自己来一杯咖啡；中午可以午休，起来可以来杯茶、散步、运动、购物、陪孩子……时间可以自由支配。我实在想不出还有什么生活可以如此惬意。如果把自己当成文章生产线上勤劳的工人的话，自然就另当别论了。

　　身体的自由许多时候都是可遇而不可求的，即便是研究生活，大多数时候仍然身不由己。不过，研究生活有一项不受羁縻的自由，那就是思考的自由。大多数职业并不需要以思考为中心，工作者只需要按部就班做好分内的事就可以了。研究意味着探索与创造，而这些都是以思考为基础的，所以思考是研究工作中极为重要的一环，尤其是创造性的思考。自由是创造性的源泉。从某种意义上说，不是研究工作具有自由的特征，而是研究工作本质上需要自由！没有自由的研究工作，注定不大可能产生精妙的创造，只能是因袭与抄袭。一般地说，思考是无法控制的（洗脑除外），你尽可以让思维翱翔九天之外。不过，研究性的思考更像是钻探，也像是凸透镜之汇集光线，直至灵感被点燃，穿透事物的本质。

思考的快乐不仅仅因为自由，更因为发现与创造。学术上的发现与创造带给人的享受是一种比较纯净的体验，就像艺术创造等，它具有非功利的性质。那种淡淡而纯净的喜悦就像明净天空下亮丽的秋色，那一刻，所有的辛劳、奖赏都不值一提。尽管这样美好的享受不会持续很长时间，但值得人反复回味。然而，生活有时让人非常无奈，你喜欢吃苹果，人家告诉你，如果你能够多吃几个的话，就给你多少多少好处。于是，你可能得到了一点好处，但是你失去了吃苹果的美好感觉。古人有言，"非宁静无以致远，非淡泊无以明志"，也就是要让人把好处想得稍微淡一点（并不是完全不考虑），那么就有可能得到那种更加纯粹的愉悦。如果一个人对那些好处孜孜以求，那就像是毒品，一旦进入其中，得到了还想得到更多，越陷越深，难以自拔，所有的研究工作都只剩下"业绩"，而失去了自我愉悦的体验。有时候沉静下来，思考那些浮华的东西，忍不住会想，究竟什么才是研究呢？究竟什么样的研究才有意义呢？中世纪的许多神学、清朝的许多朴学，以及某些特定体系中所谓的学问，现在回过头来看，发现不过是浪费生命与才智。享受研究，其实就是享受自己内心真实的感觉。在这个喧嚣的世界中，能够真实地面对自己的心灵是件非常奢侈的事情。然而，如果迷失了自我，失去了对自我行为与思想的体察，哪里还有可能享受研究呢？失去了真实，研究怎么可能有意义呢！

研究的过程当然不只有发现与创造，更多的时候是读书、考察、实验与思考，其间自然有困惑与焦灼，但是这个过程是充满享受的。"读万卷书，行万里路"。读书就是与古今杰出之士晤谈，行路就是切身的体察。近代科学进入中国之后，我们还学会了实验；重新发现逻辑的重要性后，我们学会了缜密地思考。就我个人而言，这其中最有乐趣的莫过于读书。研究虽然有专业方向，但读书是不应该设置太多限制的，因为一旦进入研究状态之后，就没有书不是专业书了（倒是真正的专业书比较乏味）。对于那些热爱旅行的人来说，研究考古又多了一重乐趣。如果同时喜欢摄影、绘画的话，那么野外生活还会更加丰富多彩。简言之，研究过程也是变化多样的。

研究的目的是探索、解释与解决某些与人类相关的问题。一代代学人的研究给人类生活带来的改变是有目共睹的。我们有时之所以不能享受研究，可能与不了解研究的意义相关。追问研究的意义是必要的，这是享受研究的前提之一。做有意义的事，尤其是投入地做，是人生最幸福的事之一。国际有关长寿的研究认为，投入地做事是长寿的主要因素之一。也许因为研究是永无止境的吧！还有可能是因为研究需要人专注地投入，心无旁骛的话，烦恼也会比较少。

凡事只要诚心诚意，都不乏可以欣赏的地方，正所谓万物静观皆自得。假装研究可以获得真正研究都得不到的某些资源，但是有一点它是绝对收获不到的，那就是研究本身带来的真实享受！

第五章
一切皆有可能：可能的教育

人世之中最神奇的事情之一就是教育，没有哪一种动物如人这样依赖教育。人之教育的最大特点是它的累积或称棘轮效应，一代又一代人不断积累知识，而且可以不断传承。所谓天赋也不过是教育累积效应的表现形式之一，明朝的天才不会想到今天的互联网。教育的另一个特点就是社会性，离开了整个社会，天才也会变成"狼孩"。教育所传承的是一代代的积累，这也就是说每一代需要有自己的创造，所以教育的困难就在于学习与创造。对于当下的中国而言，后者尤为关键。具体到每个人的时候，教育就是一切可能的选择：我可以学什么？有什么可学的？我适合学习什么？这些可能就成了需要解决的问题。你可以固执己见，按照自己既定的想法去发展；也可以虚怀若谷，把同学朋友的选择当作你自己的选择；自然也可以审慎深思，按照自己的实际情况选择最适合自己的道路。虽然存在着无穷无尽的选择，但是有一点又是根本同一的，那就是教育是终生的。我们是从整体来看一个人的一生的，而不只是某个最辉煌灿烂的瞬间。

最好的老师

当老师是一个长久的心愿，而当心愿实现的时候，又不免有些忐忑，担心误人子弟，很希望自己能够做得好一些。然而怎样才能算得上一个好老师呢？

有生以来的日子，大部分时间都在做学生，五年小学、六年中学、四年大学、三年硕士、六年博士，还有两年博士后，共计26年。这期间我遇到不少老师，哪些算得上是好老师呢？

我小学时代遇到的老师都是乡村的民办老师，基本是小学毕业生教小学，偶尔有个读过初中还没有毕业的，就是高级知识分子。学校有自己的田地，学生就是劳力，老师？我没有对哪个老师有特殊的印象，要有也是负面的，比如某老师很凶。

初中二年级遇到第一个有深刻印象的老师，是我们的语文老师，他字写得非常好，所以经常做板书。我模仿他的字，于是开始记课堂笔记。我很喜欢上他的课，他布置的作文我写完之后都要反复修改，有时还重新誊写才交上去。我的作文每次都是范文，这一点文学上的兴趣可能就是这个时候培养出来的。

高中一年级遇到一个很好的历史老师，他是华中师大历史系毕业的，当时县一中并不怎么有机会聘这种正牌大学生。他很有风度，很有学历史的气质——学历史的人都不免有点沧桑感，有点忧郁。他讲世界历史，第一堂课的开场白引用了孟德斯鸠的一句话：最古老的民族是最痛苦的民族。他的课讲得很好，可惜只教了我们一个学期，就调到教育局去了。我初中最喜欢的那个语文老师，后来也到政府部门去了。"学而优则仕"，这种观念可能对教育学术影响最甚。

我在北大的硕士导师吕遵谔先生第一次见到我的时候对我说：你知道"谔"字是什么意思吗？谔就是直言的意思，我有话就直说的。吕先生是一个正直的人，也是一个勤奋的学者。

我真正知道自己应该从事什么样研究的时候已经是博士的第三年了。宾福德博士对我的影响至为深远，其实他从来没有跟我讲过，你应该怎么做。通过上课、日常的交往，我不知不觉受了影响。

这些老师是我有生以来遇到的印象最深刻、对我影响最大的老师。如果追溯影响，我恐怕首先要想到我的父母。父母，尤其是母亲，是孩子的第一个老师。我母亲识字不多，她的教育是无言的。她用她的爱抚、微笑、泪水感染我，一声叹息胜过最严厉的责骂。母亲是一个特别乐观、善良且坚韧的人。她一个人带四个孩子，种十亩田地，从不叫苦，而且很不喜欢别人动辄叫苦连天。她的宽和、自尊和自强深深影响了我们。

我父亲对我的影响主要是在高中与以后的阶段。他的童年非常苦，幼年丧母，饱受后母的虐待，高小毕业赶上"三年困难时期"，辍学跟我爷爷学中医。三十出头，"文革"结束，父亲开始发愤读书，那时家里有四个孩子要负担，真的很不容易。父亲的基础并不好，基本靠自学，但是我认为他真正知道如何读书、如何思考。给我印象最深的是他的读书笔记，厚厚的一摞，做得非常好。他把基本教材读得非常熟，把理论与平时的临床心得结合起来。吃饭时父亲好喝几口酒，趁着酒兴，会谈及行医的得意之处，采用何种办法独辟蹊径把别人的病给治好了。在乡镇，父亲是个特别另类的人，上班从来只提前，不迟到，当了一辈子劳模。不打麻将，除了看病，就是看书。虽看上去不近人情，不好交往，但父亲是个好医生。

然而，如果要我把自己受到的影响按重要性排队，我首先要说的是大自然与社会。它们才是最好的老师。我自己感到最有收获的东西还是读书、思考与经历。"读万卷书，行万里路"。或者如叔本华所言：从根本上说，只有我们独立自主的思考才真正具有真理与生命。我之所以选择考古作为自己的事业，很大程度上与自己的生活经历和环境相关。有时是受到鼓励，有时是受到失败的刺激。生活是最好的老师，大自然与社会就是最好的老师，对每个人都是如此。当我们觉得没有好老师的时候，最好的老师其实就在我们身边。

次之，我认为父母对我影响最大。不仅是遗传，还有后天的养育。我的优点与缺点都可以追溯到他们的影响。

第三，是宾福德，他带我找到自己安身立命的事业方向。

第四，是中学时代的两位老师，他们让我对文史产生了兴趣。

第五，是我的硕士导师，他以人格影响了我。

最后，是我在求学过程中遇到的那些称职的老师，他们传授给我知识，他们都是好人。

经过这一番总结，我似乎明白了什么是最好的老师。最好的老师不仅传授知识，还影响学生人格的发展，激发学生的学习兴趣，协助学生找到自己的长处，找到自己的未来。老师"言为师表，行为世范"，老师言传身教，我以为身教更重于言传。最切实的教育都不是用言语可以表达的，就如父母的教育。当然，我们必须明白老师的限度，他永远不能跟父母相比，更不能取代大自然与社会的教育（也就是学生自身的积极性与主动性）。所以说老师是阶梯，就这一点而言，老师跟父母一样，都是让学生找到自我，能够读懂大自然与社会对他的启示。

好学生

研究生的面试，每次有学生三四十人，平均每个人不能超过十分钟，因为后面还要留些时间评估讨论。要在这么短的时间里对一个人做出判断是相当困难的，然而，令人惊奇的是，每次大家都能排出高低来，而且见解还差不多。这要归功于比较，把不同的学生做比较，水平高下还是能够看出来的。

这里我希望再深入地剖析一下，我们怎么知道哪些人是好学生呢？或是说哪些人具有好学生的潜质呢？在给予评判之前，我们的脑海中一定有一些好学生的模型，这些模型又是什么呢？

不同院系其实有不同的要求与偏好，考古学是一个冷门学科，也是基础学科，我们首先假定每个人都是要治学问的，虽然相当一部分人后来并没有搞学问，但这并不妨碍我们从这个假设出发去考查学生。

治学问首重基础，所谓"学贵根底"，学术的事业需要漫长的积累，一个人所能达到的高度很大程度上取决于基础。基础的判断通常包括学生学过的专业基础课、参加过的野外工作、上过的相关课程与所做的相关阅读，以及外语、数学、计算机等，大部分老师爱问这类问题。其实研究生考试考的也是基础方面的问题，不过因为如今考试已经"专业化"了，借几本笔记背一背，也是可能通过的，但是基础仍旧相当薄弱。对于那些跨专业考研的学生而言，一个可行的建议是到所要报考的学校或院系去上一些基础课，一方面提高成功率，另一方面也切实加强基础。

对于我个人而言，除了基础课程之外，我认为一个好学生至少应该喜欢读书，不喜欢读书就能做好学问是不可思议的，虽然这在当下很常见。对于真正追求学问的学生来说，好读书仍然是必不可少的。

好学生不仅基础扎实，还要有很好的思维能力，即"道尚贯通"。其中最重要的是独立思考能力，即思考的独创性与逻辑性。这个标准对于当前中国教育体制中出来的学生来说，的确勉为其难。这方面的考查大多以奇怪的问题进行，有些学生的回答就像白开水，好学生的回答能够让人耳目一新。

全球发行的《环球科学》杂志的广告词是"视野比知识重要"。的确，专业问题常常需要专业之外的知识来解决。"读万卷书，行万里路"，虽然不能保证一个人必定有学问，至少他可以知道什么是真正的学问，什么是好的学问。此时的考查往往是通过闲聊获得的，一个人的知识面、阅历并不难观察。

与视野相关，一个人的教养会给老师留下深刻印象。很难说清楚教养是什么，然而只要一个学生走进教室坐下来，大家就能迅速对他的教养做出判断，这也许是人的本能。我曾经把一个人教育分成四个部分：家庭教育、学校教育、社会实践、自我教育。学校教育重在基础；家庭教育对学生早年影响较大，对情商的影响显著；社会实践关乎一个人的能力；自我教育决定一个人的潜质。教养是这四种教育综合的行为体现。而且教养在举手投足之间都会体现出来，每个老师在评价学生时都会不由自主地受其影响。

识别好学生最困难的部分在于我们很难了解一个学生的主观能动性，因为这才是真正决定一个学生是否有作为的特征。它是理想、兴趣与意志的混合体。对于学习，好学是第一位的。不好学，天才也枉然。有生以来，从生活中、书中都看到很多很聪明的人，他们的基础扎实，思维畅达，视野开阔，教养良好，但是其理想不在于考古，或是对所学的东西兴趣缺乏，或是有其心但缺乏执行的意志力，最终都只能半途而废。志向、兴趣与意志是一个人深层次的东西，几分钟内是很难发现的。

同样难以发现，对一个学生的将来有决定性作用的是品行，所谓性格决定一生。适合做学问的学生就我个人认为是那些比较单纯的人。有句笑话讲：人才都很精，天才都有点二。窃以为如此！思虑太多的人不适合做学问，因为治学问需要专心；对社会评估太敏感的人也不大适合，因为他很难坚持真理；所以真正适合搞学问的学生要聪明得有点冒傻气！这听起来是不是有点自相矛盾呢？

我们如何开始思考？

这是有点沉痛的问题，我们都是中国教育的产品，这种自我反思有多大的可靠性呢？我们不妨一起开始思考。

儿子上小学四年级，一天拿回来一张语文试卷，有两道题老师打了叉，都是填空题：使劲地（爬树），飞快地（游泳），括号里是儿子填写的。他的回答我看不出有什么不对。我知道老师的好意，从小要学会按标准答案回答，这样的话，将来高考不会吃亏。儿子一年级时作文写得很有童趣,到了三、四年级,作文已经没法看了,因为老师要求其中必须插入某些"优美的句子或者词语"。我也是这么长大的,小时候写作文,凡是老人必定是"鹤发童颜",写到眼睛必定是"炯炯有神"……按照标准我考上了大学,但是我不知道什么是优美的文学作品,不知道什么是地道的英语,不知道什么是真实的历史,不知道思想为何物……

所幸的是我高中时代不受老师重视,所以只能靠自学,因此有一点儿学习能力,上大学时发挥了作用,上课时猛抄笔记,下课后及时整理,考试成绩还可以,但我仍不知道思考为何物。因为我的所有学习都不需要思考,甚至不需要逻辑,需要的是记忆!记住了就能有好成绩。

也许我需要对"思考"做一点思考:正常人都有思维,思维显然不能说都是思考。我的个人词典对思考的解释是,它应该是批判性的、创造性的,即能够发现问题、解决问题。为什么我们不能思考,因为从小我们都在服从中成长,在记忆中学习,都是从课本到课本,一切都是为了考试!说我们不会思考也许并不贴切,因为我们一直在为提高考试成绩而绞尽脑汁,我们在"思考",但是我们的努力显然用错了地方。

痛心疾首之后,我们还是需要面对这个问题:如何才能开始思考呢?一个拥有不需要证明答案的时代是不需要思考的,因为答案已经设定了,思考是多余的,甚至是危险的。只有我们面对多个可能的答案时,才会开始思考。雅斯贝尔斯曾指出世界历史中存在一个"轴心时代"——中国的春秋战国、古希腊的城邦、以色列与印度佛教兴起的时代,它奠定了后来人类主要文明的思想基础。这是个什么样的时代呢?春秋战国百家争鸣,一国不能用,就换一个国家,如孔夫子周游列国,还要"乘桴浮于海"。古希腊人可能是在科学思维上最发达的,为什么呢?因为他们是航海民族,很早就与风土人情相差悬殊的人群打交道了。以色列处在亚、非、欧的交会点上，知道不同人群对同一问题有不同的回答。究竟哪一个是对的呢？人们不得不思考！宽容、多元的世界是开始思考的前提。一个同质化的群体是不需要思考的，即便思考，也没有多少意义，因为大家的想法都差不多。统一的思想意味着只需要一个人思考就够了，其他人的思考只是添乱。

也许我们生活的时代不像"轴心时代"那么自由，但是就信息的来源而言，其便利程度是古人难以比拟的。如果我们把眼界拓展出去，不局限于专业，不死守着课本，不执着于唯一的成功标准，那么我们其实可以看到一个非常多元的世界。走进历史，我们将看到古往今来的变化；走向世界，我们将看到丰富多彩的存在；走出专业，走出课堂，走出精神的壁垒……把那些唯一化、程式化的答案吐掉……我想我们应该可以思考了！

考古教育的问题

一名考古学系的本科生应该受到怎样的教育才算合适呢？孤立地讨论，既不可能，也没有什么意义。教育肯定都是处在一定社会历史情境中，为了实现一定的目的而服务的；而且需要持一种发展与关联的眼光来看这个问题，比如说跟研究生阶段，甚至是高中阶段的教育联系起来，跟相关学科的教育联系起来，把学生的利益跟老师的利益联系起来。最近参加了两次涉及本科生课程设置的讨论会，应该说在座的每一位老师都很想把这件事做好（没有老师是想把事情做坏的），努力在现行体制下给予学生最好的教育，同时平衡现行体制下老师面临的压力。最终也确实实现了（基本是最大程度上的）这个目的。这里还是想进一步思考这个问题，我们的考古教育究竟面临着怎样的问题？有没有改革的可能？如果要改的话，朝哪个方向去改比较合适？

拿起我们的本科生课程表，首先映入眼帘的就是普通教育课程，包括五门政治课，然后大学英语、体育、两门计算机课程与军事理论。政治课是一根红线，其成绩计入保研成绩的统计。大学英语是16个学分，288个学时。两门计算机课程：大学计算机基础、数据库及程序设计基础，毫无疑问很重要，但是从我的了解与自身的经历中得知，它们基本是没有效率可言的。究其原因，就是脱离实际。待到学会的时候，软件早就过时了。那些所谓的基础知识倒是真的，恨不能从"计算机"三个字怎么写开始讲起。英语也是如此。体育其实很重要，但是这门课在大学教育中极受轻视，学校条件有限是一方面，还有一方面是我们的教育从来就不看重体育。说这些有什么用呢？这是说我们的考古教育中的普通教育部分存在着结构性的问题。结构好比房子的框架，改起来的难度非常之大。像学习中国文化与西方文化经典、发展艺术修养等方面的教育只能靠学生自己了。学生毕业之后，根本不敢称自己为文化人。有时甚至都不敢称自己是一个完整的人。

另一个结构性的问题是专业化。我们考古教育的目的是为了培养考古学方面的专业人才。为了实现这个目的，本科阶段学生所学的都是跟专业相关的课程。有一段时间连中国古代史都不上了，古文字课虽然有，但也没有学生选，历史文选也是如此。考古学彻底简化了，基本等同于田野考古学，学生毕业之后马上就能下工地发掘，能够写报告。这次调整加强了这些基础课程，显然还是不够的，因为现在很少有本科生毕业之后直接进入专业考古部门，基本都是接受研究生训练之后才就业的。而本科毕业生也不可能都去干考古，有些学校的情况稍好，一般也就一半左右的学生继续从事考古工作。与其这样，还不如把专业教育主要放在研究生阶段，本科阶段更多一些通识教育。吉大考古本科生曾经开过像高等数学这样的课，后来取消了。在当前通识课程"概论化""大课堂化"的背景下，增加通识教育不仅得不到老师的支持，也不会受学生欢迎。而实行小班教育又不是现在的教育资源能够支持的，这就构成了难以克服的结构性难题。

在考古课程设置方面,我们已经习惯了从早到晚的设置方法,从旧石器考古讲起,一直讲到宋元考古。这样的纵向课程设置既不符合学生的学习能力,也不符合考古学发展的历史。人的认识总是习惯于从已知到未知的,近代考古学的萌芽也首先出现在历史领域。让刚上大学的学生马上就学习旧石器考古,学生除了死记硬背之外,没有更好的应对方法。旧石器考古仅仅讲一点技术类型学,就让学生觉得很难。不过,从旧石器考古研究人员的角度来看,这样的工作似乎不需要很高的学历就可以开展。但是要真正深入进去,就必须增加实验考古、民族学、地质学等方面的知识,这不是大一新生能够具备的。从早到晚的设置给人的感觉就是人类历史已经被设定,学生只需要学习,而不是要去探索。老实说,我认为有三门课——史前考古、旧石器与古人类考古、历史考古就可以搞定,而且这符合考古学发展历史与现状,因为这三个领域有着非常不同的发展历程,所利用的理论与方法也差异甚大。为什么不尊重历史与现实呢?可能因为我们不同的考古学研究领域缺乏自身的理论与方法吧,所以以为考古学用一套方法就可以完全统一起来。然而,如果要深入下去,就会发现这一套方法主要适用的还是史前考古领域,而其他两个分支还需要更专门的理论方法。

结构性的问题还表现在教与学上。我们的教育侧重于前者,学生每学期的课程多得吓人。可以想象,当一个学生一学期上12门课的时候,他哪里还有时间自由阅读与思考。为什么人家说中国学生没有创造性呢?道理其实很简单,那就是教得太多,而学得太少。学生没有多少时间认真地消化自己所学,没有时间发展自己独特的视野与视角。所以大学生感觉自己虽然上了很多课,却没有学到什么东西。没有人会相信填鸭式的教育叫学习。大学中学化,研究生阶段也开始全国统考了,正在向中学靠拢。为什么会这样呢?

实在让人难以理解。

有的时候真的感到很沮丧，面对这样的情况，谁也没法改变。当然，我也需要反思，我的看法就一定正确吗？即便正确，是否能够被现实所接受并且适合实施呢？不知怎么想到中国经济，我是随着中国的改革开放长大的，小时候经历过粮食不足。我还记得包产到户的第一年，我母亲带四个孩子在农村生活（父亲在镇里当医生），仅仅一个劳动力，打的粮食一下子就够全家差不多吃两年了；而此前是年年超支，搭上父亲的工资都不够，粮食也总不够吃。制度（结构）的改革所带来的效率变化是惊人的，非亲身经历不能体会。国企改革前后持续了30多年，但是效果实在有限，增加了不少垄断集团，时不时出点奢侈的丑闻。中国经济有今天的发展，民营经济居功至伟。结构的改革有时靠内部调整是很困难的，中国教育的出路必须简政放权，必须增加多样性。中国考古教育只是其中微不足道的部分，但是没有结构性的改革，当前的修修补补，作用非常有限。

作为一名老师，我也曾经做了20多年的学生，我是从哪里获得知识的呢？课堂毫无疑问是非常有限的一部分，没有人反对课堂教育，但仅仅靠课堂是远远不够的。我笃信一点：一个学生如果没有学会自主学习，那么教育就没有完成，或者说教育就是失败的，即便拿到了博士学位，还是如此。我现在是一个11岁孩子的父亲，我是怎么教育孩子的呢？人类最重要的学习机制是模仿，我所做的就是跟孩子一起学习，一起学书法、学滑冰……所以我相信老师的职责并不是教给学生知识，而是跟他们一起学习，学生如果有什么不解的问题，老师也许能够提供一点帮助。对11岁的孩子尚且只能如此，我怎么可能教给学生以系统的知识呢？当今时代，知识领域高度复杂，可谓是日新月异，知识传递完全依靠教的时代已经过去了。否则当他们刚刚得到老师教的一点知识，一进入实践时就发现它已经过时了。

所以，考古教育的出路需要我们突破结构上的难题，这种结构上的约束不仅有考古学以外的因素，也有考古教育自身的原因；不仅仅表现于课程设置之上，也表现于师生关系之上。这是一个教育应以人为中心的时代，要实现这个目标，我们还有许多路要走。这是一个复杂且变化迅速的时代，无限责任与义务甚至连父母都做不到，更何况是教师、学校，或是国家。一个有竞争力的教育体系必须具有充足的弹性，发挥学生、教师、学校以及其他组织的能动性，唯有互相协同，才可以期望一个美好的教育未来，一个富有创造力的考古学研究领域。

宾福德的早年经历

虽然宾福德博士是一代大师级的考古学家，但是他的早年经历相当平凡，既非出身于书香门第，也非勤学苦读、少年早慧。有些许不同的也许就是经历了更多的生活坎坷与磨炼。1930年宾福德出生于弗吉尼亚州的诺福克，正是美国经济大萧条的时代。宾福德记忆里，那就是一大家子失业的成员，外婆家的大房子都隔成小间卧室，以容纳失去了生计的家庭成员。这一大家子中，宾福德的父亲是唯一有工作的人，他是一位煤矿工人，带队下井并兼做电工。经济拮据是常事，冬天曾经买不起煤取暖。屋漏偏逢连阴雨，一次煤矿事故砸坏了宾福德父亲的腿，他以为要截肢，还好没有那么糟。但公司解雇了他的父亲，也没有现在所说的赔偿，那个时候的美国似乎很糟糕。他的父亲在运动场里卖过花生，后来开了家杂货店，养活一家人。

贫寒的家庭促使宾福德很早就尝到生活的艰辛，十一二岁的时候父亲就给他找了份工作，给锅炉房运煤，显然这份活对一个孩子来说太沉重了。由于疲劳，小宾福德上课时经常睡觉。后来换了份工作，晚上在脱衣舞厅里做清扫，在这里宾福德吸过大麻。上高中后，宾福德开始当建筑工人，先是挖沟，16岁时已是出师的泥瓦匠了。在建筑队里，他常常是唯一的白人。说宾福德是"草根"出身并不为过。

1948年他上了弗吉尼亚理工学院，专业是野生动物管理与生物学。之所以学这个专业主要是受童子军学习训练的影响。宾福德后来回忆说，这是他真正感到学到东西的地方。在这里他学习认识动植物，同时采集古代的石箭头。他后来的博士论文部分就是基于少年时代的调查发现。宾福德是拿到足球奖学金上学的，但是他发现很难一边坚持大运动量的训练，一边坚持读书，后来改打曲棍球，同样不行。于是他放弃了运动，改做牛仔，照顾学校农场中的牲畜，晚上也住在农场里。大三时，他的经济状况有点支撑不下去了。这一年朝鲜战争爆发，美国扩军，于是他参军了。根据美国GI法案，复员后能够拿到一些退伍金，并且可以申请继续上大学。

他并没有上战场，因为上过大学，加入了后备军官学校，这是为上军校做准备的学校。他的军衔是下士，到退伍时还是下士。宾福德很不喜欢军队的氛围，在他看来这是一个伪善无情的地方。他对基督教的态度也类似之，厌恶宗教的伪善。不难看出宾福德是一个很率真的人。他拒绝了在军队晋升的机会，于是军队对他进行了一个能力测试，看看他究竟适合做什么，结论是他具有语言天赋。宾福德自己觉得军队是一个特别搞笑的地方，他说自己学过七年西班牙语，一句话都不会说，军队居然说他有语言天赋。不管怎么样，他学会了日语，成为美国驻日本占领军的一名翻译。正是在冲绳岛做翻译的时候，他接触到考古。当时美军要修战略空军基地，自然要破坏不少墓葬，大部分都是古代的。此时宾福德还接触到当地土著以及不同于西方的东方文化，这让他从对动物感兴趣变成了对人感兴趣。

1954年复员之后，彷徨的宾福德并不知道将来要做什么，他已经结婚，他跟妻子商量了很久，也没有下定决心，后来他找了位老师咨询了一下，才确定自己感兴趣的可能是人类学。当时弗吉尼亚理工学院没有人类学系，于是他去了北卡罗来纳州。他把在弗吉尼亚理工的学分尽可能多地转过去，用两年半拿到了人类学的本科与硕士学位。接着他申请了密歇根大学人类学系，攻读博士。他从军队复员回来后开了家建筑承包公司，开始时除了一点测量设备外，什么也没有。他的第一桶金是盖垃圾房得到的，当地政府下令以后不能随便把垃圾扔在屋外，必须有垃圾房。宾福德揽到这个工程，买了必要的机械，成立了公司。高峰时有上百号工人，先后盖过31栋房子，每个周六早上工人们都在他家门口等着发工资。宾福德讲，他去密歇根大学时，是带着一个工程队去的，打算边干活，边读书的，后来发现影响太大，就放弃了建筑活。

从他的早年经历不难看出，宾福德并不具备很好的知识基础，只不过少年时期经受的磨炼增强了意志，培养了他的叛逆精神。他是"草根"出身，对社会本身就有强烈的批判精神，他上密歇根大学的时候，跟他住在一个院子的同学就是一帮"左"派分子。他对权威、传统可以说有点先天的不屑。他是自然科学背景出身，具有强烈的求真精神，这跟他的率真结合起来，辅之以叛逆与批判精神，使他就像《皇帝的新装》中的孩子一样，指出了传统考古学中那些没有意义的劳动。他并不是考古学的科班成员，不过后来做了些弥补。从宾福德的经历里，那些认为自己基础不佳，不是科班出身的同学可以获得一点启示，只要努力去学习，大家其实都一样。考古学的大师尚且如此，我们又有什么好担心的呢？有什么理由自卑或是沮丧呢？

借鉴与参考：英美的考古学教育

当代美国的大学执世界高等教育的牛耳，它也是通过学习得来的。其主要来源有两个,一是英国本科生的自由教育,另一个是德国大学对科研的强调。当然美国大学也有自己的创造,那就是产、学、研的结合,也就是说理论与实践结合得比较好。中国近现代大学如清华、燕京等,主要学习的对象就是美国的大学。蔡元培先生倡导的学术"兼容并包、思想自由"与美国大学强调的学术自由、多元并存的传统不谋而合。

美国的考古教育开始较早,1894年授出第一个考古学的博士,1933年授予第一个女性考古学博士学位,但发展并不迅猛,直到1950年,不足100个博士学位被授予。从此之后,大学总共授予了大约14000个人类学博士学位,其中超过30%为考古学的博士学位,每年近100名考古学博士毕业。美国考古学会1946年有成员661人,2000年达到6500人,相当于整个欧洲考古学家的数量[1]。

当前,美国考古学建立的优势主要表现在:①多元理论与不断创新的方法;②多学科的合作;③民族学的宝库,积累极其丰富的民族学参考材料,对于解释考古材料非常有帮助;④世界的视野,研究全世界的材料赋予其宏大的视角,在研究人类起源、农业起源与文明起源等问题上占有独特的优势;⑤人才的规模与组成,巨大的人才存量,使得在每个问题上都有许多学者在探索,可以交流;⑥开放的体制与灵活的管理,汇入世界各地的人才,以及人才的充分流动,对于学术的发展又有催化剂的作用。

下面我将就美国三所大学的课程设置来看它们对于美国考古学优势建立的意义。

哥伦比亚大学是常春藤名校,其本科核心课程非常有特色。所

---

[1] Price, T. D. and G. M. Feinman, The archaeology of the future. In *Archaeology at the Millennium: A Sourcebook*, edited by G. M. Feinman and T. D. Price, pp. 475–495. Kluwer Academic/Plenum Publishers, New York, 2001.

谓核心课程，也就是学生在前两年必修的课程，最早只有一门课，始于 1919 年，后来扩展为现代文明入门（相当于我们的思想史）、英语逻辑与修辞（相当于写作）、文学人文（文学史）、艺术人文（即艺术史）、音乐人文（即音乐史）等课程，都是 22 人的小班。课程旨在拓展学生的知识结构，发展其批判思维，使老师与学生建立学术上的良好关系[1]。其他名校如哈佛、耶鲁也有类似的课程。一般说来，越是好学校的本科生，大学毕业的时候技能越少。但是科学与人文修养是其他学校的毕业生无法比拟的，他们在后来的研究中也有更大的学术潜力，与"学贵根底、道尚贯通"的理念是相契合的。

密歇根大学人类学系历史悠久，声名赫赫，培养出大批著名的人类学家与考古学家。其考古专业本科课程要求：①真正强烈推荐上的专业课程只有三门，分别是史前考古导论、早期人类考古、早期文明，都是四个学分的课程；②一二年级时专业课不多，但在正式上专业课前要求先上人类学导论这样的基础课程，避免学生专业面过窄；③所有学生要求至少修一门讨论课；④还有一门独立阅读与研究的课程；⑤就相关方向，选上至少两门其他院系的课程[2]，比如对旧石器感兴趣的学生应该选修地质学、古生物学方面的课程，喜欢历史考古的同学可以选修历史、社会、语言等方面的课程。

亚利桑那大学人类学系以考古专业见长，其研究生课程比较丰富（表1），所有硕士与博士生都要修的核心课程包括考古解释的基础、考古学方法论这两门课，博士生还要加上下面几类课程：①考古量化方法或一门类似的课程；②一门有关狩猎采集者考古的课程；③一门有关早期农业或新石器考古的课程；④一门有关复杂社会考古的课程；⑤两门考古学方法与理论方面的课程，其中一门

---

[1] http://www.college.columbia.edu/bulletin/core/.
[2] http://www.lsa.umich.edu/anthro/undergrad_students/ughandbook.htm.

必须是实验室或材料分析相关的课程[1]。

表 1 亚利桑那大学研究生课程

狩猎采集者考古课程	
旧大陆史前史 上部	古印第安人起源
早期农业－新石器考古课程	
汉以前中国考古	安那萨兹考古
北美考古	西南考古
旧大陆史前史 下部	东亚史前史
复杂社会考古课程	
中美洲考古	安第斯考古
史前美索不达米亚	早期文明
考古学理论与方法课程	
陶器民族考古	陶器分析实践
田野考古工作原理	西南地区考古
性别考古	民族考古
考古学理论史	树木年轮断代导论
民族植物学	考古测年学
动物考古实验室方法	陶器分析
量化动物考古与埋藏学	石器分析讨论课
人体骨骼学	动物考古实验室方法
树木年轮年代学实验室	
其他院系的相关课程	
微结构分析的实验室方法	
扫描电镜	

考察美国大学的基础教育与考古学的专业教育，不难发现它很好地践行了教育基本原则。在循序渐进方面，一个很值得注意的特征是把考古学专业教育，尤其是带有实践性质的教育主要放在了研究生阶段。本科阶段主要是在打基础，发展科学人文修养，拓展知识结构，具有非常强的通识教育的特征。这种教育绝不是简单的通识介绍，而是很规范的小班课程，强调经典著作的阅读与讨论。在

---

[1] http://anthropology.arizona.edu/for_grads, Graduate Handbook.

课程形式上，继承自古希腊以来的西方学术教育传统，强调讨论课（seminar），发展学生的批判思维能力；同时辅之以独立阅读与研究课程，训练学生的独立思考能力。在专业教育上，强调理论、方法与实践的平衡，强调广阔的视野。最后，美国大学大多只给前两年的学生提供宿舍，高年级的本科生与大部分的研究生通常要自己去找租公寓，可能还要自己打工挣生活费，与社会接触较多。重要课程都是四个学分，学生每学期所学课程很少会超过五门，体现学校教育、社会实践与个人自由发展的平衡。

与美国的考古教育相比，英国的状况可能与我国更相似，欧洲自身具有漫长的史前史、辉煌的古代文明，其考古教育历史比美国更悠久，这里我们以剑桥大学为例来讨论。剑桥大学有英国最好的考古教育，它有专门的考古学系，这一点不同于美国。考古学与人类学同在一个学院中，这个学院包括考古学系、生物人类学系、社会人类学系。与教学并行的还有四个研究中心，分别是人类演化研究中心、蒙古与亚洲腹地研究组、考古与人类学博物馆、麦当劳考古研究所。剑桥大学的考古学科规模庞大，它还包括地质考古、生物考古、考古遗传学、动物考古、同位素分析五个考古实验室。

从基本的学科设置来看，剑桥大学具有两个值得特别关注的特征：一是它对于考古科学的强调，生物人类学单独成系，研究中心与考古实验室都为考古学教育提供了强大的考古科学支持；二是它之于社会人类学的强调，它的考古学基本限定在史前与原史（即文明起源早期）考古阶段，这个阶段正是考古学能发挥最大作用的阶段，而古典文明时期如古希腊罗马考古则在其他学院中，考古学系的学生可以到那里去选课。在史前与原史阶段考古中，人类行为理论通常是考古学理论最重要的来源，这些理论就来自社会人类学领域。

剑桥大学的本科考古教育是五年制，前三年学习考古学和人类学相关的一般性基础课程，后两年是专业教育。在学习课程的过程中，剑桥大学非常强调训练学生的研究能力，几乎每个学期都会进行论文的训练，这种传统做法有点类似于中国 20 世纪 50 年代的考古教育。在课程教育之外，剑桥大学课外的学术研究活动非常活跃，十多个组织如田野考古俱乐部、考古学理论小组等进一步发展学生的学术研究潜力。剑桥大学考古学科供高年级本科生与硕士生学习的专业课程比较丰富（表 2），可供参考。

表 2　剑桥大学考古学科高年级与硕士阶段课程

核心课程	
考古学思想	
行动中的考古学（即考古学方法）	
考古学的实践	
选修课程	
早期人类演化考古	现代人起源与西欧旧石器晚期考古
阿尔卑斯到美洲旧石器晚期考古	冰后期适应与中石器考古
欧洲晚近前史	欧洲史前史专题
历史考古与古代埃及	古代埃及的宗教
埃及语言	阿卡德语
苏美尔语	美索不达米亚晚近史前与历史考古
美索不达米亚史：3000BC～539BC	美索不达米亚的文学、宗教与科学
欧洲的第一个千年：盎格鲁-萨克逊、斯堪的纳维亚与迁徙期考古	中世纪英国考古
古代南亚	古代南美
中美与北美考古	考古学的科学方法导论
考古科学	
其他学院与系提供的选修课	
人类演化	泛希腊化之前时代考古
泛希腊化早期与希腊早期艺术	古典艺术、希腊和泛希腊化时代考古
罗马的艺术与考古	

　　从其考古课程的安排来看，比美国的考古教育更传统，但结构

还是比较合理的：考古学的理论、方法与实践并重；考古课程的范围宽广，学生的视野开阔；将一些古文明的语言作为专业课程，让学生在语言学习能力比较强的时期打好基础；注重考古科学的教育；旧石器与古人类的考古课程相当丰富。这些特点还立足于英国本科生强调自由教育的传统之上，立足于与自然科学深入交叉渗透以及与社会人类学结合的基础之上。其课程设计强调基础，包括通识与基础课，让学生具有扎实的学术功底；与此同时，极其强调研究训练，让学生在学期间形成相当的研究能力。

一生的考古学

闲读《中国历代思想家》两宋卷，注意到一个跟他们的思想没有什么关系的事。宋代学术大家平均寿命六十四五岁，一般是在35岁前后正式开始自己的学术事业，大抵与孔夫子所说的"三十而立"同步。现在中国人的平均寿命较之宋代无疑有了很大的提高，平均76岁（2011年的数据）。学者作为知识阶层，寿命还要更长一些。即便是经过复杂的斗争与曾经相对贫困的生活，当代学者群体一般都能活过80岁。可以想象未来的学者没有什么意外的话，平均寿命还会更长一点。我们现在治学问的人也多是从三十四五岁开始的，跟宋代差不多。因为寿命更长，所以可以治学问的时间自然也更长，前后加起来有近50年的时间。只要人生的目标不是长生不老的话，这个时间不短了。若要从整个人生来考虑自己的学术事业的话，似乎有必要考虑一下这50年怎么度过。对于年轻的学子而言，更可以考虑一下怎么为自己将来半个世纪的学术生涯奠定基础。

当代的学术生活已经相当专业化了，要从事考古学研究，一般都需要读到博士，可能还需要做博士后。即便本科专业不是考古学方向，从研究生阶段开始，也要六七年时间完成学业。如我本科学的就是考古，又辗转国内外求学，做博士后，前后加起来超过15年。有时不免会做这样的设想，假如我上本科时就知道将来会经历如此之长的教育时间，我该如何度过呢？显然我需要按15年的教育年限来规划，比如说搞三个"五年计划"什么的。前面用五年时间学习通识，中间五年用来学习专业，最后五年用来发展研究能力。如果我真是这么做的话，那么一定会视野非常开阔，基础扎实，研究能力出类拔萃。然而，现在回想起来，自己可是浪费了许多时间。一开始就是专业教育，后来反过来弥补通识，到了该发展研究能力的时候还在弥补知识基础。我想对有志于从事考古学研究的同学来说，需要从本硕博整个教育体系来考虑。像那种一上大学就开始做研究的做法显然是过于着急了，未来的日子还长着呢。大学阶段应该是奠定通识基础的时候，硕士阶段是专业教育阶段，博士阶段侧重研究能力的培养。

现实很无奈，一上大学就是专业课，整个教育体系跟半个世纪前并没有多少改变。那个时候国内专业考古人员十分稀缺，研究生教育凤毛麟角，本科阶段必须高度强调专业教育。加之那个时候的考古工作基本等同于田野考古发掘，所以本科阶段极端强调田野考古训练也在情理之中。然而，现实已经发生了巨大的变化，中国考古学越来越强调研究导向了，研究生教育的规模与本科生教育比肩，地方考古所也不是考古学专业学生的唯一选择了。还有开办考古学专业教育的高校已有四五十所，至少没有必要所有的院校都是以田野考古为中心的。现在到了改变的时候，即使我们不能改变制度，至少要保持一点清醒的头脑。对于那些有志于考古学研究的同学来说，有必要知道现行教育体系的弊端，尽可能地扬长避短。教育就好比提供操作系统，它给你基本平台的同时，也限制了升级的可能。当然，人脑比电脑灵活，我们需要保持开放的知识体系，随时可以升级。为了实现这一点，就不能不注意拓展自己的基础。

最近我一直在重复一句看似自相矛盾的话：不了解人本身，就不可能透物见人；不了解考古材料，也不容易了解人本身。行走在校园中，观察一个人的衣着、走路的姿势，或是旁听到闲谈的片段，我就大致可以判断这个人是几年级的学生，文科生还是理科生，甚至可以推断是哪里人。为什么我根据如此零碎片段的信息就可以做出较为可靠的推断呢？原因非常简单，我是生活在大学中的人，我了解这里的背景关联。所谓了解人本身，就是指了解人本身的关联形态，这样的话，我们就可以凭借非常有限的信息（就像零碎的考古材料）做出较为准确的推导。有关人本身的关联形态涉及许多跟人相关的学问，最贴近的是历史学与人类学，其次有研究人类选择的经济学，研究权力的政治学，研究人与人之关系的社会学，还有研究人之内在世界的心理学。这些学科跟人本身关系十分密切，我们不可能不了解它们，只通过极其零散的实物材料去了解人。就像我这个生活在象牙塔中的人去看商海沉浮一样，我都不如一个近乎文盲的路边小贩。如果考古学是一门研究人的学问，我们就需要有关的通识基础。

看武侠小说的人都知道真正的高手往往都是内功深厚的人，在学术研究中，内功就是知识基础与理论修养。内外功夫其实都是需要的，不过内功修炼的时间更长。理论的东西容易知道，但难以理解，更难以化为己有，得心应手地加以应用。最难的可能还是创造——这立足的已经不是个人的学术努力而是整个学术体系与社会环境了。古往今来的学术大家无不是内功深厚的人。考古学虽然是一门相对年轻的学科，其理论大发展也有半个多世纪的历史。宾福德所立足的是美国的科学体系与科学哲学，从教育经历来看，他的天分并非难以企及的那种；但支撑他的学术体系是其他地区难以企及的。后过程考古学的大家伊恩·霍德仰仗的是欧洲充满人文主义色彩的后现代思想，而这恰恰是美国所难以比拟的。考古学的发展实际是整个学术体系发展的一个部分。从这个意义上说，未来中国考古学家要有大的成绩，一定要扎根深厚。就像我们说当代的战争一样，它是全体系的对抗，局部的胜利于事无补。中国考古学如何才能扎根深厚呢？我想这不是一个难以回答的问题，单纯中国本土考古学肯定是不够的，把中国考古学变成西方考古学的一部分也是不成的——就是最好的学生也不可能学到百分之百。所以，我们必定要学会贯通中西，"海纳百川，有容乃大"。当然，这一切都需要时间。

一个人所面对的障碍大概包括三个方面：时代环境、周围社会与个人。有时候是时代环境不允许，有时候则是其他两个方面。读《吴宓与陈寅恪》有个感受，那一代学人虽然学贯中西，但由于时局变化无常，他们都没有机会把自己的研究成果系统地写成著作。我们这个时代倒是可以了，但周围的社会关系常常搞得人心烦意乱，每个人都有自己的利益与考虑。即便与世无争，还会与自己有一争，每个人总是期望自己比想象或计划的还要做得好一些，至少也要达到目标。实际上，自己总是因为合理或不合理的原因做得不尽如人意，不断犯错，甚至重复同样的错误。因此，有必要说服自己，保持意义感，避免虚无主义。

以前读过康·帕乌斯托夫斯基的一篇美文《忠于浪迹天涯的缪斯》，他引用了一个设拉子古城的僧人的说法：一个人应该活90岁，前30年用来学习，中间30年用来游历，最后30年用来著作。按照中国大学的工作制度，六十三四岁就要退休，给人的感觉，仿佛剩下的都是垃圾时间了。其实从整个人生的角度来看，此时正好是著述的时候。不幸的是，退休之后多不能再申请经费、再带学生，著述往往需要动用不断缩水的退休工资，这的确是对智力的巨大浪费。西方的大学大多采用弹性的退休制度，宾福德是2003年左右退休的，当时已经74岁了；我的另一位导师弗雷德·温道夫（Fred Wendorf）退休的时候已经近80岁了。因为有支持，宾福德最后有机会写出集大成的著作，温道夫有机会出版自己的传记。也许将来中国也会采用弹性的退休制度，不像现在这么"一刀切"，那样的话，我们也许真的可以有 50 年的学术寿命。若社会形势还没有改变的话，不妨给自己积累一点研究资金与资料，用生命最后的 30 年来好好著述。即便无法出版，在这个网络时代，很容易做到"藏之名山，传之后世"。

当代考古学已经职业化了，不同方向也日渐专业化，在我们可以预见的将来，作为一门关乎人类历史探索与文化传承的学科，它的长期存在是可以期许的。与此同时，我们还要注意不同学科之间相互渗透交叉。"他山之石，可以攻玉"，为什么不说用自己的石头攻自己的玉呢？因为有思维定式，解决不了问题。因此，考古学需要关注其他学科，其他学科也需要了解考古学的进展。从目前已知的途径来看，考古学将会继续从科学与人文两条线索继续前进。50 年的学术寿命是远远不足以探索这些广阔的领域的。不过，只要我们不把生命简单定义为个人唯一拥有的东西，我们就大可以开开心心地生活。我们的文化生命生生不息，代代相传，就像我们的生物基因一样。也因为如此，一生的考古学成为绵延不绝的事业。

对正在学习考古学的同学，我的建议是，立足于一生的考古学事业而不仅仅是眼前的一点利益，奠定好的学术基础；系统地积累资料与创造其他研究条件；持续地学习与训练方法；最后，保持终生学习。也许还可以加上一句：锻炼身体，享受生活，好好工作 50 年！

第六章
没有秘诀的秘诀：学习的门径

考古学是一门边缘学科，跨越社会科学、人文科学、自然科学，是非常复杂的一门学问；同时，考古学因为不是那么"实用"，更多与文化建设相关，是衣食足之后的精神需要，所以显得格外地"高大上"。有意思的是，考古圈内外对考古学存在着两种截然相反的印象：一种认为考古学非常神秘，非常难以理解；另一种则认为考古学没有什么技术含量，就是田野发掘，研究解释都是其他学科的事。前者是不理解，后者是偏狭。考古学发展到今天，自然不仅仅是一项获取考古材料的技术了，它的视界已拓展到了许多学科研究的领域。这就要求考古学的学习者超越偏狭的理解，特别需要理解考古学只是众多研究人本身的学问之一，是人类知识探索的一个部分或一条途径，所以不能"不见森林，只见树木"。当前制约中国考古学发展的一个主要因素就是我们把考古学理解得过于狭隘，以至于失去与其他学科的关联，失去了学问的整体性。当我们被物的光环所吸引的时候，会很容易忘记物所代表的人才是我们真正的研究对象。忘记了人，又如何能够研究物呢？

见　识

当今科技真是一日千里，机器似乎正在取代人，人所能做的机器逐渐都能做了，连写文章也包括在内。《环球科学》曾经介绍过，有好事者设计出一款科技论文写作软件，把理论、方法、实验过程与结果等输入进去，不一会儿就出来一篇论文。事情并未到此结束，设计者还正儿八经地把论文投稿给正规的学术杂志，据说反馈意见还不错。无独有偶，有人设计了一套写体育评论的软件，写出来的文章有模有样，即便是行家里手，也难辨真伪。读到这样的消息，我一方面惊奇于科技的进步，另一方面又为程式化的写作而悲哀，如果理论＋方法＋材料＝论文，只能说明我们研究者跟机器没有什么区别。的确，以考古报告或简报而论，似乎完全可以用机器来写作，套路都是固定的。器物描述方面，机器很可能做得比人好，至少数据不会抄错。至于最后的讨论章节，也没有什么玄妙的：跟周边地区比较一下，相似的都列出来，周边地区没有的就是自身特色；如果其他地区早，就说是受到影响；如果同时，就说相互交流；如果比其他地区早，就说这里是起源中心……

我想没有人会同意机器真的能够取代人，因为人毕竟有机器所不具备的性质。古人讲治史需要德、才、识三样东西。"德"现在少有人提了，认真求实、不助纣为虐（如种族主义考古、纳粹主义考古、配合侵略刺探情报的考古……）并不是容易做到的事。不被御用，不被收购，不被色诱，基本可以归为圣人一类。古人说野史比正史可靠是有原因的。当然，如果是机器在研究，那么"德"的问题似乎可以超脱了，机器的程序都是客观的。然而人因为有德才强大，"富贵不能淫，贫贱不能移，威武不能屈，此之谓大丈夫"。人真是一种奇怪的东西，几尺肉身，弱的时候可以不禁风，强的时候虽粉身碎骨而不惧。想到那股精气神都让人一震，这就是"德"的力量。"才"很好理解，我们整个的教育体系都极其强调这一点。像陈寅恪先生那样通十几门外语，家学渊源深厚，自然是难得的史才。至于考古学这样的边缘的学科，学贯中西古今似乎还不够，最好能够贯通文理；除了读书，种地、放牧之类的技能也是有用的，尤其是在研究农业起源与发展的时候。所以，于考古学而言，"才"总是需要的。

识，也就是见识，是个难以说清楚却又极其重要的东西。《三国演义》中最精彩的情节要数赤壁之战，诸葛亮几乎被神化了。大战前夕，吴国的大臣经过实力的对比分析，认为曹操必胜。曹军不仅兵多将广，而且有南方少有的骑兵，还挟天子以令诸侯，占尽优势。吴军除了水军之外，乏善可陈。如果投降，至少可以暂避风头，待形势合适，还可以东山再起。至于刘备，当时的实力还都是虚拟的。就在这个人人说败的时候，诸葛亮舌战群儒，力排众议，说能够打赢⋯⋯诸葛亮展示的就是见识，而非基于现实调查数据的对比分析，或者说他在数据背后发现了更深层次的问题。见识可以安邦定国，还可以起死回生。好医生就是那些能够把许多人说"没救了"的病人救活的人。

见识是什么呢？科学研究中似乎存在一个悖论。科学论证的过程是逻辑的、理性的，一步一步地推演，直至得出结论。然而，观点产生的真实过程往往都是直觉式的，有时还在梦中。如牛顿受苹果落地的启发而发现万有引力，门捷列夫之发现元素周期表，还有那位梦到蛇咬住自己的尾巴从而发现苯之环形结构的科学家⋯⋯灵感的产生似乎是突如其来的，并不是通过逻辑可以推导的——如果能够这样的话，计算机肯定要比人做得好。拿考古学来说，考古材料常常就在那里，有的人很快就会发现它所表现的意义，有的人则不明白。对于不懂考古学的人来说，堆积如山的考古材料能够说明问题吗？这些宝贵的材料对他们来说并没有意义。

这个例子并不能让我们明白什么是见识，但是可以帮助我们如何去发展见识。从最狭义的角度讲，见识似乎相当于理论素养与研究实践的积累，好的考古学家正是因为在理论与实践上修为深厚，进而形成了直觉，所以他们仅仅用眼睛的余光扫过材料，马上就意识到意义之所在。为学秘籍，"学贵根底，道尚贯通"，有才学的人学贯古今中外文理；得道之人有自己的思想体系，老子讲"无为"，孔子讲"仁"，马克思讲"阶级斗争"，马文·哈里斯讲"人口压力"……都是"吾道一以贯之"，从一点出发，把所有问题都能贯通起来，从一个角度透视社会，非常高明！这里的"道"就相当于见识。见识贵独到、贵精深、贵广大。人人都能看出来的东西说不上什么见识，拾人牙慧也说不上见识，鼠目寸光是见识浅薄，见利忘义是见识卑鄙。所以，从最广义的角度讲，见识相当于智慧。如果说知识是力量，那么智慧就是正确使用力量的方法。

见识既然如此高妙且重要，那么怎么才能拥有呢？显然我没有掌握秘诀，但是我有些零星的认识。我发现德、才、识的顺序是不能颠倒的，见识不可能由无德无才的人掌握的，它是在两者之上形成的。试想一下，一位优秀的医生没有几分对事业的虔敬，没有深厚的理论素养，没有长期的实践，他怎么可能成为一名见识精准的圣手呢？我还发现一点，德、才都可以通过学习获得，但是见识是学不来的，它是自己的，是修养出来的，是思想的涌现，是无中生有的创造。

受了二十五六年学校教育，座右铭一直是要"好好学习，天天向上"和"老老实实做人，老老实实做事"。似乎没有人告诉我学习之外，还有一件更重要的东西需要我去修养，去创造。它可以把我与机器区别开来。然而，为什么没有人告诉我这一点呢？

穴居读书

可能是受了点武侠小说的影响，也可能是因为人的一种普遍心理。我一直有个梦想，若是能够在某个悬崖绝壁上的岩洞里闭关读上几年书，那绝对会对我的学问大有好处。

其实类似的事并不是多么神秘。很多年前读过契诃夫写的故事：有人与一富翁打赌，说自己能够独处15年，前提是有书读，衣食无忧。于是富翁把他安置在一个隐蔽的地方，供其所需。他随时都可以离开，当然离开就意味着输了；如果他能赢，富翁将付给他一大笔钱。此人一开始读文学，后来读社会科学，接着读自然科学、哲学，最后选择读宗教。就在15年的最后期限到的前夜，这个人悄然离开了，并留下一封信，说他已经不需要这笔钱了。这个故事的奇妙之处是读书的顺序，人开始总是喜欢形象生动的东西，然后是现实的东西，随之深入到事物的原理，最后发现人生最根本的地方，不过是信仰不同而已。

读弥尔顿的传记，最让人向往的是他大学毕业之后，在家里的一处乡间别墅认真读书六年，可以想见一个人按照自己的意愿读书的效果。我们大多数人并非不读书，只是一辈子很少能够按照自己的爱好、天性、兴趣与理想读书。诗书总为"稻粱谋"，或是期待"书中自有颜如玉，书中自有千钟粟"。读书总是头悬梁，锥刺股，真是痛苦得要命。

中国古人到洞穴中读书的故事并不少，做类似读书梦的人也有一些。明张岱所梦想的"琅嬛福地"，除了环境幽美，还有"积书满架，开卷视之，多蝌蚪、鸟迹、霹雳篆文"。真不知张岱为何这般想，可能是因为他认为能读懂许多死文字，才算有学问，挺有趣的。

为什么想到穴居读书呢？从小到大读书，一直读到博士，尤其是在美国攻读博士期间，上了十多门课，老师布置了不少经典文献，当时也就是囫囵吞枣，勉强读过，离真正有所心得还有不小的距离。毕业后，就做起了这个梦，如果能够穴居若干年，不受琐事的烦恼，就像西藏的修行者，那么出关之后不说学问大涨，至少也会目光犀利！

这样的梦想在现实中毫无疑问是难以实现的，拖家带口，还要面对种种评审的压力，为"稻粱谋"读书尚且不及，哪里还能够浪漫到穴居读书的程度？不过，相对于社会中的种种可能性而言，似乎又有那么一点近似的可能性存在。从北京来到这座塞外春城的若干年，大学的生活是安静的，若非上课，几乎可以茧居在家。亲朋好友很少会来这里，周围的朋友都是新认识的。大学的收入有限，坏处自然不少，好处也并非没有。没钱就不能大肆购物，物质诱惑有限，正好简化了生活。当然收入应付生活还是绰绰有余的，无须为衣食而忧愁。这就颇有几分"穴居"的神韵了。

仅仅穴居是不够的，还要有书。感谢网络时代的便利，我虽远在关外，但要得到书籍，只需上网搜索就可以了。经费虽不多，书还是能够买的。如今，即便是国外的图书，只要等上几周，大多也是可以买到的。古人藏书万卷就觉得很了不得，而现在可以得到的书籍连我们自己都难以想象，对个人来说，基本是无限的。几年下来，家里、办公室都塞得满满当当，只好开始处理掉那些不常用的书。

有了书还要读，而读书是需要契机的。我一直有个喜欢乱翻书的习惯，好处是兴趣广泛，坏处就是读书不够深入。在大学教书，我意外地找到了这个读书的契机。过去几年，先后开设六门课，两门本科生课程，四门研究生课程。因为要讲课，所以不得不精读、细读基本参考书；因为与学生讨论，所以不得不拓展阅读、不得不深入思考。我想"教学相长"可能就是指这个了。这些书大多是我一直想读而没有机会深入阅读的，无意之中居然实现了，真的有一份意外的惊喜。

与学生一起读书可能要比一个人独居在洞穴中读书效果更好，学生亦如朋友，有砥砺相加的作用。北师大有很好的校训，"学为人师，行为世范"。要当好老师，自然要比学生做得更好才行，因此读书之中也有了一点压力，而适度的压力对于学习来说是有帮助的。跟学生一起读书还有一个好处，那就是目标比较纯粹，都以学习知识、探索道理为目的。与学生一起讨论，其实对老师也有很多启发。另外，老师并不是在所有方面都是老师，有些方面学生了解得比老师更多，比如电脑、手机技术、时政与学校信息等。在这些方面，他们是我的老师。"独学而无友，则孤陋而寡闻"。同学生一起读书在我看来似乎要比穴居独自读书更好。

古人为什么要讲穴居读书呢？可能还是因为干扰吧！没有人会反对与志同道合者一起读书的。干扰来自哪里呢？喧嚣的环境无疑会分散注意力，烦琐的家庭与社会事务也会分散精力，声色犬马、纸醉金迷不可能不让人受到诱惑。明人袁中郎就反对子弟过早到京城读书，因为诱惑太多。大学作为象牙塔，本来是很少干扰的，而今大学具有巨大的研究功能，基本可以视之为研究工厂，每年都有考核指标，还有晋升评审制度，并不是一个真正清净的环境，只是相对于其他情况稍稍好一些。大学大多有比较完善的社会服务设施，比如说你可以去吃食堂，解决吃饭的问题。穴居读书的人是不可能自己躬耕、养殖，不可能自己买菜、做饭、洗碗的，每天把这些琐事都做完，基本不可能有精力读书了。文学家霍桑早就发现，过度的体力支出影响精神的积累。

于考古工作而言，除了在大学中教书之外，野外发掘与整理期间也很有穴居读书的效果。此时，自然不用自己做饭，鉴于野外的卫生标准，洗衣服也可以极度简化，基本不用在生活琐事上分心了。还有一个好处，那就是手边的书有限，不像待在自己的书房之中，到处都是书，每本书似乎都值得看一看、翻一翻，充满了书的诱惑，野外则没有，可以专心地看那么一两本书。还记得自己读硕士时在金牛山遗址参加发掘的往事，自己带了《傅雷家书》与《胡适传》，因为很少受到其他书的干扰，这两本书读得极其精彩，每天都要限定自己的阅读量，担心自己一下子读完了，后面没有这么好的书读了，这样的阅读体验多年后仍然鲜活难忘。

现在想来，所谓"穴居"更可能是一种比喻，那就是对干扰与诱惑的限制。人非机器，都有七情六欲，尤其是在年轻人秉性还没有确定的时候。从前很不喜欢学校这样的机构，以为是对人的束缚与规训。而今看法有所变化，学校在某种意义上就像一个洞穴，让年轻人与社会保持一定的距离，专心致志学习一些基础知识。比较一下在校大学生与没有机会进入大学的社会青年，很容易发现社会青年受到社会不良习气的影响要多得多，抽烟、酗酒、打架斗殴还是轻的，赌博、吸毒、参加黑社会并不罕见，这些东西相对于读书来说太有诱惑力了，一旦坠入其中，就难以回头。在这个意义上说，学校这个"洞穴"保护了年轻人。

对于更年长一点的人来说，"穴居"是一种心态的比喻，有谁能够完全不涉世事呢？当然，人可以对琐事与诱惑做一定的限制。学问因为追求长远，所以不免忽视眼前，因此学者常常受到常人的笑话，或讥其笨拙，或笑其清贫，或斥其虚妄，或怨其寡情……种种指责，不一而足。有所得必有所失，学者取其大！宁静、淡泊对治学问而言是再好不过的心态，其形象化的表现就如同"穴居"。一切简简单单，潜心于所学，对外界好像不闻不问，仿佛忘记了周围的存在。

治学问者都有一个"穴居读书"的梦想，这是一个浪漫的梦想。浪漫是诗意的。海德格尔有言：人，应该诗意地栖居！

谈读书

关于读书的理由不外乎两种，一种是实用的，一种是不实用的。前者比如"书中自有黄金屋，书中自有颜如玉，书中自有千钟粟"之类说法，现实之中也很容易看到。读书是改变命运的最好方法之一，高考、考研、出国留学等，它们所带来的实际效果也是有目共睹的，多说也无益。诗书总为"稻粱谋"，稻粱是生活的必需品，诗书也不能免俗。世人理解的读书多是从这个层面来说的，这样的书大多是教材课本，其中有一部分是基础知识，还有一部分不过是教条而已，充其量也就是某种"权威的"认识。读这样的书基本不需要考虑兴趣,重要的是意志和改变命运的欲望。现实中它的形式还有很多样,比如说为做研究发文章读书,为考证而读书……不能简单说这就不好,只能说仅仅这么读书是不够的。按贾宝玉的说法,这是"禄蠹"的做法。在现实面前,假清高是没有用的,没有荫庇的话,都得靠自己的努力,读书是不二的法门。另外,"科学"就很实用,但是也很高尚。也就是说读书本身并没有错,成为"禄蠹"不是因为人读书,还是因为他不读书。

"禄蠹"之所以成为"禄蠹",是因为他们不读不实用的书。为什么会这样呢?为什么我们要读不实用的书呢?读实用的书不用劝,人人都能明白收益,剩下的仅仅是愿不愿意付出成本而已。读不实用的书是很难看出直接效果来的,倒是经常能够看到许多坏处,比如说耽误了读有用之书的时间,有时让人变得冥顽不化,还有些时候会让人硬充什么好汉,刀架到脖子上还不皱眉头,结果自然是丢了性命。读这样的书,简直就是玩儿命。然而,自古至今,大家都知道,能读这样的书,才是真正的读书!

说不实用,其实并不准确,能够用来吃饭叫"有用",能够用来理解世界与人生是不是"用"呢?应该说是大用。另外,是否有用还要看从什么角度来看,有些所谓的用是仅限于自己的,甚至限制在自己有限的感觉范围内;如果有利于他人呢?是否叫有用呢?当然,太阳底下,很少有一件事是只有好处而没有弊端的,或者说只有好处没有成本的,有用的同时必然也是有害的。有的人是为了一己之私,不惜祸害整个国家,对他自己有用,对其他人却有害;有的人有功于社会,却伤害了自己的身体。了解了"大用"与"小用",我们也就明白了所谓不实用的读书究竟意味着什么。准确地说,我们之所以要读不那么实用的书,其实是为了"大用"!

理解世界或是人生为什么需要读书呢?一个人生活在世界上,就会与周围的世界,包括自然与社会发生关系,这种关系是一种互动,即人会受到外界的影响(如获取基本的生活资源),人也会影响自然与社会。也就是说，人是生活在关联之中的，不理解这些关联，也就无法理解人本身。而书籍是人类积累的有关自然与社会的知识，在一个人还没有直接参与世界之前，学习这些知识将有利于他或她更好地生活在世界上。由于人与世界的关联是如此广泛与复杂，所以读书不能太过于单一，否则对世界的理解就会很片面。

之所以这么想，其实是受了考古学研究方法的影响。我们怎么去理解古人呢？我们需要他们与社会及环境的关联，我们在关联中才能理解有关人类过去的推理。三百年前在非洲屠宰一头大象可能是基于商业利益；三万年前可能代表伟大的技术、社会的进步，甚至可能与人类意识上的飞跃相关；若是在三百万年前，充其量是人类捡到了食肉类的残羹冷炙。脱离了关联就无法理解人类的进化，同样，也无法理解考古遗存的含义。所以，关联是根本的，剩下的是如何去区分与把握所存在的关联。对于当代社会而言，已经消失的、与一个人无法接触的（个人的生活范围总是非常有限的）关联可以用书本的形式记录下来。一个人要了解超越自己生活范围的世界，就必须要读书。不读书的话，眼界就狭窄，认识也容易刚愎。

当然，读书并不能取代对自己有限生活范围的真实体验。现代社会交通便利，旅游工业发达，许多人都想拓展自己的生活体验。不幸的是，我们这个时代最大的坏处就是物质过于丰足。当一个人一星期要走好些城市，一天要看好些书的时候，面临的问题就不再是要不要读书或旅行了，而是该如何限制自己所接触的范围。人生活于关联之中，这不是说任何时间任何地点所有的关联都同样有意义，我们"读万卷书，行万里路"的目的除了充分地了解关联之外，更需要修炼一种判断能力，究竟哪些关联在哪种条件下起作用，这一点是所有的读书人都格外强调的。

话题再回到考古学研究上来，我们固然追求古人所处的关联，可能更关注哪些在特定条件下起作用的关联以及关联所发生的机制。前者是特殊性,后者是普遍性。两者都很重要,不过,这等于什么都没说。对学生而言,这特殊性就是个人的角度。经过高考拼杀出来的学生,都不存在智商问题,不过,很多同学存在一个问题,那就是切入到世界中。大道理都会讲,但是涉及自己的选择时,往往有点茫然。从众于是就成了最好的选择,读实用的书吧,这是人人都明白的道理。只有普遍性,没有特殊性!这里所说的特殊性牵涉到兴趣与志向。人存在于世,既在探索世界,也在探索自我,这才构成世界与人关联;当然,人与世界的关联还有一层,那就是人在创造世界,也在创造自我。所以,失去了自我的读书方式显然也就失去了相当的意义。

从考古的角度看读书,从读书的角度看考古,有那么一点混乱,也可能相互有点启示。考古学作为一门学问,最大的特点不是读书,而是读"物"!考古的人面对物质材料,研究物质材料,希望能够读懂物质材料的含义。其实,书也是一种物,一种比较特殊的物而已。信息的载体不仅仅在文字上,还可能存于物质本身中。也就是说,无处不是学问。这么一说,读书也就被消解了。

消解的是形式,读书的内涵还是永存的。那就是我们需要了解人与世界的关联,特殊的与普遍的,发现的与创造的!

读考古

讲读书的书多如牛毛,抬头望一眼书架,就发现了三本:《读书的艺术》《如何阅读一本书》《中国读书大辞典》。这些书都很全面,也很经典,从学习考古学的角度继续谈一谈,似乎还算不上画蛇添足。很长时间里,深感自己读书存在颇多不足。上大学的时候,真的很希望能得到一点读书方面的指导,哪怕只是一些原则性的指导,也许可以让我少走一点弯路。曾经读过一些学者的传记或导读,大多关注专业方面的具体指导,比如李学勤先生的《古文字初阶》，他讲你若是要想研究古文字，应该读些什么书。那个巨大书单把我给吓退了，读古文字太花钱了！不是我这种家庭背景能够读得起的。另一种指导是林语堂先生所说的，读书就是秉承真性情、真兴趣，追随它们就行了，这就是最好的方法。什么是我的兴趣呢？于是在图书馆、书摊、书店中乱翻，究竟看到了什么，自己也不知道。似乎找到了一些兴趣点，但是很快还是让考试、论文等给拽回来了，兴趣毕竟不能当饭吃，还是要先把考试过了，把学位拿到。走了许多弯路之后，终于有点悔悟，这里写一写，或许可为来者鉴。

上大学，不论是本科还是研究生阶段，读书大抵都可以分四个方面：基础性阅读、知识性阅读、修养性阅读、研究性阅读。本科阶段显然更强调基础性阅读，研究生阶段要更强调研究性阅读。所谓基础性阅读，就是中文（包括古文）、英语、数学、计算机等方面的学习，于绝大多数同学来说，要在这些方面有浓厚的兴趣，的确有点勉为其难，但是它们是专业学习的基础，不学好是绝对不行的。看到过一些很有才华的学生，仅仅因为不愿学习英语，于是就失去了进一步深造的机会，非常可惜。面对这些内容，即使没有兴趣，也要去努力培养兴趣，必须要将其拿下。集中精力打歼灭战是一个办法，即集中一段时间专门来学习，效果比较好。其次，就是要借助学校课程或是补习班，学校教育的优势就在基础训练上，老师有要求或是自己掏了银子，必须要有所进展。再者，就是坚持，每天都要求自己做一点，前面说的那些内容多带有技能的性质，"拳不离手，曲不离口"，凡是技能性的东西都是需要经常练习的，即使是高度熟练了。我自己学英语就是用的这几个方法。从前的基础太差，只好勉力而为。一旦学进去了，想不产生兴趣都难，所谓日久生情是也。不要说你天生就不喜欢什么，不擅长什么。世上除了少数天才之外，绝大多数人包括你我都是需要努力学习、反复学习才可能掌握这些基础知识与技能的。能达到什么程度，就看一个人的期望值、努力程度与机缘了。一般说来,至少要对自己说得过去。

中国教育的强项就是在基础方面。在美国,如果一个来自中国的学生数学不好,那是相当不可思议的事。我们还有一点强项,那就是在知识性阅读上面。知识其实应该分成两个部分,一部分是学校教的,这部分我们做得比较好;还有一部分是需要自己去读的,这部分我们做得很糟糕。不是我们的学生不喜欢读书,而是课程负担重,没有多少时间可以自己读书;同时,文化条件如图书馆、书店、家庭藏书等也不尽如人意。表面上看,考古学是一门研究实物材料的学科,需要去做野外工作,跟实物打交道,似乎并不怎么需要读书。其实,考古学是一门非常理论性的学科。当你得到一点实物材料,试图去了解古人生活面貌的时候,你就会发现你需要先有一个基本的理论框架,不然的话,根本无法把实物材料与古人生活联系起来。这就好比你有砖、瓦等建筑材料,但是要盖成房子,就必须要有基本设计框架,否则就无法安置这些建筑材料。那些给考古学提供理论框架的学科包括人类学、历史学、社会学、经济学、心理学、艺术等,它们研究人类的行为、社会、历史、文化等方面的内容;还需要哲学,它提供本体论、认识论与价值论的参考。此外,用考古材料按照一定的理论框架拼合人类过去之前,我们还需要分析考古材料本身,此时自然科学方法诸如动物考古、植物考古、地质考古、分子考古等就要用上了。所以,学习考古学是绝对不会嫌你的知识太广泛的,我们需要了解的知识非常之多,大多数时候一个人可能只能选择一部分学科加以深入了解,其他方面保持有通识。

很可惜的是,我们的教育体系,包括考古学专业的教育体系都不负责知识面的拓展。读本科时像在读研究生,全部都是专业课。我一上大学的第一学期就是"旧石器考古",非常专业。倒是上研究生的时候像在上本科,到地质、地理、生物、社会学等系去听了不少本科生课程，至今仍然觉得非常受用。当前的考古教育体系跟我上学的时候并没有本质的改变，本科课程专业化程度仍旧很高，课程量大，而研究生阶段比较宽松。因此，本科、研究生颠倒过来的读书方式是需要的。不然的话，只凭借本科积累的那点知识来进行研究，显然是不够的。而与考古学相关的基础学科单单靠自学，大多是非常困难的，尤其是文科生去学理科的课程。

所谓修养性阅读是个比较模糊的说法，大抵指那些不直接与考古学相关阅读，尤其是跟个人文化艺术修养相关的。这样的阅读是为人生的，当然也是为考古学的。不知道什么时候就用上它了，比如说研究史前艺术，显然是需要艺术方面修养的。即使没有用上，修养性阅读也有助于一个人更好地享受精神的愉悦。不然的话，很可能读到了博士，依旧说不上是个文化人。如果你不想只做螺丝钉，而是想做一个完整的人的话，那么修养性阅读还是需要的。知不知道人生的意义并不直接影响考古学研究，但是追问意义不仅仅是一种思维的训练，更会增强工作的动力。为爱工作跟为钱工作所具有的精神力量是不同的。修养性阅读有助于培养爱的感觉与兴趣，自然也有助于找到爱的对象。如果能够对考古贯注一点爱的话，那么可以想象，没有什么辛苦叫不值得的，就像对待自己的孩子一样。正因为辛苦，也就爱得深，爱得无怨无悔。

研究性阅读最简单，就是围绕研究对象而去阅读，这样的阅读多是在有了知识基础、思考准备之后进行的。你大体知道要读什么内容，一本书或是一篇文章，一般仅仅需要读自己需要了解的内容就可以了，所以一天可能会读几十篇文章。曾听人讲某学者每晚必读三篇英文论文，初听起来相当吓人，如果是研究性阅读的话，那其实是相当快的。对于初涉研究的同学而言，因为从前的知识基础积累不够，所以读文献往往比较慢，这是再正常不过的事，待有了足够的积累之后，读文章也就快了。另外一个原因就是自己的问题不清楚，不知道要去文献中找什么，于是就一页一页地读，而且论文大多没有什么背景知识介绍，读起来相当困难乏味。研究性阅读是非常弹性的阅读，如果某篇文献正好是研究的关键所在，你可能需要反反复复去读很多遍；如果只是寻找某个信息，那么可能一分钟就能读完。研究性阅读具有参考的性质，是要用书的时候，此时读书绝对不会嫌书多，所谓书到用时方恨少。考古报告基本都属于研究性阅读的书，是参考的书。本科阶段时，也曾经借过报告，假装攻读专业课程，结果可想而知。如果你想恨考古的话，那么没事的时候找本考古报告看看。

　　一个人真的要看的书并不多。记得有位知名学者准备过一个经典的回答，每当有人问他那么多藏书是否都读过的时候，他就说有的书读了两遍。这真是一个很酷的回答！其实不论是读考古，或是读其他方面的书，有那么几本读过两遍以上的书挺重要的，它们就如同建筑下的柱桩，或者说像知心朋友，它们代表你的偏好、你的个性、你的真性情。这样的书不大容易找，需要一点缘分，未必一定是名著，仅仅因为你喜欢，或是因为你努力读过，或是对你来说非常重要。多年前读宾福德的《追寻人类的过去》(*In Pursuit of the Past*)，其实以前也读过一点，没觉得有什么，但是有一天突然觉得很有意思，于是就读了下去，做了笔记，后来翻译了出来。还有《在乌苏里莽林中》，这是苏联的儿童读物，是地理学家阿尔尼谢耶夫在外乌苏里地区考察的回忆录，分上下册，一般读者当作生态文学来看，我把它当作民族志与户外生活记录来读。无聊的时候，这书还是能读的，仿佛自己也置身那原始森林中，享受一点寂寥。

　　关于读书方法，我最欣赏的一句话可能是"不动笔墨不读书"。按我的理解，这句话有三层意思：一层是要动笔标注，做记号，写归纳或心得；第二层是做笔记，做摘录与心得笔记；第三层是受之启发，写作自己的思考。一本书上没有自己的标记就像一块地没有耕种过一样。但仅仅这样还是不够，曾经在自己的书架上发现一些书，上面密密麻麻做了不少标记，但是非常惭愧，什么都想不起来了，好像没有读过一样。那些自己做过笔记的书就大不一样了，拿出笔记看看，很快就能把握基本内容。若是能写下自己的思考，这本书也就差不多融入自己的思想中了。考古学的教材很少，经典著作也不多，所以许多时候需要到处搜罗信息，通过做笔记来积累知识与思考是必不可少的。无论做什么，第一桶金最难，试试给一本重要的书做做笔记吧。

最后要说的是考古学是一门研究实物材料的学问，从科学的角度讲，它需要切实的野外工作、实验研究以及科学分析，传统的书本式学问是不够的。从人文的角度来讲，考古学研究更需要切身的体验、参与，发思古之幽情是需要设身处地的。所以，读书只是学习考古学的一个方面。当然，这个方面非常重要。不读书就能做学问，自古是没有的。

影响考古学的名著

伦福儒 1998 年在 *Archaeology* 上发表文章评述了影响考古学最近半个世纪发展历程的重要著作，值得引用一下。当然，这纯粹代表他个人的看法，我想每个学者一定会有自己的清单。

爱德华·布罗斯韦特（Edward R. Braithwaite）1953《科学的解释》(*Scientific Explanation*)。

戈登·柴尔德（Gordon Childe）1956《人类创造自身》(*Man Makes Himself*)。

卡尔·波普尔（Karl Popper）1959《科学发现的逻辑》(*Logic of Scientific Discovery*)。

罗伯特·布雷德伍德和布鲁斯·豪（Robert J. Braidwoodand and Bruce Howe）1960《伊拉克库尔德斯坦的史前调查》(*Prehistoric Investigations in Iraqi Kurdistan*)。

格拉汉姆·克拉克（Grahame Clark）1961《世界史前史》（*World Prehistory*）。

格林·丹尼尔（Glyn Daniel）1962《史前的观念》（*Idea of Prehistory*）。

罗伯特·亚当斯（Robert. Mc. Adams）1966《城市社会的演化》（*The Evolution of Urban Society*）。

萨莉·宾福德和路易斯·宾福德（Sally Binford and Lewis Binford）1968《考古学的新视角》（*New Perspectives in Archaeology*）。

戴维·克拉克（David Clarke）1968《分析考古学》（*Analytical Archaeology*）。

戈登·威利和杰里米·萨博洛夫（Gordon R. Willey and Jeremy Sabloff）1974《美国考古学史》（*A History of American Archaeology*）。

肯特·弗兰纳里（Kent Flannery）1976《中美洲的早期村落》（*The Early Mesoamerican Village*）。

伊恩·霍德（Ian Hodder）1982《现在的过去》（*The Present Past*）。

肯特·弗兰纳里和乔伊斯·马库斯（Kent Flannery and Joyce Marcus）1983《云端上之人》（*The Cloud People*）。

伊恩·霍德（Ian Hodder）1986《阅读过去》（*Reading the Past*）。

布鲁斯·特里格（Bruce Trigger）1989《考古学思想史》（*A History of Archaeological Thought*）。

巴里·肯普（Barry Kemp）1989《古代埃及：一个文明的解剖》（*An Ancient Egypt: The Anatomy of a Civilisation*）。

理查德·布莱德雷（Richard Bradley）1990《短兵相接》（*Passage of Arms*）。

阿兰·斯库纳普（Alain Schnapp）1996《发现过去》（*Discovery of the Past*）。

伦福儒的清单有这么几个特点：一是他注意到这半个世纪基本由过程考古学与后过程考古学所代表，20世纪80年代之前是过程考古学的时代，之后后过程考古学兴起。就过程考古学而言，他甚至列入两本并不属于考古学的著作，布雷思韦特的《科学的解释》以及波普尔的《科学发现的逻辑》，都属于过程考古学的哲学基础。宾福德、戴维·克拉克、弗兰纳里等过程考古学领军人物自然不能忽视。后过程考古学主要代表人物伊恩·霍德的著作居然有两本，伦福儒很是偏爱他们英国人。他列的另一本后过程的考古学著作是布莱德雷所著，这也是一位英国绅士。不过，过程考古学的列入著作都是美国学者写的。看来，过程考古学与后过程考古学还真有点新旧大陆分庭抗礼的味道，或者说是史前考古与历史考古的对立，也可以说是科学与人文范式的对立。

第二个特点是他列了几本考古学史的著作，从格林·丹尼尔、戈登·威利与萨博洛夫、布鲁斯·特里格到斯库纳普。五十年中就有四本考古学史方面的著作，挺有意思。可能是因为考古学家经常要从考古学史中获取经验与教训，这也反过来证明考古学的学术史研究相当重要。如果考古学家不知道自己做得怎么样（跟过去比，不同地区的比较，不同范式的比较，等等），那么就有可能掉到坑里也浑然不知。考古学史并不乏这样的案例。读史使人明智，考古学的学术史就是有这样的意义。

第三，伦福儒列入了几本关于史前史重建的书，包括柴尔德的《人类创造自身》，亚当斯的《城市社会的演化》，格拉汉姆·克拉克的《世界史前史》以及肯普的《古代埃及：一个文明的解剖》。考古学研究的目的绝对不是理论与方法的自恋，而是要有所建构的，重建史前史毫无疑问就是考古学家的重要责任，范围可大可小，时间长度也可长可短，但是无一例外的是，考古学家需要告诉非考古学的群体史前时代究竟发生了什么。这个目的可能是考古学最原初、现在依旧非常本质的目的。

有意思的是，伦福儒的书单居然没有列入考古学方法方面的著作。我想有两个可能，一是因为这方面的书太多，难以选择；另一个也可能是更加主要的原因，那就是不同考古学方法适用范围有限，很少有能够横扫整个考古学领域的方法。而理论、考古学的学术史、史前史的重建就不一样了，它们都是能够影响整个考古学领域的研究。当今考古学，日益呈现出技术化、方法化的趋势，似乎不玩点高科技，就不是考古学研究。然而，考古学最大、最重要的方面并不在此。古人云："人之学也，不志其大，虽多而何为。"我们学习考古学需要从大而重要的地方着手，这是这个书单给我的又一点启示。

也许我们还需要回头来看看中国 1949 年以后的考古学，我们是否也可以列出一个类似的书单呢？理论方面，中国考古学基本是个空白，有零星的论文讨论，专门的理论著作则非常罕见，而能够自成一家的著作只能期望后学了。学术史的研究有一些，颇有几位学者写过著作，不过基本都是关于 1949 年以前的。其实那个时候的中国考古学基本处在萌芽状态，并没有多少值得大书特书的地方。倒是新中国成立后，系统的田野工作全面铺开，考古发现日新月异；另外，社会变动也非常剧烈，真正是一场大戏。很可惜，至今也没有看到深入的思考。关于史前史的重建，张忠培与严文明两位先生写了《中国通史·远古时代》，试图重建中国史前史，这部著作的精彩部分在新石器时代，而漫长的旧石器时代基本只有一些材料发现而已。材料还不是史前史，这一点我们都是明白的。说到这里，感到许多遗憾，也产生了许多期待，未来的中国考古学家也许能够弥补这些缺憾。

纪念路易斯·R.宾福德博士

2011 年 4 月 11 日，著名的美国考古学家路易斯·R.宾福德博士去世。这一消息迅速通过网络传遍世界考古学界，对于一个耄耋之年的老人而言，这也许是意料之中的事；而对于考古学而言，无疑是巨大的损失，或者说是一个重要的标志。宾福德博士无疑是全世界最有影响力的美国考古学家，他的一生充满争议，各种争议还将在未来相当长的时间里持续。1985年宾福德博士曾访问中国，研究过周口店遗址，他对这个遗址的研究同样引起不小的波澜。作为一个在考古学史上具有里程碑意义的人物，了解他及其学术思想，对于了解考古学本身的发展历程以及思考中国考古学的现实都有着重要的意义。

宾福德博士生平

1930年生，1948—1951年，在弗吉尼亚理工学院学习野生动物管理与生物学；1951—1954年，参军，后期任日语翻译；1954—1957年，在北卡罗来纳大学用两年半的时间完成人类学的本科与硕士阶段学习；1957—1961年，在密歇根大学人类学攻读博士；1961—1965年在芝加哥大学任教，倡导新考古学；1965—1968年，短期任教于加州大学圣巴巴拉与洛杉矶分校；1968年后任教于新墨西哥大学，先后到法国、美国阿拉斯加、澳大利亚以及南非从事过野外研究；1991年转到南方卫理公会大学，完成《构建参考的框架》这部重要著作；2003年退休（图6.1）。

宾福德生于弗吉尼亚州的诺福克，出生时正是美国经济大萧条的时代。宾福德记忆里，一大家子人中父亲是唯一有工作的人。贫寒的家庭促使宾福德很早就尝到生活的艰辛，十一二岁他就开始工作，给锅炉房运煤。由于疲劳，小宾福德上课时经常睡觉。后来在脱衣舞厅里做清扫，夜晚工作。上高中时宾福德开始当建筑工人，16岁时已是出师的泥瓦匠了，许多时候他是建筑队里唯一的白人。半工半读一直持续到上博士的时候。他曾经有过一支建筑队，最多的时候手下有上百号人。早年的磨砺培养了宾福德的叛逆精神，他

图 6.1　宾福德博士（拍摄于 2007 年 4 月 27 日）

放弃了宗教，因为厌恶其中的伪善；他放弃了军队中的晋升机会，也是因为厌恶军队的无情。作为社会中下层的奋斗者，他对于社会"左"派的思想有一种天然的亲近，他在密歇根大学读博士期间的朋友圈子就是这么一群人，他的率真与经历赋予了他强烈的批判精神。

宾福德在青少年时并不喜欢学校，高中的成绩也相当一般，用他自己的话说是处在失败的边缘。他后来回忆说，童子军的训练才是他真正感觉学到东西的地方。在这里他学习认识动植物，采集古代的石箭头。他后来的博士论文部分就是基于少年时代的调查发现。1948 年上大学之后，他才真正喜欢上学习。按照美国的通识教育传统，他在大学系统地学习了自然科学，学习成绩也很好。他的自然科学背景对于他后来的研究影响极大。他最早就是从动物鉴定、数学统计与计算机应用进入到考古学分析当中的，经常把考古学与地质学、生物学等自然科学相比较。这些经验科学都经历从猜测、描述、分类再到科学学科的发展过程。考古学为什么不可以呢？这个问题被他带到了考古学研究中。

新考古学

人们常把新考古学的主张归纳为考古学应该"更人类学，更科学"。1962年宾福德发表《作为人类学的考古学》("Archaeology as Anthropology")一文也常被视为新考古学开始的标志。他认为考古学家不应该被考古材料所束缚，应该在理论上有更大的突破，他相信考古学应该能够解决更多的问题。考古学不应该总是罗列文化特征，而应将文化视为一个系统，器物可以在技术、社会与意识形态的子系统中找到自己的位置。考古学除了描述之外，应该解释"为什么"的问题。稍后他又发表了《考古研究设计的思考》("A Consideration of Archaeological research design"，1964）与《考古学的系统论与文化过程研究》("Archaeological systematics and the study of culture process"，1965）两篇文章，较为系统地提出以问题为中心的研究策略，考古学家不应该总是追求惊人的发现，而应该去解决问题。1968年宾福德主编出版了《考古学的新视角》(*New Perspectives in Archaeology*），标志着新考古学基本形成。

回顾新考古学的形成历程，可以清楚地看到自然科学背景对宾福德的巨大影响。追求客观，以问题为中心开展研究，提出理论并进行检验等主张都与之相关。宾福德的第二个出发点是人类学，按他的说法，在人类学课上听到的都是很鲜活的内容，而回到博物馆里看到的却是一堆堆器物，这两者都是人类行为的结果，为什么差异如此显著呢？通过什么途径能够把它们连接起来呢？

虽然20世纪60年代宾福德和一帮杰出的芝加哥大学研究生一道努力提出了新考古学的主张，但他们跟40年代的瓦尔特·泰勒一样，并不知道下一步应该怎么去做。1968年，宾福德在法国与弗朗西斯·博尔德（Francois Bordes）合作研究莫斯特石器组合，他广泛运用量化研究方法，做了大量的测量与统计工作。他回忆说，因为带着两大铁箱统计材料,无法坐飞机回国,只能坐船。船行的缓慢让他有机会得以反思自己的研究,他发现自己完全失败了。无论多好的统计分析都无法从中得出人类行为,文化系统是怎么组织呢?在地理景观中是如何分布的呢?宾福德去了阿拉斯加研究努那缪提爱斯基摩人,他们与莫斯特时代的人类都处在冰缘环境中。宾福德所希望探索的是狩猎采集者行为的组织原理,而非将两个不同时代的人简单类比。

宾福德取得了相当的成功,这也构成了他的第三个视角,也是最重要与最有原创性的视角,即从文化系统的内在差异性出发。此前的考古学研究基于"相似性",按照一定的标准归纳出一个个的"考古学文化";而宾福德注意到的是文化系统的异质性,如一个狩猎群体的活动范围可以按照季节、年份、生命周期(如童年期、青年期、成年期、老年期的划分)来安排,还可以按照不同的活动来安排,都将导致不同器物组合。他从这个视角出发去研究早期人类的行为,研究农业起源乃至文明起源等问题。90年代以后,他把更多的精力投入到狩猎采集者研究中,完成了其学术生涯中具有集大成意义的著作:《构建参考的框架》(2001)。

宾福德的遗产

对于宾福德的学术遗产,1998年考古史家萨博洛夫曾有过归纳。他提出,尽管新考古学(后来称为过程考古学)并没有完全实现既定的目标,但是宾福德的乐观精神鼓舞了考古学家,考古学可以在提供考古材料、重建史前史框架之外有更大的作为。新考古学强调以问题为中心的研究策略目前已成为美国考古学的主体。这种研究包含着以理论导向的研究,即考古学家除了从材料出发之外,还可以从理论出发,从创新的方法出发,进而释放创造力，给当代考古学研究带来巨大的活力。

在宾福德的学术遗产中，争议最少的应该是他对于"中程理论"的贡献，所谓中程理论就是要在静态的考古材料与动态的人类行为之间架起一道桥梁。这个问题曾经深深困扰着宾福德以及同时代的新考古学家，宾福德的做法是他的"行动主义研究"，他到阿拉斯加研究当地狩猎采集者，后来到南非、澳大利亚从事类似的研究。他贡献给考古学以一种鲜活的知识，这些知识是永远无法从考古材料中获得。如研究农业起源为什么发生时，如果不理解狩猎采集者的生存策略或适应方式，要想真正弄清这个问题是不可能的。

宾福德在他的晚年，即90年代后把主要精力用来研究狩猎采集者，他研究了巨量的民族学材料，一本计划三年写成的书，他花了足足十年时间。在《构建参考的框架》这本巨著中，他通过研究全球近四百个狩猎采集者的生存环境、生计与社会组织，构建了一个生态模型，用来解释农业起源的发生。这种耗费了大量时间精力且需要丰富经验的研究，为未来的考古学研究提供了重要的参考。

宾福德的贡献不仅在于他所努力践行的过程考古学实践，更在于他提出的那些尖锐的问题，促使考古学家去思考与探索。他曾经与詹姆斯·萨克特（James Sackett）争论石器的风格问题，与博尔德争论"莫斯特组合"的意义，与中外考古学家争论"周口店是否中国猿人之家"，与霍德争论考古学的理论与方法问题，如此等等。他似乎总处在争论的漩涡之中，但是他所提出的这些问题依旧困扰着考古学家。他提出争论的目的是希望考古学有更好的发展，学术的争论也见证了人性的优点与所有的缺点。宾福德直至2000年才成为美国科学院的院士，得到的研究资助一直相当有限，例如，他去澳大利亚考察是靠澳大利亚的资助，到南非去研究是依靠联合国的资助。

个人的追忆

宾福德的学术贡献百年之后自有公论,毋庸赘言。我作为学生曾经与宾福德博士有过六年的相处经历,从一些生活的小角度来说说他,也许更有助于我们了解一个完整的宾福德。

我是1998年去南方卫理公会大学留学的,第一学期就选修了宾福德的"晚更新世之后的适应"的课程,有次课后我到他的办公室问了个问题,之后就开始跟他聊天。我们海阔天空地谈开来,一直谈到了日本,谈到了国际关系。谈完后,宾福德告诉我这可能是他第二次闲谈。他是一个非常专注的学者,头脑中考虑的似乎总是与考古学相关的问题。他告诉我,他去新墨西哥大学任教时曾经提出过一个要求,即不从事任何行政工作。后来宾福德名望渐大,新墨西哥大学有意让他出来当系主任。宾福德拿出当初签署的协议,拒绝了这个要求。

我曾经问宾福德:你如何看待你自己?他说:我就是一名老师。他曾经被美国考古学会评为最佳教师。作为一名外国学生,我想我可能问过不少很荒谬的问题。他有一句话曾经鼓励过我,他说:对于学生而言,从来没有愚蠢的问题,只有愚蠢的回答。宾福德是一个有气场的人,跟他在一起,你不可能很容易地得到一个知识,总是不得不去思考,不得不去追问,因为他一直都在这么做。作为学生,总会不知不觉地受到影响。

宾福德在课上曾反复说一句话:证明地球是平的有帮助吗?他强调研究策略的重要性,不好的研究策略就像缘木求鱼,考古学家是否做过这样的事呢?宾福德的论著中,有两个词很常用,几乎成了宾福德行文风格的代表,一个是"productive",另一个是"provocative",即研究方法需要富有成效,需要有启发性。不痛不痒的研究是没有价值的,研究需要找到正确的方法解决问题,至少要对后来的研究者有所启示。

2004年，他已退休，搬到密苏里州，为了讨论我的博士论文，他给我买了机票，让我到他家住了三天。我们从未有过如此长时间的交谈，在谈论文之外，他给我讲了很多野外考察的经历，为了给我讲解澳大利亚土著如何狩猎袋鼠，他站起来模仿土著猎人，非常让人感动。要知道，他年前刚做过心脏手术。午后我们在他屋后的森林中散步，我发现他已经无法跨过一条窄窄的小溪了。

他的离世或许是迟早的事，但他为考古学研究留下了一笔丰富的精神遗产，分明他还在考古学当中，就像他还活着一样。

认识田野考古实习

2013年，因为上课的原因没能参加当年的田野考古实习汇报会，事后听参加的同学讲，当前的田野考古实习遇到了一些问题。从学校管理者的角度讲，随着各省市高校都有了自己的考古专业，要找实习的地方真的不容易；同时，几乎没有任何一个工地能够容纳五六十人的实习队伍。从带队老师的角度来讲，如今的学生多是独生子女，风险责任巨大；人数多了，显然不那么好教育；最令人不爽的是，带田野考古实习吃力不讨好，在学校的评估体系中——不是要论文就是要项目，根本没有足够的激励机制让老师愿意带野外，倒是长时间的野外考古为带队老师的家庭生活带来了严重的影响。就学生而言，从历年毕业生就业的状况来看，只有不到三分之一的学生会从事以田野考古为主的工作。野外生活条件艰苦，风吹日晒，有时连起码的卫生条件都不具备；劳动强度还大，并非所有的学生能够接受这样的生活。

既然没有任何一方感到满意，我的第一印象就是，我们是否有必要让所有的学生都去参加田野考古实习？为什么不能只让那些将来会从事田野工作的同学去参加呢？或者向美国学习，在本科阶段更多采取"通识教育"，田野考古训练主要在研究生阶段来完成。

这样的话，实习的规模要小得多，也要精得多。学生知道要去学习什么，要去解决什么问题，所以参与到田野实习中积极性更高。我们高等教育主要的学习对象是苏联体系，高度专业化，注重考试，本科阶段就强调专业学习，到了研究生阶段已经没有了多少实质性的课程，主要从事"研究"了。

田野考古实习有什么意义呢？经过思考，我似乎找到了一些意义，在当下的情境中，它在很大程度上弥补了现行教育的诸多缺失。这么讲有点主旋律——似乎是在论证"存在即合理"。实际上，我没有这样的动力与习惯。我真心希望的是，当我们身在野外的时候，能够把不那么美好的生活过得美好一些。

我们都是从一个学校到另一个学校，中国式教育重视知识的传授，而轻视实践能力的培养，一个表现就是学生的动手能力比较差，这也是中外教育比较中常提的结论。田野考古实习很好地弥补了这一点。这是真刀真枪的演练，揭开地表土层，一层一层往下发掘，仿佛是打开一部古老的图书，不过考古遗存要比书籍文字真实得多，当然，前提是要能够读懂这部"古书"。"纸上得来终觉浅，绝知此事要躬行"，切身的参与，数月的历练，其挑战是前所未有的。如果能够有效利用的话，确实是可以很好地训练实践能力的。

实践相对于封闭的学校教育而言，它是社会的真实存在，是学生走出校园之后特别需要的。我曾经把教育分为基础教育、社会教育、家庭教育与自我教育四个方面。学校长于基础教育，这是需要肯定的，我们要学习一些基础知识的话，在学校中学习要有效得多；但它同时又是有限的，它不能也不应该代替其他三个方面的教育。我们的教育是封闭的学校教育，学生接触社会的机会非常少，因为历练少，所以与人沟通的能力受到很大的限制。田野考古实习是一项相当接地气的活动，我们常常要深入社会最基层，待上几个月的时间，与当地百姓朝夕相处。如果我们能够敞开心扉，那么就可能听到社会最真实的声音。有一个学期的时间参与其中,这样的机会在其他学科中是少见的。

因为我们开展田野工作的地方往往是乡村,生活条件自然不能跟城市相比,这对于越来越多来自城市的同学非常有挑战性。田野实习是一次绝佳的历练,当然,前提是要禁得起历练。野外的条件差,但要知道许多条件是需要自己创造的,比如说那里连个看书的条件都没有,你若是自己带个台灯过去,这个问题就解决了,你还可以到户外去看书。再比如卫生条件差,上厕所、洗澡、洗衣服都很不方便,如果大家动手合作去做,我们完全可以自己建起这些设施。总之,办法都是人想出来的。困难阻碍人,也锻炼人。

历练训练能力,还锤炼友谊与感情。不是经常有人抱怨没有好朋友吗?不是经常有人批评如今师生关系差吗?经过田野实习数月的朝夕相处,同学之间的相互了解是前所未有的。我不敢说留下的都是友谊,但我敢说留下的感情关系是前所未有的深刻,尤其是许多年后重新想起的时候。同学之间的情谊经过实习之后往往都会加深,较之其他专业的学生明显要深厚许多。老师与同学之间的关系同样如此,老师一周来上一次课,上完课就走人,一个学期下来,能够比较熟悉的学生也就几位。而经过田野实习,老师会熟悉每一位学生,所以有个说法是,老师会把在田野实习中带过的学生称为"亲学生",在师生关系中,可能跟研究生与导师之间的关系一样密切。

每每看到一些驴友背包行游天下,免不了都心生羡慕,其实驴友们到一个地方多是浮光掠影地游览,远不如考古人住上两三个月,深入当地的生活与环境中。试想一下,这样的游历伴随着对当地历史、环境的研究,所获得的深度远非驴友们能比。不过驴友们享受旅行的心态非常值得学习,如果我们不视田野考古实习为负担与苦行,那么就有可能享受一次非常有深度的旅行。前不久，网上报道广东有位母亲为了让孩子了解自然，包下了一座山。了解自然，接触自然，在中国教育中的确是一件奢侈的事情，不仅仅需要钱，还需要时间，尤其是心态，而学校几乎不可能提供这样的条件。田野考古实习是一个例外，它让我们与土地、草木、风沙雨雪等亲密接触。如果去询问考古人，哪里是他们看到的最美的景观，我敢保证他们所说的地方绝少是风景名胜，更多的是田野考古过程中邂逅的美景。自然才是最伟大的艺术家，那些美景是任何艺术家都无法企及的。当自然就在我们身边的时候，如果我们总是在抱怨，那么就会错失享受美景的机会。

当然，这些新发掘出来的意义还不能取代田野考古实习本身的原初的意义。田野考古作为考古学的基本方法，是获取考古材料最基本的手段，不到田野中去操作是不可能学会的。当前，田野考古实习的内容在不断丰富，考古摄影、绘图的课程都并入田野考古实习中。以我自己的体会而言，还可以包括实验考古的内容。实际上，田野考古实习中所涉及的内容远不止如此，当前考古信息的获取技术与考古现场文物保护技术可谓是日新月异，这些方法基本都是在田野考古过程中才可能接触到的。也就是说，现阶段如果一名学习考古的学生从来没有参加过田野考古实习，那么他或她的学习是有很大缺憾的，这样的学习通过书本是无法弥补的。

最后，对于那些经过或是即将参加田野考古的同学有一点小小的建议，那就是在认真学习之余，可以有些娱乐活动，还应该（这是我建议的核心）发展一些自己的爱好，如绘画、摄影、写作、读书、收集等，那样田野生活就会变得不那么单调。在一个丰富的人生背景中再来看田野考古实习，生活的底色也将更加深沉而美好。

学习考古学的什么

之所以想说这个问题，起因还是孩子的教育。作为一个六年级男孩子的父亲，我跟所有为人父母者一样，希望孩子能受到最好的教育。然而，现实是不能令人满意的，教育几乎成了中国改革开放事业中最滞后的一个领域。从自己的孩子谈起，可以拷问我的真心，拷问我对教育的理解，自然也有助于我们更深入地思考这个问题：我们学习考古学，究竟应该学习它的什么？

我希望我的孩子成为一个什么样的人呢？我希望他平安、幸福，我希望他能学有所成。更具体一点，我希望他能养成良好的学习习惯——这样他就能终生学习不辍；希望他能够喜欢读书——这样他就不会是一个精神贫乏的人；希望他能够学会独立思考——这样他就不会人云亦云；希望他能够学会生活——这样他就可以过得健康充实；我尤其希望他能够甄别，何为真假、善恶、美丑。我绝不希望他做研究却没有从中体会到乐趣，做事仅仅是为了挣工资，生活除了活着乏善可陈……

回过头来再看考古学的学习，首先，我们需要在学习考古学的过程中得到乐趣，这其中有没有乐趣呢？我相信世上除了坏事，很少是没有乐趣的，关键是用心去体会。就像德波顿讲英国有个"高压输电塔鉴赏协会"一样，正所谓"万物静观皆自得，四时佳境与人同"。"上心"是学习考古学的基本要件，有了这个，才可以谈下面的。不然的话，这就是一个没有什么"钱途"的专业，一项挖坟掘墓近似农民工的活计，一门几无科学性可言、枯燥透顶的学科。

俗话说：一个篱笆三个桩，一个好汉三个帮。没有一门学科是孤立的，它必然要依赖某些基础学科、某些相关学科而存在。我们在学习考古学之前基本都经历了12年的基础教育，即便如此，当我们开始学习考古学的时候，仍然会发现自己的基础好像有很多欠缺。这些往往都是与考古学最密切相关的学科联系在一起的，与考古学最亲近的是历史学、人类学,它们是兄弟关系;稍稍离开一点,还有不少的相关学科,如社会学、心理学、经济学、地质学、地理学、生物学等。考古学的大厦需要这些知识基础与关键柱梁,要把自己的考古学大厦盖好,知识基础一定要厚实,相关柱梁学科一定要组织合理。钱学森先生的百年之问言犹在耳:为什么我们不能出产最顶尖的科学家呢?最简单的回答,就是知识基础不扎实,学科组织不合理。所以,学习考古学,首先要学习的并不是考古学,而是基础知识以及相关的支撑学科,这也就是为什么大学强调通才教育的原因。古往今来学习一门技艺,没有一上来就开始学习的,都需要学习很多相关的基础技艺,如学木匠的要先学磨斧子、开锯,学习认识木材、练习锯木板等,大抵三四年后才可以学着做一把凳子这样简单的家具。

学什么东西都以得其理为先,所谓取法乎上是也。最广义地说,科学首先要追求真理;具体到某一学科,那就是追求这一学科范围内的真理。在社会、人文学科中讲真理有点可怕,基本等于强权的意思,但这并不是说社会、人文学科没有基本的原理。学经济学首先要学的是"经济学原理",这是一门最基本的课程。学法学要学"法学原理",政治学、社会学、心理学、人类学等无不如此。"理"是思想的武器或工具,所谓给人金子不如告诉他点金之术,掌握原理也就是掌握点金之术,因为你知道下一步该怎么去做了,为什么要这么做。考古学有没有"理"呢?我说过至少有五个层次的理,最基础的层面就是有地层学、类型学这样有关考古特征的理,然后有关于考古材料形成过程的理,再就是通过考古材料推导人类行为的理,人类文化、行为、社会等存在的理,以及考古学的本体论、认识论与价值论层面上存在的最宏观的理。遗憾的是,我们绝大多数学习考古学的人在这些方面受到的训练并不完整。有时即便接受了训练,也是只知其然,而不知其所以然。为什么会如此呢?不问为什么的考古学研究,自然是不需要研究"理"的,所以考古学许多时候看起来不像是一门学科,而只是一项体力劳动。

一方面是不讲"理",另一方面是好空谈,两者表面上矛盾,却惊人地和谐共存。科学是治疗这两种病的良药,科学是当前我们获取知识最有效的方法。我们学习考古学最根本的就是要学习一套科学的方法。田野考古学是科学的方法之一,其中的基本理论考古地层学与类型学是我们学习最多的内容,实际上,真正理解与精通还真不是那么容易的事。考古学中科学方法非常多,而且是日新月异,往往是一个方法还没有弄通,另一个更热门的方法已经出现了。考古学的新方法大多与学科交叉相关,因为我们前面所说的基础方面的原因,所以学习新方法通常非常困难。比如说没有学过高等数学,又没有怎么玩过计算机,此时要学好考古统计方法就真的不那么容易了。匹兹堡大学的周南(Robert D. Drennan)教授精于考古统计学,原以为他一定是学理科出身的,与他相谈后才知道,他是纯正的人类学专业毕业的,只是对考古统计比较感兴趣而已。因为美国的高中与大学文理分化很弱,所以他也就有了很好的数理基础。我们当前最主要的问题不是说学习田野考古学不好,而是说我们所说的方法太狭窄。将科学的考古学简化为田野考古学在19世纪时或许可以称为先进,到了21世纪还这么说就太落后了。经过大学考古的专业教育,常常感到方法上训练不足。有一部分可能需要通过专业课程学习,还有一部分可能需要学生自己去学习,如参与到其他院系的课程中去。这后面一点在许多学校都不大现实,要不是没有相关课程,就是学生专业课程太多,根本就没有时间去学习其他课程。这里面隐隐有一种担忧,就是怕学生学了其他系的课程,改弦更张连专业也换掉了。不过,通过将学生限定在田野考古的范畴内来学习,恐怕也不是一个好办法。

说到这里,就涉及一个特别根本的问题,为什么学生不愿意学考古呢?前不久看了个新闻标题,说是中国学生的价值观得分极低。我对此丝毫也不怀疑。从小什么事都由父母包办,上大学选专业也在其中。其实,对许多选择了考古的同学来说,考古是什么也是上了大学之后才知道的,只是后悔有点来不及了。所以,我根本就不相信高中生能够选择自己未来人生的志愿,如果读了两年大学基础课之后再选择,我想许多同学就能够做出更好的选择了。而且我不认为会没有人选择考古,尽管收入可能会有点少。当然,在现实浓重的利益氛围中,要求学生摆脱功利思想,的确勉为其难。然而,就像爱情婚姻一般,我们绝大多数人还是希望有一个以爱情为基础的婚姻,因为实际利益无法替代理解,没有相互理解的婚姻绝对是一种相互折磨。类似之,我们学习考古学的差别,最终还是落在了价值观上。我们学习考古学,一个重要的目的,也许还应该包括建立一个以之为"事业"的价值观!

第七章
没有捷径的捷径：考古学研究入门

考古学研究似乎是不可教的东西，也似乎没有什么东西可教。我们都是从模仿前人开始的，照猫画虎，经过几次反复，也就"学会了"。这种形似必定意味着强烈的继承，而很少创新。学术研究是一项知识探索的活动，它是在未知领域的拓展，所以本来就没有什么既成的方法可以沿袭。不过，对于初学研究的人来说，方法又是基本的指引，所谓不依规矩，难成方圆。研究者的目的不是要继承这样的方法，而是要摆脱它！"道法自然"，进入一定境界之后是不需要恪守方法的，这实际是创新阶段。因此，考古学研究有方法，但又没有成法。这里所讲的更多的是对当前研究习惯的反思，而不是研究指南。我希望它是一种建设性的批评，除了反思之外，能够提供另一种可行的途径选择。考古学研究并没有什么捷径可言，如果一定要有一个最简单的归纳的话，那就是学习与反思。学习前人优秀的积累，反思其中的不足，根据实际情况，发展出新的方法。

所谓研究

妻子的诺基亚手机摔到了坚硬的地面上，手机的屏幕不见了，无法查看短信，这款手机已经用了好多年了，于是我们决定去欧亚卖场买个新手机。为了避免到卖场挑花眼，我建议妻子去之前先在网上做点"研究"。妻子对于手机的要求不高，她一直都在用诺基亚，决定继续用这个品牌，于是她登陆诺基亚官网查询了一下，很快就选定了 620 这个型号，720 备选。我们到了卖场，费了九牛二虎之力终于找到位于负二层的电器卖场。欧亚卖场号称是亚洲最大的单体商业设施，长就有一公里。卖手机的店铺并不是很多，十多家，不过对我们来说已经足够了。令我们大吃一惊的是，市场上已经几乎不见诺基亚手机了。问了几位服务员，说是诺基亚手机已过时，它的操作系统很不方便，现在很少有人用；当然，你要的话，她们还留有一款老人机……最后，我们随便选了一款手机，选择标准就是别太厚重。

"研究"彻底失败了！显然，我们完全不了解手机市场行情，也不了解手机技术所发生的变化，我们在这方面基本没有用心。手机对我们来说，也就是打打电话、发发短信、查查时间，偶尔充当闹钟，几乎不用它上网。我们的研究一厢情愿，依旧遵从"传统"——这样最简单，使用从前习惯的品牌。这样的"研究"经历所带来的价值就是促使我思考研究本身，我们经常所说的"研究"究竟何所指？其途径与要素包括哪些呢？我可以从中获得怎样的启示？

我们的研究是完全先入为主的，或者说是习惯决定的。我并不是手机工程师，对手机的知识非常有限。我搞不清楚不同制式的手机有什么区别，也不知道为什么手机之间的价位能够相差那么大，难道就是因为摄像头的像素不同吗？虽然我看到了许多手机介绍信息，但是这些信息对我来说没有什么意义。我所说的"研究"其实并没有什么真实的内涵。也就是说，没有理解就没有真正的研究。就好比我做不了数学研究，甚至也做不了哲学研究一样（曾经看过一份哲学系研究生的毕业论文，满篇汉字都认识，但是就是不知道其中的意思），因为我不能理解所收集信息的意义。

当然这么说可能有点夸张，我经常引用一句话，"不怕不识货，就怕货比货"。假如我发誓要弄清手机市场行情的话，那么我可能收集市场上所有在销售的手机，按品牌分、按价位分、按待机时间分、按像素分……我甚至还可以进行一些操作实验，比如在电梯里接听，看看哪一款信号最好；我也可以挨个比较音量与音质；我甚至可以故意让它们坠落在地上，看看哪个最皮实……因为我不懂手机的技术原理，我只能根据一些我自己认为有意义的特征进行分类。某种程度上，这是不可能完成的任务，我不可能得到所有市场上销售的手机，我没有那个资本；我也没有那么多的时间与精力挨个测试不同手机的"性能"——我所认为的。即便做到了，这是多么浪费的研究啊！就像我们要收集所有的考古材料才能做研究一样，要知道我们获取考古材料的成本是非常高的：一方面发现、发掘与整理材料要花费大量的金钱、时间与精力；另一方面，获取考古材料的过程在某种意义上也是消耗文化遗产的过程。此外，我们永远也不知道是否收集到了足够多的考古材料，永远不知道地底下是否还有不同的考古材料没有发现。这也就是说，如果能够发展理解，那么我就有可能极大地节省研究成本。高水平的手机工程师并不需要采用我上面所采取的笨办法，他知道什么指标真正有意义，什么指标只是表面特征，不值得关注。

　　以上我说的是两种研究方式：一种是从上而下式的，另一种是从下而上式的。前者通常名之为演绎式，后者为归纳式。归纳式的比较好理解，即上天入地找材料。而之于演绎式的研究，多有偏见。或是认为先入为主，或是认为以材料去套模式，或是认为想当然。这种从上而下的研究实际上发展的是一种理解，简单说，就是对事物存在与变化的内在原理或机制的了解。不知道这一点，就很难相信演绎也是一种重要的研究途径。常见的误解是将某种判断视为有待检验的假说，然后说运用了演绎法。比如说，我说明天会下雨，我是猜测的，明天是否下雨到时间一看便知。如果明天真下雨了，只能说我运气比较好，猜对了。这不是假说验证法！气象学家也说明天会下雨，他们是基于大气运动原理，通过温度、湿度、风力、风向、气压等指标的分析之后得出的结论，他们提出的是真正的假说。如果得到了验证，不仅仅帮助我们预测天气，也进一步证明了气候预测的原理；如果没有预测正确，那么气象学家就需要重新审视、修正他们的模型，甚至是原理，从而往后少出现误报的现象。简言之，演绎式的研究最终收获的不仅仅是假说的验证（通常是一种实践的应用），更重要的是对原理的修正，我们收获对事"理"或物"理"的明晓。

我们的研究中特别缺乏从上而下的研究，结果是很严重的。不重视理论研究，与之相应，自然也就没有理论的收获。因为缺少对古代社会的理解、缺少对考古材料本身的理解，所以只能高度依赖考古材料，就像我前面所说的完全依赖市场调查来了解手机信息一样。这样的研究是极其烦琐的，研究者因为无法知道哪些考古材料的特征是真正有意义的，因此需要反复测试各种各样的特征。往往是做了巨量的材料统计之后，仍然不知其所以然。在这样的研究状况中，有的研究者不得不放弃，这是非常诚实的态度；而许多研究就在模棱两可、稀里糊涂之中过去了，文章还挺长，时间花得挺多，但是收获却说不上有多少。更进一步说，这样的状态还影响到考古教育与研究体制。学生需要记住大量的材料事实，许多时候，也就是在考试之时能够记住，考完了也就忘记了。很少有学科像考古学一样是由一堆事实构成的，学生往往感到自己没有学到东西，于是改行的比例居高不下，机会多的地方改行的成功率高一些，机会少的地方改行的成功率低一些。在研究体制上，研究就是占有材料，谁占有材料，谁就有发言权。谁更有权威，谁的判断就更可能正确。这么说，可能有点以偏概全，但是存在这样的情况却是不争的事实。

准确地说，很少有纯粹从上而下的研究，它与从下而上的研究是结合起来的。手机工程师除了了解手机原理之外，他同样需要调查市场，了解行情。反过来说，也没有纯粹从下而上的研究。许多所谓只研究材料的文章通常是将其理论前提潜含字里行间，视之为理所当然，无须陈述。就好比我们买手机时笃信"便宜无好货"一样，我们不会把这个道理说出来，但是在抉择的时候却是受其影响的。还有我们买东西一定会买自己知道的，至少是听说过的，一项产品无论多么好，如果从来没有为人所知，就很少有人敢问津。这也是现代市场广告存在的基础。我们绝大多数人因为不明晓产品的原理，无法判断不同技术指标的真实含义，所以只能听信于广告。考古材料的表现跟广告差不多，有些材料因为经久耐腐蚀，所以我们经常能够看到；有的正相反，虽然非常重要，比如语言、文字、图像等，但是我们却不容易看到。如果不明白其中的"理"，那么我们就可能像受到广告左右一般，受到可见考古材料的左右。不问"理"，不等于"理"就不存在。研究为什么要求"真理"呢？因为我们太多的时候会被假理、歪理、暗藏的理、被自然化的理等所蒙蔽、蒙骗。

两种研究就好比是一只手的两面，本不可分，更不可将之视为对立，虽然现实中为了便于说明，将其分开了。

想起柴尔德

考古学家柴尔德无疑是考古学史上的里程碑人物，成就斐然，然而却在晚年选择了自杀。据说是对考古学的能力感到失望，对自己还能做什么感到绝望，不想成为社会的负担。人老之后，不想成为社会负担而选择离世的人也是有的，这样的思想境界的确非常高，只是超越了人情所能接受的范围。作家徐迟晚年受到病魔的折磨，不想拖累社会与他人，在还有一丝气力的时候，选择了自杀。历史上这样的人似乎还有不少，如梵高，从斯通为他写的传记来看，他为无法超越自我而痛苦；再比如王国维先生，有人说他是让罗振玉给逼死的，陈寅恪先生倒是很能理解，认为他是对中国文化命运失望的缘故；当牛顿的经典力学体系被超越之后，也有物理学家选择为之殉葬的。

也可以想象，一个人为之终生奋斗的东西居然是虚幻的，并不可靠，人生意义何以立足呢？有人认为柴尔德是因为对马克思主义失望导致自杀的，当时苏联入侵布拉格，还有斯大林的大清洗。特里格反对这样的说法，苏联不等于马克思主义，柴尔德也不是纯粹的马克思主义者，也没有证据表明他对马克思主义感到幻灭。即便是幻灭了，也很少听说有人自杀。

俗话说，好死不如赖活着，常人都明白这样的道理。思想觉悟太高的同时，是不是想得有点偏狭呢？人老了，自然会失去许多能力，包括进一步超越自己的能力，但这并不意味着失去了生活的理由。没有人能够永生。就个人而言，人的寿命有生理上的极限；而就群体而言，人的寿命似乎又是无尽的。通过基因的代代相传，生命生生不息。对人这种文化动物来说，生命的意义很大程度上体现在文化上。所以，孔夫子虽然死了，但是他的思想仍旧在传承，从这个意义上说，孔子又是不朽的。回过头来说，柴尔德其实大可不必为自己的局限而痛苦，他的学术遗产已经得到了传承。可惜一点的是，他不是一个很好的老师，没有如格拉汉姆·克拉克那样桃李满天下，学术衣钵的继承不那么清晰。他似乎也没有一个好的家庭，无所牵挂的同时也无所依靠。

想起柴尔德，特别在意一些问题：为什么他对考古学感到失望呢？为什么他不能超越呢？柴尔德是考古学史上的丰碑，有人专门为他写传记，特里格的《考古学思想史》用了大量的篇幅来写这位考古学家。反复回顾之后，逐渐感受到柴尔德学问的博大。我们可以将柴尔德的研究分为四个阶段，这样更好理解一些。第一个阶段，他最大的成就是运用考古学文化的概念重建欧洲史前史。第二个阶段是他开始运用经济学的方法研究史前社会，提出了经典的"农业革命"与"城市革命"两个关键概念。这非常引人注目，与我们今天的中国考古学家相比，就会发现柴尔德已经不局限于文化历史的重建，而是开始研究史前社会的经济基础了。当然，他的研究与我们现在多学科的方法相比显得有点粗糙。1935 年，柴尔德访问了向往已久的苏联，开始更多地受到马克思主义的影响，这是他学术生涯的第三个阶段。有意思的是，其后他开始转向文化演化的研究。如果说恩格斯的《家庭、私有制与国家起源》是一种自上而下的研究的话，柴尔德的研究就是自下而上的，他越来越关注社会演变的理论问题。"二战"之后，是柴尔德学术生涯的第四个阶段，他开始了自己的理论建构，就像《社会进化》（*Social Evolution*）、《社会与知识》（*Society and Knowledge*）这样的著作，更多像是哲学，而非考古学了。不是有种说法，所有的研究最后都要上升或回到哲学吗！柴尔德做到了。

按说有这样的成就，他怎么可能对考古学感到失望呢？作为事后的明智，我们可以做些推测。首先，柴尔德不是哲学家，他并没有受过哲学的训练，他不可能像哲学家进行纯粹形而上学的思考，他的思考立足于考古学，是基于既有的考古学研究成果来进行的，如他之于新石器时代社会形态的推断只能来自考古材料。其次，虽然他希望研究史前社会的形态，但是不大善于运用聚落考古、墓葬分析的方法，这方面戈登·威利比他强；他也不像格拉汉姆·克拉克那样善于运用多学科的方法，还有很好的运气——发掘了保存好的斯塔卡（Star Carr）遗址。试想一下，如果遗址都像庞贝古城那样该有多好，考古学家就可以像当代的社会学家、经济学家一样研究完整的对象。然而，绝大多数考古学家没有那么好的运气，通常发掘到的材料都非常残缺，只能根据有限的材料来进行推导。柴尔德在发掘方面没有特别好的运气，也不那么热衷于考古发掘。他把大部分时间用来旅行了，到处看材料，凭借超人的视觉记忆能力，他能够统合整个欧洲史前史的材料。另外，虽然他不是专业的哲学家，但是有超过绝大多数考古学家的理论思维。于是，即便是考古材料有限，他仍然可以构建起史前史的框架，讨论史前社会演变的一般问题（大问题）。

然而，悲剧的根源由此就埋下了。尽管他接受了马克思主义，有很好的理论思维，甚至还可以说，他的马克思主义水平超越了苏联考古学所掌握的，他不是教条主义的，他有自己的思考，但是无论如何，从马克思主义到作为实物遗存的考古材料，中间还有巨大的鸿沟需要跨越。在考古学发展的较早阶段，这个问题还不是那么严峻，随着考古材料的增加，问题就突显出来了。不断叠加的材料并不能自动告诉我们有关古人的故事，仍然需要依赖推理。如何才能使得考古推理可信呢？柴尔德有点悲观，他没有注意到20世纪中叶开始，考古学走向专业化分工，不论是陶器、石器、墓葬、聚落、动物、植物、年代乃至地质过程等，都成了专业分支，更别说多学科的合作了。一个人是不可能包打天下的，仅仅依赖个人的能力，就会发现实在太有限了，怎么会不觉得失望呢？

柴尔德的悲剧在中国考古学研究中也遇到过，马克思主义是一种宏观的理论，它不仅包括辩证唯物主义与历史唯物主义这样有关本体论、认识论、价值论方面的一般理论，同时，它还是一种社会发展理论，强调从原始社会到共产主义社会的一般发展路径。对于考古学家来说，首先必须通过考古材料了解古人的行为，进而了解古代社会面貌。如果这一步都没有的话，就谈不上运用马克思主义了。不过，按照演绎-假说的方法，需要根据马克思主义推理出可以验证的假说，需要指出的是，根据马克思主义可以推断社会形态，但是很难推断到基本实物遗存的形态——我们仍然需要研究考古材料，使之接近社会形态。这后一种方法柴尔德应该是可以使用的，不过，他显然还没有掌握这种后来的过程考古学所极力倡导的方法。剩下就是理论与考古材料之间的疏离与断裂、失望与沮丧。

柴尔德没有真正掌握从上到下的研究方法，这一点不能怪他，我们不能指望一个人能够超越他的时代。但是，还有一种方法，柴尔德没有能够充分利用起来，的确有点遗憾，那就是从今及古的方法，既通过研究现在去研究过去，通常包括实验考古、民族考古，还可以包括部分历史考古与当代物质研究。的确，我们不可能用时间机器回到过去，但是我们必须知道有些东西是古今一致的，我们完全可以通过观察现在进而推知过去。考古学家在推理过去的时候，一方面从属于过去的考古材料出发，另一方面需要从与过去较为一致的现在出发，这样的话，就在静态的考古材料与动态的古人行为之间架起一道桥梁，后来的考古学家称之为"中程理论"。柴尔德显然还没有找到有效的中程理论。

柴尔德的经历从某种意义上说是文化历史考古的化身，他曾经很辉煌，也曾经努力转型，走向功能主义的研究，走向与高层理论的结合，但最终仍然没有找到理想的出路。他的经历也让我想起考古学研究的本质问题：我们就是要在考古材料与人类过去之间建立合乎逻辑的推理。考古材料的性质非常多样，不会只限于形态特征；人类过去也非常多彩，不会只是某些粗略的形态。推理的路径也很多，并不限于归纳法。考古学的美妙之处就是这个需要缜密逻辑的推理过程，考古学家如同回到古代的福尔摩斯一般，把凌乱不堪的材料编织成可靠的历史故事。柴尔德最终意识到了当时考古学研究的问题，仅仅依赖他自己所掌握的方法是无法得到丰富多彩的人类过去的。

走不通道路的柴尔德选择了自杀，这有点太极端了，其实跟考古学的发展关系不大，倒是跟他自己的生活有关，这是题外的话，就不说了。

我们应该如何展开考古学研究?

晚上看了十多篇硕士生的开题报告,大部分题目与两个方面的研究有关,一是考古材料的整理,即写一份发掘简报;另一是某类遗存的研究,或是器物,或是人骨,或是墓地。不知为什么,心情有点沉重。我并不愿意站在老师的角度要求学生怎么做,我更愿意跟大家一起讨论究竟什么是研究,究竟什么是好的研究,以及在当前的情境中,研究应该如何开展。

我目前看的研究大多不是以问题为中心的,没有明确的问题需要解决。这种研究跟清代的朴学很相似,不过把考古材料换成古文献,把某类遗存换成古文字。清代的朴学有什么问题呢?它最大的问题也就是没有问题,不问现实,不问历史,不问人生,在故纸堆中打发时光,最后让人踢破了大门,凌辱了上百年。学术研究要解决实际问题,通常我们说的是要回答六个 W (When、Where、What、Who、How、Why),以及指出前人之不足,在学术批评中获得进步。不以问题为中心是我们当前研究的通病,中国社会科学研究一塌糊涂的重要原因之一就是回避问题。没有问题,也就不会有观点。这么做毫无疑问最安全,不痛不痒,大家都高兴。

学术研究要深入研究一个问题,研究的过程要由浅入深,由面及点,由森林及树木。我们的研究首先要说明研究的意义,前人已经做了哪些工作,我们还需要就所探讨的问题阐述其理论背景,发展自己的思路。当前我们颇多研究没有这一部分,或是介绍极为简略,搞不清楚的还以为前人什么都没有做过。更重要的是缺乏对背景的介绍,比如讨论辽西,应该把它放在华北与东北、草原与黄土高原的框架中来看。因为没有背景的介绍,不了解这个方向的人大多是一头雾水,不知从何看起。同样,文章所要依托的理论一般是不会提及的,似乎这些东西不存在,或是不言而喻,毋庸置疑。至于自身的理论探索,目前提出这个要求的确有点强人所难,也就不说了。

　　论文，论文！要有论点，有论证过程，有论据。观点要鲜明，论证要有逻辑合理性，论据要真实可靠，密切相关。这些我们高中时代学写议论文时就已经知道，然而后来反而忘记了。观点是论证出来的，而不是认为出来的，我可以认为的可能性太多了。比如我们说某遗存或遗址是什么时期的，不是想当然可以得到的，必须有年代依据，或是测定的绝对年代，或是器物反映的相对年代，总之要有确凿的证据。因为我们大多论文不涉及问题，所以也就不需要观点，更不需要论证。有的论文有看法，但是没有论证。最终也就是说说而已，大家都不当真，对知识没有什么贡献。

　　考古学研究对象是考古材料，但是这些材料怎么来的，经历了怎样的形成过程，很少有人提及，似乎考古材料都像庞贝古城那样原封不动，或是说我们发掘到的就是一个准确的抽样，即部分等于整体。实际情况真的如此，比如要研究人骨所反映的体质特征，墓地中所有的人骨都保存下来了吗？为什么有些没有保存下来呢？是因为自然的腐朽还是人为的原因？如果是自然的原因，那么我们可能忽略了老人与儿童的状况。还比如研究一个遗址中动物骨骼，是否所有动物骨骼都保存下来了呢？有没有家养动物如狗的啃咬呢？我们知道狗啃咬后的骨骼是不容易保存下来的。对于陶器研究者来说，礼器的保存大多要比实用器物完好，出土关系也要更完整，但它们的使用时间长，更新周期慢，用作分期排队的优点与缺点都存在，应该注意这种特征。不分析考古材料的形成过程就直接去分析考古材料，得出的结论是很难令人信服的。

　　我们的研究还有一个死穴，那就是我们从来不去质疑一些基本概念与预设的推理逻辑。比如说，我们探讨葬习，什么东西能构成它呢？它在考古材料的表现形式有哪些呢？墓葬特征中哪些具有习俗的性质，哪些只是偶然的呈现呢？从葬习出发研究社会发展阶段，首先要回答葬习与社会结构有着怎样的关系。在类型学分析中，一个重要理论基础就是文化传播论，一旦发现两个考古学文化特征器物上有相似性，就认为存在传播关系。如果我们多比较几个考古学文化，就会发现互相影响比比皆是，究竟是谁在影响谁呢？这种普遍的说法有什么意义呢？我们凭什么确定器物的一个"类"或是一个"型"呢？它们跟当时人有什么关系呢？一个风格群就是一个社会群体吗？如此等等的问题都暗含在我们的推理中，如果文化传播论不合理，那么建立在上面的诸多文化影响不攻自破。如果基本概念都不可靠，如何能指望别人理解我们的研究呢？

说的有点远了，下面我就当前情境下的研究思路提三个意见，或许对大家有所帮助。

一是题目不要太大，牵涉面不要太广。设定的研究区域要适度，材料不要太少，也不要太多。行文中不要铺得太广，跟这个地区比较，跟那个地区比较，可以比较的地区是无穷无尽的，必须有所限定。一个遗址的材料往往是很丰富的，以动物遗存为例，往往以万计，从时间与成本来考虑，都不是写篇硕士论文可以承受的，必须缩小规模。灵感就像聚光镜下的焦点，不集中是不会燃烧的。对于初学研究的同学来说，应该集中，再集中一点。

第二点是针对整理考古材料的论文说的，经常是出现这样的情况，研究者从有限的材料出发（通常是一个遗址），讨论这个、讨论那个，每个问题开个头，就没有下文了。以小博大，又是新手，如何能赢？同样的道理，我们需要集中火力，攻击一点，这叫集中兵力打歼灭战。一个遗址中必定有若干类遗存，选择一个要点深入下去，不求面面俱到，但求突破一点。

第三点与研究某类遗存的论文有关，我不做相关的研究，具体技术问题无从指导，我提一个问题供大家思考，如果我们对现在的汽车形制进行类型学研究，我们应当如何开展呢？我们是否只是排出类型式，而不考虑背后的影响因素呢？我们是否只能看到一条演进路线呢？我们划分的时期跟时代背景有着怎样的联系呢？类型学研究并非不可以做，我们是否可以做得更有创意一些呢？

如何面对一批考古材料

经常有同学问到这个问题，老师给了一批材料，或是参加过发掘的，或是人家发掘的，或是调查采集来的，现在需要整理出来，需要写成论文，硕士论文、博士论文，或是要发表的论文，怎么着手去研究呢？

问我的同学无疑是好学的同学，因为他们希望能够在大家都习以为常的研究之外寻找可能的新途径。通常说来，研究考古材料是有固定程式的，比如说研究石器材料，先介绍材料发掘经过，描述地层，然后分类描述所发现的材料，现在都学会了运用统计，加几张统计表会增加论文的技术含量，最后总结一下，论文也就结束了。需要问"怎么着手研究"这样的问题吗？完全没有必要，照猫画虎，依葫芦画瓢，看看前人的研究也就明白该怎么做了！

谢谢那些好学的同学，他们促使我来思考这个问题。假如是我，我会怎么做呢？我该告诉同学应该怎么做呢？从前我以为自己知道怎么做，比如我可以介绍西方考古学是怎么做的，后来发现这不过是另一种程式化的研究。下面我通过自己的一点研究实践来说说这个问题，一己之见，希望能对初入研究领域的同学有些许帮助。

研究是探索的过程，无论是问题、方法、材料，还是结论。如果在研究之前，这一切都非常清楚，那么这项研究的价值就值得怀疑。要么它是按照程式化的套路来进行的，循规蹈矩，没有什么创造性可言；要么研究者没有真正下功夫，他完全可以做得更好。就像创作艺术作品一样，如果胸有成竹，再去画竹子，这竹子注定是高度程式化的，没有多少艺术价值；好的艺术作品是超越了成竹，在"模模糊糊"的状态中，灵光闪现，然后画出来的东西，所以称之为"神品"！科学研究类似之，我们按照一定的程序进行研究，但是最终需要超越这些程序，寻找到灵感，找到突破点。

2009年夏秋之间，我主持发掘了湖北郧县余嘴2号旧石器地点，这个遗址出土的遗物不是很丰富，发掘500平方米，只出土300余件石制品，还有一个砾石条带，文化层上部还被农业耕作所破坏，就这么多东西！在我开始发掘之前，也做了点准备研究，制订了初步的研究计划，打算研究哪几个问题，比如遗址废弃过程、遗址的功能、遗址的结构等。但是当我开始发掘的时候，发现解决这些问题是不现实的，不仅仅因为发掘时间、经费的限制，每天担心上涨的洪水会淹没遗址，还因为材料的保存程度不足以回答这些问题。我该怎么办呢？

在发掘中我注意到砍砸器很有意思：它没有用遗址中可以见到的燧石原料；有几件砂岩标本，非常像砍砸器；砍砸器的刃部使用痕迹总是很短，为什么会这样呢？于是我们开展实验研究，实验表明砂岩根本就不适合做砍砸器，很容易变得圆钝，遗址中常见的角页岩更合适，崩落小石片后刃缘依旧锋利。不用燧石，是因为砍砸器作为一种即用即弃的工具，犯不上去找不那么常见的燧石，连难以加工的石英岩古人也不常用。手握砍砸器无论如何都只会有一个舒适的位置，所以砍砸器刃缘使用长度总是很短的，反复使用的总是刃口的某段部位。于是，砍砸器成了主要的研究对象之一。在这次工作中，我还注意到手镐，它不仅有个尖，而且在后部有明显的边刃，是一种两用工具。它的尺寸较小，与薄刃斧共出，我怀疑这两种工具可能与女性使用有关。手镐的制作难度比较大，我初步的复制实验没有成功，这成了第二个值得深入探索的问题。第三个问题是关于最佳原料带的，在此基础上我形成了狩猎采集者最佳栖居地的理论，并把它用到了农业起源的研究上。的确，我没有实现自己最初的目标，但是我发现我所得到的足以抗衡最初的目标。

类似的经历还有我对大山前遗址出土石器的研究。我刚开始研究时，观察测量了上千件石器标本，但是我遇到的问题跟在余嘴2号地点差不多。我原计划解决的问题并不能得到很好的解决，即材料不足以回答我想解决的问题。在标本观察中，我发现遗址出土石铲的特征很有意思，多为偏锋、偏刃，而且很轻薄，不可能承受用作铲的挖掘强度，后来的实验研究与使用痕迹观察证明它实际是锄。而遗址中出土的所谓的锄则是耘土工具，出土的梭形石刀并非收割工具，而是日常用的小刀……这些发现使得研究有了全新的方向，有了明确的问题，也有了相应的方法，我感到颇有收获。

从这两个研究经历中，大家不难注意到初始提出的问题与最后解决的问题之间存在着显著的差异。这种差别类似于战略计划与实际战斗之间的差别。没有初始规划是不行的，因为这会让人失去前进的方向，但是以为初始目标就是最终目标就可能深感失望。研究是一个探索发现的过程，从中去发现问题，根据材料的具体情况，发现真正值得解决的问题。考古材料的状况千差万别，不可能有一个包打天下的办法，我们必须具体情况具体分析。如果不能这么做，就只能按既定的程式去做，这也是我一直非常反对的。为什么许多人说读完大学之后，要呕吐很多年呢？呕吐什么呢？呕吐的其实就是这些教条。

大家下面想知道的问题也许是怎么才能够成功地发现一批考古材料中的独特问题呢？简单地说，首先要深入到材料中去，程式化的材料整理还是需要的，但这只是研究的第一步。通过整理研究，就可能发现材料某些非同寻常的特征，为什么会是这样的呢？如一个遗址中废片的比例非常高，这是否意味着它是一处石器制造场呢？如果是的话，还应该有哪些特征？如此等等的问题就构成一条线索，让你不断深入下去……除了那些特殊的材料特征，那些与既定观点矛盾的特征也是可行的切入点，如前面所说的石铲、石锄，还有一些新的现象等，这些都可能是产生具体问题的地方。

而要真正对问题敏感，就需要完整丰富的知识体系。就如同用网去捞鱼，如果是一张不成形的破网，怎么可能捞到鱼呢！如果渔网的孔眼太多，鱼也可能都跑了，即便捕到大鱼，可能自己也捞不上来。知识体系的建立不是一朝一夕的事。我并不是主张大家胡乱读书，而是要系统，渊与博要结合起来。当前教育的主要问题不是读书太宽，而是太窄，读书太少。学生很少有读书的时间，更说不上自己主动去读什么东西。前面说过"学贵根底，道尚贯通"，要对问题敏感不能缺少这两样东西，根底就是知识体系，思考就是给知识体系通电，就像电子捕蝇器一样，让问题无所遁逃！

找到了具体的问题，研究已经成功了一半，剩下的工作首先是要分析问题，它由哪些更小的问题组成。任何大的问题分成小问题之后就比较好解决了。其次，这个问题与哪些因素相关联，我们要顺藤摸瓜、斩草除根！根据相关要素，从多个角度围歼这个问题。还需要记住的一点，要知道前人已经做了什么工作，如果前人已经解决了这个问题，再同样说一遍就没有什么意思了。如果是从具体材料中提炼出来的问题，通常不会遇到这种情况，更可能是前人说得还不够完善，甚至有问题。

以上所说，我希望同学不要理解成为一种程式，它只是一种可供借鉴的思维方法而已。我们最终都需要根据自己的情况去发展属于自己的方法，没有既定的思维方法可以直接套用！

关于考古学的发现与研究

看考古发掘简报或是考古报告，经常会看到这样的表述：此次发现对……问题有重要的学术意义。问题说得很好，都是大家很重视的问题，甚至是国际考古学界关注的热点。我倒是很想知道这个发现是如何跟那些重大的学术问题联系起来的，很可惜，文章往往到此戛然而止，让人不免有些扼腕。就好比给人看病，测了体温、量了血压，发现了异常，然后就说这可能是什么病。医生跟病人这么说也许可以，医生若跟同行也是这么说的，同行就会问这种看法合理吗？为什么不是另外一种病，医生就要说清楚理由。很显然，那些文章都是给同行写的，而非给大众写的。为什么会这样？个中的原因耐人寻味。

这里我举个例子，或许能够说得更清楚一点，比如说我挖到了一个旧石器时代晚期较早阶段的遗址，从中发现了端部细致修理的工具，似乎是为了安柄（hafting）而特意加工的。当然，要证明它的确进行了为了安柄的修理加工，微痕分析与实验研究是必不可少的。旧石器时代晚期较早阶段发现安柄工具，这是很重要的发现，或可将它与解剖学上现代人的行为联系起来，是人类演化的重要标志，对研究东亚地区现代人的文化行为有重要意义；或者与旧石器时代晚期的划分联系起来，是旧石器时代晚期分期的标志性材料，是人类史前史上的里程碑……当然，你还可以找出一些意义来，还可以用更具有修辞色彩的词语来表达。然而，所有这些陈述都有一个问题，即从安柄工具到最终的学术意义之间，还缺乏必要的环节，为什么安柄工具是解剖学上现代人文化行为的重要证据呢？为什么可以将它视为人类史前史的里程碑呢？这些问题都需要进一步研究。

旧石器时代晚期的安柄工具可以包括箭头、标枪头、端刮器（有为安柄的进行修理的）、石叶与细石叶，可能还要包括部分雕刻器等。澳大利亚土著还有安柄的锤斧。安柄工具有什么好处呢？最直接的好处就是省力，手持斧子的钢铁部分砍树，跟安装了木柄之后砍树，其间的区别人人都能体会到的。下一个问题就是为什么此时会出现这样的工具呢？为什么要省力呢？泛泛的解释是，这是人类技术发展或长期劳动实践的结果，是人类聪明才智的体现与发展……人类的聪明才智、技术发明很多，为什么此时出现省力的设计呢？省力的原因毫无疑问是多方面的，但其中有一个方面是肯定的，省力的设计有助于处理加工大批量的资源（简称"批处理"），也就是说同样的体力或时间能够干更多的活。这也就是说，旧石器时代晚期可以比以前处理更多的关键资源：食物、皮服、工具原料等。这些资源可能是时间敏感的，如不处理很快会腐烂掉，迅速处理就可能更充分地利用资源，甚至可能把用不了的储备起来；也有可能是空间敏感的，只有这里有，过了这个村就没有这个店，比如优质石料，必须赶紧利用。批处理有什么好处呢，显然可以减少生存风险，换句话说，叫增加生存优势。生存优势增加意味着人口的增加——更适应环境了。

上面说到安柄工具的好处以及衍生的效益，但还是没有说明为什么它会出现。为什么此时会出现有利于批处理的工具呢？人口，考古学家还会将人口视为原因之一，虽然它也是结果。人口多了，需要更多的资源。这种说法有个漏洞，那就是若是每个人、每个家庭或每个游群都处理自己的资源，那么仍旧不需要省力的工具。省力的工具出现意味着有些人可能要为别人处理资源，由此就会衍生出一系列社会关系的发展，比如可以因此而获得社会威望，有更多的机会繁衍后代；可以与周围的人或群体互通有无，发展交换网络，社会群体的规模可能会扩大。

按照马歇尔·萨林斯（Marshall Sahlins）的说法，狩猎采集者社会有一种平均机制，抑制生产剩余的产生。假若你是一名优秀的猎人，今天打到一头数百公斤的驼鹿，按照平均机制，就是每个人平均分配。当然，你可能觉得这很不公平，但是你不得不承认这就是现实。卡拉哈里的布须曼人也是如此，有一次，一位来调查的人类学家为了感谢大家对自己工作的支持，临走时买了头牛，准备大宴宾客。你猜怎么着？所有人都说这牛真差劲，肉真难吃……搞得人类学家非常沮丧。后来他弄明白了，这就是维护群体存在的平均机制，他们就不想让某个突出的人打破它。如果萨林斯是对的，那么就是说，生产剩余在狩猎采集社会并不大容易产生。这样的话，省力工具将会导致人们花更少的时间就能满足生存的需要。下面的问题就是，节省下来的时间用来干什么呢？

不用于生产，那能用于做什么呢？自然是非生产性的活动，对于旧石器时代晚期的人类来说，也许可以称为文化艺术社会生活。这跟现代社会其实没有什么区别，吃饱饭后，唱歌、跳舞、打麻将、看电视、泡酒吧，如此等等。旧石器时代晚期革命最突出的一个特征就是"创造性的大爆炸"，也就是艺术品、装饰品或象征符号的迅猛增长。你若是要问，这些东西有什么意义呢？你可以想一想文字有什么用？音乐有什么用？绘画有什么用？仰望星空有什么用？思考人生有什么用？没有这些"无用的"创造活动，恐怕就没有后来的文明史了。

节省时间的行为可能不是平均，有的人把节省下来的时间继续用于生产活动，这样的话，一些人就有更多的空闲时间了，比如充当巫师、工匠，专业化分工初现，不同性别、不同年龄分别从事不同的工作。当前的研究表明，这样的分工可能是旧石器时代晚期才出现的。

通过安柄工具我们可以把旧石器时代晚期人类的许多行为特征联系起来，我们通过不断拓展的关联在考古材料的发现与人类行为变迁之间架起桥梁，使得细微的考古材料与宏大的学术意义之间不再显得突兀。上面所说的关联涉及多个层面、多个线索的推理，有些基于理论的推导，有些还需要检验的假说。你可能已经发现了上述推理过程中所存在的诸多不足，我得出那些结论似乎太容易了，显然还需要更多的研究。也正因为有这一系列推导过程，我们发现可以研究的东西大大丰富了，同时，因为研究涉及古人行为、社会、文化等的具体方面，其趣味性较之纯粹的器物研究也要有意思得多，尽管器物研究仍然是不可避免的。

如果我们不去拓展关联，那么就可能存在这样一种情况，从一批材料出发（无论一个遗址材料多么丰富，它毕竟只是一个遗址的材料）试图去解决许多问题，就会发现这样的研究非常孤立，很难说清楚一个问题，同时也没有说服力。因为没有关联，所以也无法得到理论的帮助，也无法有逻辑地组织多学科的材料来回答某个问题。当然，前提是我们要了解考古学中的基本问题，以及国内外研究的现状，否则关联也无从谈起。一般说来，一个遗址中遗存的特征包括多个方面，它们牵涉的问题也是多方面的，但是限于单个遗址材料的有限性，往往不能仅仅凭此进行研究。也就是说，该遗址只是一个出发点，需要结合不同时空背景的材料，结合不同学科的理论方法，一起去解决问题。

实际上，一旦我们开始对与一个遗址相关的某个重要问题进行研究，马上就会发现该遗址材料的不足，我们希望在今后的野外工作中加以弥补，这也就是考古学研究对考古材料发现的推动。《华夏考古》曾经介绍过法国潘色旺遗址的发掘与研究，这个旧石器时代遗址前前后后一二十年里居然发掘了 4500 平方米，由于持续地工作，不断发掘，同时又在不断研究，产生了许多有趣的问题，比如通过石器拼合、活动区分析，考古学家居然可以推断遗址中有几个人在打石器，至少有一个人是熟练的石器打制者，他在教年轻人，其中一个学徒一开始没有掌握要领，经过指导之后得到有效的改进。这种不可思议的细致的研究只通过一次发掘很少能够得到的。它也不是通过简单观察可以发现的，需要在细致的田野工作之外，进行石器实验研究、运用民族考古的知识，及时把研究认识反馈到田野工作中去。相反，如果我们不拓展研究的话，再多的田野工作也只是增加同质化的材料，并不能让我们解决更深层次的问题。

考古学的魅力并不限于发现，还在于研究一些问题，就像侦探那样剥茧抽丝，把考古发现的意义一层一层地呈现出来。考古学研究最有趣的环节其实也正在于此！因为正是通过这些环节，考古学研究"透物见人"，从考古材料中见到了人类行为的变迁，而不是从考古材料到考古材料，然后遥望一下学术意义。正因为要跨越其间的鸿沟，所以考古学要谦虚地向许多其他学科学习，一起合作去解决问题。

研究实践

我有个体会，而且越来越深切，那就是学问离不开研究实践。这有点像是"实践出真知"一类的老生常谈，然而真正有所觉悟，却已是不惑之年。博士毕业到现在，回顾一下，觉得真正有学术意义的只有两件事。第一件事是读书与思考，记得自己写过一篇小文《穴居读书》，叙述了自己心里的梦想，就是博士毕业之后能有机会静下心来认真再读几年书，消化在美国所学的东西。我很高兴自己找到了一个读书方式，那就是开课，跟学生一起学习。所以，虽然一门课上了许多次，每次的内容都会改变，这样的自我挑战应该说还是比较有收获的。为了给学生讲透彻，自己也必须把书读得比较透彻，学生的提问也促进了我的思考。也许可以称为"教学相长"了。

另一件事，是我着重想讲的，就是研究实践。先举两个例子，一个是中国旧石器考古的泰斗贾兰坡先生，贾老没有受过高等教育，中学毕业（也就是初中吧），先是在周口店遗址当练习生，后来裴文中先生去法国留学，贾老就开始负责周口店的发掘。贾老在一个国际研究团队中得到了非常好的训练，其中有著名古生物学家德日进，古人类学家魏敦瑞、步达生等。他也因之而成为著名学者、中国旧石器考古的开创者之一，成了科学院院士、美国科学院的外籍院士。另一个例子是中瑞西北科考团，这是中国考古学发展史上的大事，当时颇有几位年轻人参与其中，他们当时也就是年轻的大学生或是刚毕业不久，正是因为数年的研究历练，这些年轻人后来都成了各自领域的奠基者。回顾中国考古学早期历史，不难发现周口店、殷墟、中瑞西北科考在培养人才上的巨大作用。这些例子都说明了一点，研究实践很重要，它具有跟学校系统教育相当的效果，甚至是更切实。

以上的例子可能有些极端，能够参与到重大的研究项目中的机会并不是人人都能遇上的；而且这些例子都是学科开创时期的事，没有什么成例可依，实践的意义也就得到了凸显。学校教育有助于奠定学术研究功底，但是究竟能不能做出成绩来，还需要研究实践的历练。你可能会有很多想法，但是究竟哪些想法可行？不进行实践是不能知晓的。尤其对我来说，六年博士学了一堆西方考古学的理论，究竟哪些能用于中国考古学的研究实践呢？我并不清楚。过去几年中，参与了一些课题，有的就失败了，有的有意外的惊喜，我之于研究实践的意义有了切身的体会，对于实践的操作也有了经验教训。所以，这里总结一下，也许能为同学借鉴，尤其是那些教训。

研究，简而言之，就是要去发现问题、解决问题。这是一句寡淡无味却又真实得有点残酷的话。我第一次自己申请的课题是鄂伦春人遗址调查，我想知道狩猎采集的鄂伦春人的遗址结构是怎样的。宾福德在20世纪60年代末、70年代初做过努那缪提爱斯基摩人居址与土地空间利用的研究，成果很丰硕。这也是宾福德最重要的学术遗产之一。我很羡慕，也很想利用中国的材料尝试一下。我应该坦率地承认，这个项目不成功。颇长一段时间我都觉得难以接受，虽然我并非不知道超过95%研究项目可能都是失败的。一项研究失败，并非表明它没有价值，科学研究是探索，探索就肯定会有失败。我们的研究之所以很少失败，那是因为许多研究是做成功之后才申请到经费的；另外就是为了规避风险，降低水平，造成许多低水平的重复研究；还有一类，就不值得一提了，那就是假装在研究。前后去了三次鄂伦春自治旗，也找到了遗址所在的大致位置。然而这个地方已经是茂密的森林，地表覆盖着厚厚的落叶、风倒木，我们在林中找了两三天，没有发现任何有价值的线索。由于鄂伦春人使用的是金属工具，搬家的时候这些东西都会带走，不会像古人有石器废片留下。他们还使用桦树皮制的容器，这些东西也会腐烂。所以，唯一能够保留下来的可能就是仙人柱内火塘边的三块用来支撑铁锅的石头。这项研究让我认识到植被，尤其是高大的树木，其实是破坏遗址的重要因素。遗址没有找到，我没能实现自己的研究目标。回过头来说，就是找到了，发现了一些零散的支撑铁锅的石头，还能说明什么问题呢？显然，就这个研究项目，我并没有想清楚最终的目标；在遇到挫折之后，我也没有想清楚在当下的条件下，可以去做什么。

第二个带有项目的研究是一份布置下来的活，因为南水北调，有些旧石器地点在淹没区内，需要发掘。这是我第一次自己独立主持发掘，我很想检验一下自己的想法。在发掘之前，我制订了较为详细的研究计划，对需要解决的问题、可能的发现都做了一些规划，比如遗址资源域的调查、遗址形成过程的分析等。实际工作情况跟预想的差别很大，因为是夏秋季节，植被非常繁茂，后期的梯田改造也完全破坏了原有景观，加之是水库库区，汉江的低阶地都已经淹没在水中了，我们很多时候需要依赖船只，人员也严重不足，调查是不可能完成的任务。发掘过程是个抗洪抢险的过程，在我们发掘期间，江水上涨了一米多，先挖的探方都被淹没了。考古发现也不丰富，只有一些石制品，500平方米范围内发现了333件，与石制品伴生的还有一条砾石条带。

就是这些东西，马马虎虎能够写一篇发掘简报（还没有测年材料），按照合同要求，也只要求我们交一篇简报就可以了。然而，这次发掘给我带来了不小的收获。因为发掘时间比较长，持续了近两个月，我有充足的时间检验与反思自己的研究方案，并及时进行调整。我至少发现了四个比较有意义的问题，这里引用一下简报中的内容。

余嘴2号地点的发现与发掘主要涉及以下几个值得进一步研究的问题。

(1) 石制品风格特征的问题。余嘴2号地点的石制品组合特征兼备砍砸器传统与石片工业的特征。传统上认为南方早中期旧石器工业以砍砸器为主，北方以石片为主。南方旧石器晚期石器工业在保留砍砸器的主导地位的同时，出现了燧石小工具。我们是否可以认为余嘴2号地点具有南北石器风格混合的特征呢？我们在发掘过程中，利用遗址周边以及地层中出土的石器原料开展了砍砸器的实验研究，进而质疑砍砸器作为一种技术传统的可能性。实验表明燧石、石英岩都比角页岩更适合制作砍砸器，地层砾石条带与遗址周边调查中都发现有燧石与石英岩砾石原料，只是不如角页岩常见。古人取料以方便为原则，并不追求耐用；与此同时，砍砸器极为简单的制作策略也支持它更可能是一种即用即弃的工具，将之视为一种石器工业的标志并不合适。当然，与砍砸器伴生的器物如手镐、薄刃斧等，风格特征更为明显。所以，应该如何定义石器组合的风格特征是一个值得关注的问题。

(2) 最佳原料带与人类适应问题。旧石器时代的人类以狩猎采集为生，打制石器为主要工具类型。这种生计方式决定了他们需要丰富的石料来源与狩猎采集的空间。从一条河流的砾石大小构成来看，上游河谷的砾石无疑是最大的，下游的最小。砾石直径太大，根本无法加工，太小又不合用，因此就河流所能提供的砾石原料而言，存在一个最佳适合度。汉江中游的砾石大小正好满足这个要求。与此同时，上游河谷较为狭窄，山高林密，人类活动空间小。下游地区地势平坦，河流泛滥，在人类没有掌握舟楫之前，也不方便利用。中游地区有一些开阔的谷地，便于人类狩猎采集。这样的分布特征也见于更加炎热的东南亚地区。我们有理由认为汉江中游的谷地是旧石器时代狩猎采集人群较为理想的生存地带。如果这个假说成立，那么可以用来解释长江中下游地区最早的农业起源地带，狩猎采集者麇集于河流中游的最佳原料带，后来逐步向下游发展。

(3) 手镐的问题。观察我们发现的手镐，发现两个很有意思的现象：一是手镐除了可以使用人工有意识加工出来的尖部之外，还可以使用侧面或是底端的刃部，我们所发现两件手镐上都存在双重功能的现象，这说明手镐除了用尖部挖掘之外，还可以用侧边或底边刃砍砸；另一现象是手镐的重量明显比砍砸器轻，而且与薄刃斧一起出土，是否受到性别因素的影响还有待进一步的实验与考古材料研究。

(4) 真假石器与石制品的分类问题。这个问题看似简单而实际远没有完全解决。后期的人工干扰、埋藏过程的水流冲击，以及风化侵蚀等因素的加入导致对远古人类人工痕迹的判断存在不小的灰色空间。在发掘过程中，我们同时做了大量的石器打制实验。我们发现针对不同岩性的石料这些因素的影响程度差异甚大。石英最耐风化，但是大多数原料裂隙发育，加之石英易脆，断面形态差异较大，典型的人工打片特性如半锥体、反射线、同心波等多不清晰，这就给判断带来很大的麻烦。相对而言，砂岩内部空隙大，容易吸水，因此也最容易风化。加之它由颗粒构成，断面粗糙，典型人工打片特征和石英一样不易鉴定。就石器工具而言，典型的如手镐，形态确定，最容易识别。砍砸器大部分人工痕迹非常明显，疤痕连续，形态稳定，但是一些砂岩质的"砍砸器"经过风化之后，形态与真正的砍砸器非常相似。经过砍砸器的制作与使用实验之后，我们认为砂岩根本就不适合制作砍砸器，其刃部很容易崩落磨圆，无法再使用。除此之外，还有一些制作砍砸器过程中的半成品与使用后损坏严重的标本,这样的标本与自然因素破坏的标本不易区分。刮削器边刃常有修理的小片疤,使用后刃部会有磨圆痕迹。薄刃斧也是如此。最难识别的可能要算尖状器,由于其功能本身就多变,目前的命名只是形态的描述。尖部的残损多大程度上可以归因于人工修理或使用,我们还需要进一步的实验验证。

第一个问题发展成一篇论文,已经发表了。对我来说,更重要的一点是,我形成了一个方法,在发掘过程中可以针对遗址出土材料进行实验考古学研究。因为问题明确,材料扎实,针对性强,所以实验考古研究可以有效地回答一些问题。第二个问题是一项很重要的石器理论研究,我可以用它来解释农业起源(参见近作《史前的现代化》)。第三个问题是一个新发现,如果能从性别的角度去研究,那么将是石器分析方面的一个很大突破。第四个问题涉及石器分类学的基本问题,具体怎么切入,我还没有想好,但在实践中我注意到了这个问题。

如此烦琐细碎地说这么一个研究案例,其中心的意思是,当你开始研究的时候,我唯一能向你保证的是,材料肯定不够!你的研究计划很有可能会落空,不是材料不足以解决你的问题,就是你缺乏足够的条件去解决你的问题。那么,这是不是说你就没有希望了呢?不是的,你可能没有实现原来的计划,但是如果你及时调整的话,那么你有可能发现新的兴趣点,甚至是找到更有价值的东西。这个道理其实在我们生活的许多方面都体现出来了,就像爱情。有多少人能够十全十美呢?开始不完美,并不等于后来就没有希望。恰恰相反,因为人的努力,反而创造了一份永世值得珍惜的感情。研究是一样的道理,正因为材料与问题的匹配上不完美,才显示出研究者才智与努力的可贵。

这种研究实践经历值得我特别珍惜,拿出来与年轻的学子分享,希望能有所帮助。研究的道路上,困难是很常见的。绝望没有必要，当你感到绝望的时候，你一定要充满希望，要知道最后的突破点快要出现了。再坚持一次，可能就会成功。同样的体验在三年前开始研究大山前遗址夏家店下层文化的石器中又重现了。一开始我的研究计划还是有点庞大——因为我不知道会遇到什么样的有趣问题。把所有的石器都测量了，同时也做了观察。感觉很疲劳，也确实有点绝望，材料似乎数量很多，但质量并不高，这并不是所有的石制品材料，尤其是那些细碎的标本根本就没有收集。怎么办？不知道哪一天我灵光一现，突然发现有几件工具的命名与实际特征差别甚大：如石锄，却没有擦痕，而是一些磨圆痕迹；说是石铲，但极薄，而且是斜刃偏锋，完全不合乎用作铲的力学特征；说是石刀，偏偏刀背上有个凹缺，刀身还非常窄小，锯齿刃，尖部使用得非常厉害。我还顺便看了白音长汗遗址的石器，发现有类似的问题。于是，我的研究切入点转入到石器的功能判断，进而发展出一整套方法来。能够切实地回答一些问题，纠正一些想当然的认识，这真的让人很高兴。感觉研究确实是一件很有趣的事情。

关于研究实践可以说的东西很多，比如选题的价值、实践的对象（大海中才会有大鱼）、参照的体系等，这里所说的只是一个小小的侧面，它倒映着科学研究的基本特点，也印证了生活的基本道理。

记得当年上新东方的时候，俞敏洪喜欢引用的一句话：在绝望中寻找希望。科学研究、人生成就都是如此！你努力去找，就很可能找到。

现代学术训练

对于我们许多人而言，接受高等教育，本科之后是研究生，读完硕士读博士，之后还要做博士后研究。我们耗费人生中最宝贵的青春学习什么呢？跨越不同的学科与专业，其中的共性叫作"现代学术训练",也就是"科学的方法"(其实现代学术训练不仅仅指科学的方法,还有比如人文艺术的方法)。那什么是现代学术训练呢?我们又做得怎么样呢?怎么做才好呢?前前后后在学校、研究所中待了25年,读书、上课、考试,从未想过这个问题。如今轮到自己教学生了,有什么好教的呢?师道,所谓传道、授业、解惑,这"道"是谓何物?我想可能就是现代学术训练。

所谓现代学术训练自然是相对传统而言的,就考古学而论,传统就是金石学或古物学。传统金石大家国学功底惊人,夸张的说法是《十三经注疏》能够背到"疏"。经史子集无不精通,更兼有在小学(古文字)与书法上的强项,现代考古学家难以望其项背。但是他们的学术研究有一个致命的缺陷,那就是都在做书斋式的学问,严重脱离实际。其实研究金石学已经是传统学问中的另类了,好歹还依据实物,比那些死钻故纸堆的学问强不少。他们研究实物,但是不能亲自到野外去收集资料,不能完整准确地获得材料的出土关联。有时连真假都分不清楚,更别说年代与出土关联了。立足于这样的材料基础之上,学问的可靠性有多高,就可想而知了。所谓巧妇难为无米之炊,最后都只能自说自话。无独有偶,西方的情况跟中国差不多。中世纪的教士们都沉湎于玄学的争论,无人关注现实。文艺复兴之后情况大有改观,但在古物学时期,肯下野外看一看的人还是不多,另外发掘者也不让看,就如温克尔曼想看庞贝古城的发现一样,只有通过贿赂才能看到一点儿实物。现代考古学在获取科学材料方面取得了巨大的进步。注重实物研究、实地研究,这是现代学术训练的第一个特点。我们的考古教育极其强调野外工作,也是有一定道理的。

近代科学的基本方法是实验,这是上面一点的延伸。也就是立足实践的研究,不过是更有控制的研究。有种说法,说是近代科学是哲学家与手工艺者合作的结晶。从前的学者是不屑于亲自动手的,即便想动手,在仪器设备制作方面可能也不在行。从现代学术训练的角度来讲，就是学者要亲自动手，另外要善用仪器设备。实验在考古学中的应用相当广泛，尤其是在石器考古研究中，不动手做实验几乎是寸步难行的。最简单的如砍砸器，自己动手制作之后，就会发现制作它实在太简单了，将之视为一种定型工具的确有点勉为其难。动手砍棵树试试，实在太可怕了，因为没有柄，所有的反作用力都直接作用于手掌上，勉力去做，一次也只能砍二三十下。而且很快就会发现最舒服的握持位置只有一个，每次所使用到的刃口也是比较固定的，跟我们现在的菜刀差不多，经常用到的刃缘也就6厘米左右。通过实验，我们对砍砸器的理解也就深入了许多。石器分析中还用到显微镜，最新的超景深显微镜可以让我们看到凹缺中的痕迹，而且超越了一般显微镜视场狭小的弊病，可以把一段刃缘的显微图像自动拼接起来。所谓高倍、低倍法的优点都结合起来了。除去石器实验，考古学研究中还有一些大型的实验，时间最长是关于废弃过程的实验，要持续一百多年；还有古代村落生活实验，试试用罗马时代的家伙什生活一个月怎么样？实验在自然科学教育中是非常普遍的，不过我们的考古教育中很少提及，这不能说不是一个缺憾。

如果我们要罗列推动现代考古学的主要因素的话，相关学科的进展无疑是极其重要的一项。宾福德说新考古学的重要基础就是碳-14测年与计算机的应用。在碳-14测年技术出现之前，考古学家的主要精力都用来研究年代，分期排队，或是依赖生物地层——动物群组合。碳-14出现之后，考古学家发现自己从前的工作很多是想当然的，就好比欧洲史前的巨石建筑，原来以为是从东往西传播的，而碳-14测年结果颠覆了人们的认识。假如没有碳-14测年技术的襄助，考古学家不大可能有精力去研究什么古人行为、适应方式等，也就不可能出现什么过程考古学。如今还出现了DNA考古，从前考古学家梦寐以求的人群关系可以通过DNA分析来确定，我们已做的那些谱系研究可能有不少会被颠覆。考古学的现代学术训练中没有这些科学方法的训练是难以想象的。"考古科学"或者说"科技考古"作为考古学的学科分支已经形成，其中还有许多小分支，都是考古学与相关学科交叉形成的。当前主要的问题就是，由于学考古学的学生很少有自然科学的基础，所以学习这些学科往往都限于使用其方法的层次上，而难以深入理解；而自然科学的学生对于考古学止于爱好，而很少会去深入学习。所以，我一直梦想考古学系的学生能够修一些数学与自然科学的通识课程，最好考古学科中能够有一个考古科学系，实现文理兼收。

  以上说了考古学的现代学术训练中三个比较重要的方面，实际上，现代学术训练并不限于上面所说的内容，它是一个体系，包括理论、方法与实践。理论是前人研究的结晶，就像现在学习物理学，直接就讲牛顿的三大定律，不需要重新去发现一遍。考古学中的基础理论，最早有"三代论"，后来又有了类型学、地层学，现在更有了废弃过程理论，还有一系列"透物见人"的理论，如石器分析理论、文化生态与行为生态理论、马克思主义理论、后现代理论等（它们属于不同的层次，可以参考《考古学理论的层次问题》一文，《东南文化》2012年6期）。现代学术训练中打好理论基础至关重要，这种认识在自然科学中很好理解，在考古学中似乎有点让人犯难。因为中国考古学中似乎只有许多有条理的事实，看不出有什么理论需要学习的。马克思主义倒是理论，不过是当作政治课学习的。"考古学通论"课中讲过一些理论，主要是地层关系的识别与器物的分期排队方法。"考古学史"课上会提到一些西方考古学的理论，好像也没有什么帮助。我记得在SMU上学的时候，研究生至少要上三门理论课：当代人类学理论、考古学原理、考古学理论（宾福德讲他自己的理论），至于人类学史都算不上；农业起源、复杂社会课上其实也会讲到许多理论。以农业起源研究为例，各种各样的理论异彩纷呈，每一种理论都是从某个角度探索并得到了一定程度的检验。理论是研究的基础与指南，没有理论基础，就等于在沙上建塔；没有理论的指引，就像是盲人摸象。

前不久看到林毅夫先生的一个说法，说中国近代落后的主要原因就是科举之中忽视数学。林先生说得比较复杂，我这里可能有点断章取义了。中国古代喜欢以德服人，科举考的还是思想问题，思想统一了，国家似乎就能长治久安。至于数学、技术等都是下等的手艺，间或有文化人喜欢探讨一点社会与自然界的问题，往往都是眼高手低。能够实地考察，记录所看到的东西，已经是高人中的高人；很少有人能够亲自尝试，并不断改进方法。现代考古学许多时候看起来都像是个方法的竞技场，新技术、新方法层出不穷。这其中，数学可能是最基础的。如今计算机技术发展最为迅速，也成了考古学发展的一个主要生长点，比如说动画制作，通过它可以建立起栩栩如生的史前生活场景复原，可以模拟人在虚拟空间中行动可能遇到的问题；通过它，考古学一下子就拉近了与公众的距离。当前的考古学训练中最受重视的还是田野考古方法。大学四年下来，至少要学会发掘与基本的整理方法。说到方法的训练，这一直是我心中的痛。博士论文的生态模型还是两位师兄师姐帮忙完成的，我1998年才接触计算机，赶在出国前自己攒了台机器赶紧练习了一下，好歹能够用Office了。方法训练完全靠大学课程可能是不现实的，可能从小就要培养。若是让学生自己摸索折腾一番，估计每个学生都会一两手属于自己的绝活。

把理论、方法与实践结合起来应该说是现代学术训练的创造。我们的考古学教育在实践方面还是不错的，这主要是针对本科生而言。大学四年除了有一个长达数月的田野实习之外，还有毕业实习；如果愿意的话，假期还可以去工地或是整理基地打工。但是研究生阶段很少听说有实习了，假期去考古工地打工居多，自己主持工地发掘，已经是闻所未闻的事了。记得读硕士的时候，同屋两位学新石器的同学都要到野外工作一年时间，要用自己发掘的材料写硕士论文。这样的实践比较考验人，也比较能学到东西。还记得多年前读过瑞士籍华裔地质学家许靖华先生写的《古海荒漠》,讲他参加地中海钻探项目,那条科考船价值上亿美元,主持工作的居然是美国一所大学的博士生!他当时非常惊奇美国人居然这么肯在年轻人身上投资。的确如此,这样的项目在中国,不知有多少位院士牵头,不知有多少个首席科学家在列,博士生充其量就是学术打工仔。实际上,博士阶段可能是许多人学术生涯中最投入、创造性最强、精力最旺盛的时候,此时若能真枪实弹地训练一下,对学术发展的确会有很大帮助的。人与人就天资上相差无几,剩下的往往是历练上的差别。我们湖北红安号称将军县,那些将军以前不是放牛娃就是"泥腿子",经过出生入死的历练都成了将军。学术训练也是需要历练的,不知什么时候我们的教育能够把更多的资源给年轻人,给真正需要它的人。

也许应该总结一下了,什么叫好的现代学术训练?我想它应该包括以下几个方面的内容:

1. 知识基础宽厚均衡,不能学文科的没有理科常识,学理科的不屑于了解文科。与考古学相关的学科知识基础最好更丰厚一些。

2. 理论功底扎实,前面已经说过了,就不多言了。

3. 方法训练精熟,尤其是在新的方法开拓方面。

4. 实践机会丰富,具有挑战性,能够真正得到历练。它不仅仅包括项目研究,也包括深造、访学,等等。

5. 学术氛围纯正精良。所谓"近朱者赤,近墨者黑"。西南联大人才辈出,跟那个时候良好的学术氛围关系密切。如果投机取巧、弄虚作假反而能够得到奖励,不学无术、坑蒙拐骗反而左右逢源,可想而知,还有多少人肯用心于学术研究了,要想获得良好的学术训练那将多么困难。

从形式上来说,把以上训练贯穿起来的是逻辑。逻辑在中国文化中不甚发达,所以曾经有"逻辑救国"的说法。看西方的研究,经常感到有点奇怪。一个小小的问题，经过逻辑的层层解析，居然可以写到几十页，乃至一本书。按逻辑来组织论证是现代学术训练的基本形式。很可惜，我们在这方面严重缺乏训练。所以常常会遇到概念上的困难，比如前提不明确（暗含有某些预设，如一个考古学文化暗指一群人），或是概念模糊，缺乏明确所指（如文化这个概念）；还有推理上困难，从一个遗址的材料去论证许多问题，或是从现在的认识想当然地推断古人的行为等。所有逻辑推理中，事实都是至关重要的，所谓事实胜于雄辩。因此，现代学术训练极其重视事实的组织，简言之，一方面就是文献功夫要做足，另一方面就是要注意建立系统的事实。好比说研究气候变化，说是多少年一遇，假如没有气象记录的话，就不可能研究这样的问题。我们在做研究的时候，经常会感到材料的系统性太差，同时许多关键的信息都没有提供，使得研究难以进行下去。要发展相关的研究，就必须要发掘与积累必要的事实。

现代学术训练的目的是求真理。如果说我们当前有什么不足的话，那就是求真的精神与穷理的精神还不够好。中国文化高度强调社会关系，虽然不否定真的存在，但是很多时候为了各种各样的关系，"真"可以被化为无形。"理"之探索在考古学中目前还不多见，一门学术不讲"理"是不可思议的。这里所说的"理"既包括理论也包括方法，若不讲究这个，那就真的只能讲点材料了。

最后，值得一说的是，现代学术训练属于科学研究的一部分，科学并不完美，现代学术训练同样如此。无论多么好的训练都不能保证把一个人培养出来，除非他真的能够在这上面用心，具有足够好的悟性以及必要的机遇。机遇可遇而不可求，若能够扬长避短，做自己最擅长、最喜欢的事自然也就有了悟性。剩下的就是反求诸己，努力、努力、再努力！

第八章
该死的考古学：让我们焦虑的前途

高考选择志愿的时候，考古学招生的人数往往要多于第一志愿选择的人数；大学一年级转专业的时候，考古学是"赤字专业"，转出的人往往要多于转进来的人；大学毕业的时候，考古学的毕业生改行的比例可能是各个专业中较高的。不否认有特别爱好考古的人从热门专业或行业转入考古的，现实更多的状况是，考古学仍旧是个冷门学科，就业形势似乎不那么理想。不过，也需要指出的是，专业选择就像婚姻的选择，"高富帅"或是"白富美"固然是一种时尚，但是每个人都可以选择与创造属于自己的幸福。不管你喜欢或是不喜欢，只要你进入大学，就必定会有一个专业。如果它恰好是你喜欢的，那么恭喜你；如果不那么讨厌，那还有培养兴趣的可能；如果真的非常讨厌，选择离开，对于个体与考古学都是最佳的选择。最多的人处在第二种情况中，此时个体的主观能动性就变得十分重要，培养兴趣是一方面，另一个重要的方面是职业道德的要求。此时，一个人仍然可以做得很好，那些折磨我们的焦虑其实并没有什么理由的。

成为考古学家

从"考古学研究什么"的问题中得到一个启示，即成为考古学家的途径。许多年前读《傅雷家书》，傅雷先生叮嘱儿子，大意是，你想成为钢琴家的理想很好，不过首先要学会为人，然后成为音乐家，最后才是成为钢琴家，而不是相反。考古学研究的最终目的是研究人，这实际上也是所有学问的出发点。对于立志成为考古学家的年轻人而言，学会为人是首要的。说到"为人"，许多人恐怕首先想到父母教导的生活中为人处世的种种技巧。然而，傅雷先生所说的为人，我所说的为人并不是这个意思。

"为人"是要知道除了自己是人，别人也是人，别人与你是平等的；成为一个人，必定意味着要有独立的人格与思想，否则何以区别于他人；成为人，还需要把握人之本质，人是能动的，人之可贵是因为他或她不是环境的奴隶，人可以改变环境或是利用环境，甚至是忘记环境（就像佛家思想一样）；成为人，意味着要发展人自身的特征，其中特别重要的是人具有精神世界，人在物质生活之外，还拥有一个可以无限发展的精神世界。一个忘记了人的考古学家可以想见他可能会忽视其他人，就像种族主义考古学家那样，视其他民族为草芥；他可能成为某种东西（可以是某种思想、制度、matrix 等）的工具，为虎作伥而浑然不知；他可能会忘记研究的最终目的，让考古学成为一门"僵尸学问"，不会去发掘考古学对于人类思想与现实社会的意义。

在任何国家，考古学研究机构都隶属于文化部门，考古学研究古人的文化，也代表着一个地方的文化生活，因此考古学家需要是一个文化人。可以想象，如果考古学家不是一个文化人，他怎么能够研究文化呢？文化是什么呢？简言之，它就是人有别于动物所有特征的总和。文化涉及人所有的生活方面，文化是一个完整的人应该接触到的内容。文化是人存在的途径，是人精神的滋养。或者说，考古学家不应该脱离生活，不应该脱离精神的修养。

考古学家是社会学者，研究历史、社会、文化或是其他的，之所以能称为"家"，必定是因为有精深独到的研究，必定是对于历史、社会、文化或是其他宏观的问题有深入的钻研，有系统的把握，有新颖的创见。如果考古学家不了解历史、社会、文化发展等，那么他就不可能很好地研究考古材料，因为考古材料都是历史、社会、文化的产物。不见森林，何以见树木。所以，考古学家需要这些方面的基础，除此之外，还有所有学问都必须涉及的方面——哲学。考古学家正是在哲学思想指引下去研究古代历史、社会与文化的。

考古学还必须是科学家，因为考古学家研究考古材料，它是客观的实在之物，跟自然科学研究的对象一样。考古学家需要弄清楚考古材料是如何形成的，考古材料是什么意思。所有考古材料的形成都是一定行为的结果，这一点毋庸置疑。揭示考古材料意义的过程是一个科学的过程，它不仅需要多学科的合作，还需要科学的研究方法。缺乏科学的考古学就是有许多"想当然"判断的考古学，在无数隐藏的"预设"下，去猜测文化的传播、人群的迁徙、社会的组织结构……

最后，考古学家才是考古学家，去发现、发掘、整理与分析考古材料，就像我们现在绝大多数考古工作者所做的工作。

成为考古学家的过程应该是逐渐深入的过程，也像是建金字塔的过程，底下宽博，顶上尖锐。作为有志于成为考古学家的学生，首先应该让自己成为人，一个完整的人，一个有独立人格与思想的人；然后是成为文化人，具有广博的知识基础；然后是一个社会学者，对历史、社会、文化有深入系统的把握；然后是科学家，掌握科学的方法去研究考古材料；最后，是受过严格训练的考古学家，掌握专门的技巧去发现与获取考古材料。

我们的专业训练不是太多，而是我们的基础太窄、太局限。就像一个要远行的人，他不可能两手空空就出发了，他走得越远，需要做的准备就越多。"前车之鉴，后车之覆"，作为经历者，有太多的教训与遗憾。勉力而为，希望能于事有补。更希望后来者，能够跨越，在考古学天地里大有作为！

成功的考古学家

对于学习考古的青年学生而言，成为一名成功的考古学家当然是梦想之一。我不是成功的考古学家，但这不妨碍我知道哪些人可以称得上是成功的考古学家。许多年前，宾福德博士也曾有过归纳，但他用的是嘲讽的语气。我在这里持正面与积极的态度，因为你如果喜欢挑剔的话，那么就算在天堂里，还是能找到缺点。我对成功的态度相对宽容，也许可以用"出色"来理解。不过我对他们出色的方面仅限于考古学领域，而非只根据他们的"名头"。

将前不久来中心讲学的哈佛大学欧弗·巴尔－约瑟夫（Ofer Bar-Yosef）教授称为一名成功的考古学家，我想不会有很多人反对。他的著述非常丰富，仅论文就有三百余篇；在现代人行为起源、农业起源等研究领域颇有声望。他可以代表这么一类考古学家：曾经做过不少重要的考古发掘工作，后来虽然不直接主持发掘了，但依旧会参与其中，至少要去考察遗址，观摩材料，实在看不到的，也要看发表的文章。总之，他对材料的占有极为充分，所以总有无数的东西可以写。

要成为这样的考古学家自然需要经常在外面跑，那天与巴尔－约瑟夫教授聊天，谈及他近来的活动。他说了一大串活动，从美国到以色列到墨西哥到中国，等等，整个一个"空中飞人"。对于一位74岁的老人来说，若没有非常的嗜好与吃苦精神，是绝对受不了的，显然，他乐在其中。在外面跑，自然要与各种人打交道，所以这类考古学家往往人缘极好，很善于为人处世。我的博士导师之一温道夫教授也是这样的人，他早在1987年就成了美国科学院的院士（宾福德2000年才评上），80年代就是美国考古协会的主席，后来又是美国职业考古学家协会的主席。他有一点像中国的儒者，非常平易近人，但又有原则，让人敬重。也许正因为如此，有位富翁把新墨西哥州陶斯（Taos）遗址（很大规模的地产）捐给了SMU。

第二类成功的考古学家是以方法见长的，大家熟悉的匹兹堡大学教授周南教授就是其中一位，他在考古统计方面很厉害。类似的考古学家有搞动物考古、植物考古、地质考古、分子考古等诸多专业方向的。这类考古学家不需要经常下野外，但需要一点特殊的学术背景，即在某个领域有特别好的基础。

还有一类考古学家比较另类，他们多以理论见长，如宾福德、霍德、谢弗等。要成为这样的考古学家，需要一点儿哲学头脑。哲学是反思的，所以他们都比较擅长批评。然而，没有人喜欢被批评，于是他们的人际关系相对一般，有时甚至很糟。

我所知成功的考古学家还有一种是在考古学的普及上下功夫的，如保罗·巴恩（Paul Bahn）、布雷恩·费根（Brain Fagan），他们都有极好的文笔，了解读者的心理。著述丰富，影响也很大。这样的考古学家多跟考古学史有点关系。他们不下野外，也不必在考古学方法上有所专长，他们需要的是文学天赋，需要历史的功底。

实际上，成功的考古学家很少是"一条腿"走路的，即便是搞考古普及的，费根教授年轻时也曾在非洲做田野工作。搞理论的如宾福德在动物考古、考古统计以及建立模型上也很强大，还能够自己写程序，还曾在阿拉斯加做过三年野外，为此他还学会了开飞机。搞动物考古的李·利曼（Lee Lyman）在理论与考古学史的研究方面也不错。后过程考古学的领军人物霍德还曾就建立模型写过著作，而且主持沙特尔胡尤克遗址的发掘。当然，很少考古学家能够在所有方面都很出色，一专多能已经不容易，全攻全守有点难以为继，搞不好会累死的。

成功的考古学家实际上远不止这么几个模式，以上只是我所知道的。组合的方式是无穷无尽的，每个人都可能有自己走向成功的途径。但是有一点是没有例外的，那就是扬长避短加上勤奋。知道自己能够做什么，不能做什么。宾福德没有选择以野外发掘为中心，因为理论方法研究已经足够费心了，另外参加讨论批评得罪了很多人，好长时间他都申请不到国家科学基金，以野外工作为中心是不现实的。勤奋就不必说了，我们从小的教育强调的都是这个，倒是很忽视扬长避短。

最后，也许需要说一句，成为成功的考古学家或许并不必须是我们所有人的目标，成功并不必定会幸福。所以不妨把幸福当成人生的目标，也热爱考古学，但不会那么玩儿命，一定要著作等身，一定要以德服人，一定要占据真理高地，一定要脱颖而出，而且尽可能在事业、健康、家庭之间保持平衡。不那么成功，但很幸福，也是很不错的一生。

留学的准备工作

常有同学问到出国留学的问题，技术的问题居多，一个比较重要的问题倒是很少问及，即留学的准备工作。作为一个过来者，说来惭愧，经验说不上，教训颇有一些。这里总结一下，希望对后学者有所帮助。

在所有准备工作中没有比英语更重要的，甚至可以说怎么准备都是不够的。在目前的教学体系中，学英语必须自己主动出击，强化训练英语听说读写的能力。语言的学习除了更多练习之外，没有捷径可走。我们之所以学不好英语，是因为我们把练习理解为做题了，而不是真正地练习英语的听说读写。通过 GRE、托福考试与能听懂课、顺利完成作业是两回事。理科学生到美国留学，很少存在专业术语理解上的困难，阅读量也较小。相比而言，考古学的阅读量相当大，一堂课前要求读上百页以上的文献是常有的事。留学时最后悔的事情是自己的英语学得不够好，走了很多弯路。多读英文书、反复看经典英文电影、大声朗读与背诵经典英文文章、反复修改自己的英文写作等都是很有效的方法。这些方法的秘诀就是坚持，除了坚持，还是坚持。

在国外上课，常会遇到听不懂的内容，尤其是理论方面的。那个时候想如果能够找些中文译介著作看看就好了。这些年国内翻译过来的、与考古相关的书颇有一些，有些虽然翻译得很晦涩，但是跟英文原文相比，读起来还是方便得多。所以多读些中文翻译的基础著作还是很有好处的。目前考古学教材已有两个译本，岳麓书社也出了一套考古译丛，商务印书馆出了一套"探索古文明系列"，上海三联书店也有若干种，零星的如山东人民出版社的《宴飨的故事》等。相关思想如科学哲学、后现代理论、女权主义等方面的著作就更多了。现在信息流通方便，有些书都有电子版，出国留学时带上一个大硬盘，存上这些书，会很有帮助的。

考古学是个交叉学科，涉及的学科很多，在国外学习过程中常会发现自己的知识面太窄。以旧石器考古为例，通常需要地质、地理、生物等方面的知识，更基础的还有数学与计算机。这些基础知识用英文来学习是很不现实的，专业课尚且学不过来，哪有精力去学习课外的内容。如果在国内先奠定基础，就可以避免后来的尴尬。中国的高等教育大多是专业教育，通识的内容极少，这跟美国的本科教育有很大的不同。通识的缺乏是我们的弱项，所以在出国之前，自己多看看增加文化与科学修养的书，或是跨院系上一些课程，可能会有些用。

到美国学考古有一个很痛苦的事情是我们不了解他们的概念体系与知识背景。理科学生大多没有这样的问题，他们在国内就读英文文献、用英文教材，甚至是双语教学，概念体系与知识背景跟国外一致。美国的考古学属于人类学体系，研究世界各地的问题，如最早的美洲人、复杂社会的起源等。国内的课程无论是内容还是讲课方式都与之有很大的不同，如果在出国之前上过类似的课程，就不会那么陌生了。这里我可能要"王婆卖瓜"了，我曾开设的"考古思想史""世界史前史""石器分析""遗址过程""当代考古学理论""晚更新世以来史前史"（前两门是本科生课程，后四门是研究生课程），可能并不那么深入，但跟国外同类课程可以衔接。研究生课程要求的都是英文文献阅读，要求做一次报告，参加讨论，提交课程论文，与国外课程的形式基本一致。更重要的是基本概念与知识背景的介绍，跟国外是一致的。如果学生上过这些课，到国外再上类似的课程，也就不那么陌生与痛苦了。

最后，也可能是最难办的，那就是出国留学的目的。回顾一下，整个中国考古学系出国留学的人接近上百人，学成的却不多。究其原因，并非人不聪明，也非条件不具备，主要是许多人不以求学为目的，而是为了留在国外，也就只能改行了，非常可惜！我想说的是一个人一生要做一点事情，就有点精神，一味地实用主义实在有点鄙俗。如果都按照理性实用的原则行事，这世界就不会有让人心动的东西了，发明创造、科学探索、哲学艺术都将不存在，就正如爱因斯坦所说，人就像猪猡一样生活着，仅仅图一点舒适而已。

去美国学考古

也许有必要先说明一下，这不是一个行动指南，因为我掌握的信息很有限，无法给予指导。另外，我也怀疑是否存在有效的指南，因为考古学只是科学中小小的分支之一，科学只是学术的分支之一，学术只是文化的一部分，文化只是生活的一部分……再者，形势变化迅速，可能没等到毕业，情况已发生变化，所谓的指南可能有害无益。总之，无数的相关因素都会影响行动的方向，所以这样一个指南在现实之中是难以存在的。我希望可能更像朋友之间私下交谈，没有"高大上"的主题，没有虚文套词，把我真实的想法与切身的体会讲出来，这肯定是一己之见，是有偏颇的，但它是真实的，希望朋友们择其善者而从之。

我们通常说考古学研究六个"W"的问题：何时（When）、何地（Where）、谁（Who）、是什么（What）、如何（How），以及为什么（Why）。这似乎也是我讨论的线索。值得注意的是，六个问题是相互联系、不可分割的。考古学研究似乎最后才会讨论"为什么"的问题，而在这里，首先就需要讨论这个问题。

为什么要去美国学考古呢？这像是一个伪问题，既然都打算去美国学考古了，似乎没有必要再考虑原因了。其实不然，这是一个相当核心的问题。因为这里排除了"高大上"的说法，所以问题就变得非常简单了：回国还是不回国？不回国就是要移民或准备移民。就我们的讨论而言，不回国意味着两个选择：一是以考古为跳板，到美国之后改行，然后移民；还有一种选择就是继续学习考古，留在美国、西方或国外的其他任何地方继续从事考古研究。前者似乎与考古没有什么关系，不过现实状况确实是存在的。现在经济上的考虑减少了，人们更多考虑的是生活环境、子女的教育、财产的安全等。

我不支持也不反对考古移民，这首先是个人选择的问题。不过，在做出选择之前，需要有所权衡。绝大多数人做决定的时候会受到周围人或社会潮流的影响，虽然很少人愿意承认这一点。这导致一个问题：适合别人的选择未必适合你。泛泛地比较中国与美国的优缺点对于抉择帮助不大。美国是一个成熟的发达国家，谁都能看出来。问题不在于美国好不好，而是你能否得到其中的好。如果那些好对你来说不过是镜中月、水中花，也没有什么意义。简言之，移民适合某些人，适合那些能够充分接受与热爱美国文化的人。接受不仅是一种态度，也是一种能力，你的英语需要足够好，热爱同样如此。美国文化是西方文化的代表，正如我们经常说中国文化博大精深一样，西方文化同样博大精深，如果你对《飘》的接受能力（不是通过中文翻译）远胜于《红楼梦》，那当然最好不过。恐怕在中国的教育体系中出来的人，读过《飘》之原文的人都不多，何谈领会！更别提西方文明的根本：古希腊经典与《圣经》，还有文艺复兴以来一系列璀璨的文明成果。当然，你可以选择另外一种态度，视文化如无物，某些理工科的学生就是这样的。生活在美国，看着中国的电视剧，吃着中餐，说着中文，把未来寄托在下一代身上。这样的话，不移民也罢！

另一种是留在国外继续做考古学研究的，张光直先生可能是最成功的，不过他说过，当时情况比较特殊，美国学考古的人不多，研究中国考古学的人绝无仅有。此后中国考古学与西方几乎隔绝，张先生作为中美考古学的桥梁作用就变得格外有意义了。时势造英雄，张先生的成功几乎无法复制。21世纪的形势发生了很大的变化，有人说中国的世纪来临了，我没有那么乐观，但是中国的崛起无疑是这个世纪最醒目的事件之一。我相信中国学术自我殖民化的时间不会太长了。我并不反对中外交流，我希望中国学者能够走出去，同样希望能够把西方学者请进来。我希望是一种平等的交流，而不是殖民主义、种族主义式的。尽管殖民者在中国"探险与发现"的日子已经过去了，但是在文化上、科学上（科学是文化的一部分），我们是否摆脱了被殖民的心态呢？随着中国的崛起，中外交流的增加，中国考古学终将会有相当的发展的。留在国外做中国考古学研究恐怕不再像以前那样容易获得合作机会，资金、设备都已经没有多少吸引力，如果中国人不再那么迷信SCI与SSCI，努力建立起自己的学术体系，那么当前流行的做法就会过时。

相对不回国而言，回国倒是简单，留学若干年，不大可能放弃考古，所以对于留学后打算回国的学生而言，留学就可能真是为了学习考古了。这是一条其实简单的道路，就是专心学习而已。现实中，这却是一条有点儿艰难的道路。很多人中途放弃了，是因为它困难吗？不是的！是因为诱惑太多？在很大程度上是的。古人云孔夫子其知可及而愚不可及。世界上聪明人不少，"愚不可及"的人太少。做学问要有点愚不可及的精神。去美国学考古的同学需要斟酌一下，自己是否真的想做学问，是否真的适合做学问。

前面花了不少篇幅来说为什么留学的问题，其实说的是去留的问题，暗含着一个前提，我希望大家去美国学考古的目的单纯一些，留学是为了增长学问，而非为了其他的目的，虽然不是什么犯法的事，只是与我所说的主题有点不搭。因此，这里讨论的也就有了一个预设，那就是去美国学考古就是去学考古的，而不是做其他事的，而且是准备回国继续做考古的。其他道路可能也走得通，甚至可能更好，可惜我不知道，或者说不认同。21世纪世界上最精彩的一出戏可能在中国，我们正在经历可能是一万年来最大的文化转型，即从农业社会转向工商业社会；是五千年文明的复兴，在中国文明史上，从来没有哪个时期像近代这样不仅武力落后，而且文明也落后了；也是五百年来颓势的逆转，中国工商业社会从明朝中期开始萌芽，几经波折，终于老树新花，迎来了曙光。我们需要经济崛起，军事崛起，科学崛起，还需要文化的崛起。考古是文化的事业，发展它是我们的心愿，为此我们要向优秀者学习。

下一个问题是什么时候去，若是移民的话自然是越早越好，最好就生在那里，长在那里。现在留学日趋幼龄化，去美国读大学已经比较普遍，读中学、读小学，甚至读幼儿园也不稀奇。时光仿佛又回到了19世纪中，清政府组织幼童赴美留学。如一开始所说，考古只是文化的一小部分，留学也是文化的学习，是要取人之长，补己之短。前提是要有自己，如果自己没有中国文化基础，完全接受的是美国文化的教育，恐怕留学之后是很难回到中国的，回来之后也难以适应。回顾中国的留学史，最有成就的一批学者还是三四十年代赴美留学者，他们之所以在学术上有成就，那是因为他们在国内已经有很好的基础。就个人的观察而言，自然科学专业的学生最佳留学时机是本科毕业后（其实学成归国的也大多是硕士毕业后出国的），社会与人文学科专业的学生最佳时机是在国内读完硕士之后。考古学是一门交融自然、社会与人文科学的学科，不过主要还是作为社会科学存在，所以属于后者。社会与人文的东西是有历史背景依赖的，不了解背景联系，就很难理解一件事情。这也就是为什么我不那么赞同本科就出国学考古的原因，对中国历史、中国文化还不甚了了，马上去学习西方文化难免夹生。

到目前为止，留美（或者说从西方）归来的考古学者还没有本科毕业即出国的。我所知道的本科毕业后就出国的学生都没有回来。用人各有志是不足以解释这种现象的，从文化的角度能更好地解释。本科毕业时一个学生可能有了基本人生阅历，但是作为一个文化上的人还不成熟，就是说人生观、价值观还不稳定。经过硕士阶段的过渡则要好一些。二十一二岁可能还是毛头小伙，二十五六岁就完全成人了。就个人的体验而言，中国的教育体系是非常封闭的，基本都是从学校到学校，另外，由于过于偏重于考试，尤其是主课考试，学生很少有精力了解课本之外的东西。好处是基础知识扎实，不足是视野狭窄、动手能力较差、社会能力弱。硕士阶段相对宽松一些，学生可以学一些专业之外的内容，学考古的学生此时可以去野外参加工作。这样的知识基础与经验是在美国难以获得的。还有一个挺重要的东西，那就是在国内读完硕士的话，就有了初步的学术人脉，将来回国发展会比较有利。

去哪里学习，不是一个很困难的问题。这是一个双向选择的过程，你选择学校，学校也在选择你。文末附有一个清单，是学生卢立群收集的。去美国学考古大抵有两种取向，一种是想去"牛校"，一种是去实力强劲的学校。常春藤名校或排名前 20 的"牛校"都是大名鼎鼎，毕业后出来找工作的确有便利。但是就真正学习考古而言，那些"牛校"的考古学科有的还真不怎么样，所以没有进入"牛校"，也不是什么令人遗憾的事。实力强劲的学校也分若干种：一种是几乎所有方向都很强，如密歇根大学、亚利桑那大学等；还有一种是在某个方向很强,如我当初读的 SMU,当时在史前考古方向集中了宾福德、温道夫、加特·桑普森(Gath Sampson)、托尼·马克斯(Tony Marks)、戴维·梅尔策(David Meltzer)、戴维·弗里德尔(David Friedel)等知名教授,很有实力。外行看热闹,内行看门道。我认为选择学校首先还是要看重实力,然后看学校的名气。因为从一个人学术发展的长远来看,实力还是最重要的,当然学校有名气的话那就是锦上添花了。如果是"牛人"的话,对于学校可以有更多的选择,比如说你可以选择环境优美的学校,我有个朋友在若干名校中寻找了康奈尔,原因除了专业上的考虑之外,就是校园漂亮。学历史考古的同学可能会偏好东北部,那里的人文氛围更浓,不过就学习考古而言,美国西南部似乎是圣地,那里遗址多,保存好,研究系统,是更合适的选择。

下一个问题是 who,包括两个问题:一是谁适合去美国学考古,二是跟谁学。前一个问题有一个直接的答案,即留美不会把石头变成金子,首先自己必须要做好充分的准备,确实是想去学考古,同时知识基础、学习与生活能力没有问题。不能说我因为英文好,所以就想去美国学考古。英文好是必要条件之一,但不是充分条件。如果所有条件中只满足这一点,联系起来不仅困难,而且很难真正学成归来。除了上面所说的思想准备、英文准备之外,还有两项准备也非常重要:一个是专业上的准备,另一个是与专业相关的知识与技能的准备。前一种准备对于那些大学成绩出色的同学来说不算什么,后一项准备是大多数中国学生所欠缺的。中国式教育基本都是以教材为中心,学生涉猎面有限,学文科的很少会兼习理科课程。技能的训练往往更缺乏,比如说计算机能力,很少学考古的学生有写程序的能力,统计学的知识也只能靠自修。也许还应该加一点,那就是理论思考能力。因为没有正规的哲学训练,再加上长期的不当训练,到美国学习时需要一次深刻的思维转变,这是我出国留学之前所没有想到的。所以,建议有志于考古学术研究的同学真正读点哲学，否则很难理解当代西方考古学的理论发展。

去跟谁学对于那些目标很清晰的同学来说不是什么问题，不过绝大多数同学是处在矛盾之中的，所以仍然需要一些判断的标准。美国的研究生教育跟中国很相似，师父带徒弟，导师负责制。导师不仅负责指导论文，还要发助研奖学金。选老师自然是要选择人品好、有学问的好老师。了解学问相对容易，看看老师的论著，就能了解个大概。此外，还应该看看老师其他方面的工作与相关信息，在网络时代这些不难做到。难办的可能是人品，真有学问的老师人品很少有差的，虚滑的人很少能够把学问真正做好。选择名家，如大学的杰出教授（Distinguished Professor）、讲座教授、美国科学院的院士等都是比较厉害的角色。美国大学之间竞争激烈，优秀的教授不那么容易被埋没，所以从名头上来看，大抵是有参考价值的。

去美国学什么，我曾经写过一篇《西方考古学的精华》，讲到美国考古学的若干强项，我个人特别看重的方面首先是理论方法，有人常讲西方考古学理论贵在多元，有道理。其实，还应该注意其系统性，它在考古推理的不同层面上都有理论探讨，所谓多元主要是在较高的层面上，如考古学的本体论、认识论与价值论，还有有关人类行为、文化、历史、社会等方面的理论，这些理论并不完全是考古学理论，很多都来自相关学科。不同学科之间的理论渗透很值得学习。在方法上，一般强调其科学性，更应该注意方法的来源，基本都是从其他学科引入的。所以，要在考古学上有所创造，需要复合的知识背景。像国内考古学界有些排斥本科不是学考古的学生，殊不知如果善用不同学科的交叉，那么就会形成学科新的生长点。美国考古学还有两项特别值得学习的地方：一是人类学知识，另一个是世界视角。这两个方面都跟美国是帝国主义国家有关，其学者能够在全世界做研究，加之西方殖民者到美洲时这里还有处在狩猎采集与简单农业阶段的文化，都是特别宝贵的民族志材料，所以美国考古学的人类学背景很强大，对于研究史前考古的学者来说特别有帮助。除此之外，去美国学些古典考古也是可以的，就像美国学生跑到中国来学习金石学一般，没有相当的功力是不敢尝试的。当然，我似乎忘记了中国考古学最欣赏美国考古学的方面，那就是科学技术手段先进，去学这个自然也没错。但好比武术中的招数，我更欣赏内功。最佳策略自然是内外双修了。

最后是怎么学的问题，这其实是两个问题：到那里之后和现在怎么学。到那里后有更高明的导师来教，不用我班门弄斧。我只想说一句，学习考古不怕你不够聪明，就怕你太聪明。现实的诱惑太明显了，周围人的"善意"劝告也难以忽视，前行者的足迹也在指引方向，所以没有一点拙气是难以坚持下来的。古人早就说过了，"非宁静无以致远，非淡泊无以明志"，我不可能说得更好，道理就在这里了。看这篇文章的人应该是还没有出去并对此有所考虑的同学。现在应该怎么学呢？首先就是努力去学，要知道你现在每一分钟的努力都价值不菲。想想今后至少五六年的时间里，人家每年要给你不下三万美元的奖学金。不然的话，就是你的父母给人家每年三万或更多的美元。这么一算，你的努力所赚的就是每年至少六万美元，而这是你能力范围内的事，仅仅需要每天努力一点点就可以了。如果考虑到将来的收益，那就更值得了，不仅仅是在学术上的，还有在生活上的。知道了你为什么要努力之后，下一步就是在关键的地方努力，英语、专业课程、相关知识基础、田野实践等。对于学考古的学生，丰富的田野考古实践是很有帮助的资历，尤其是你的其他资历不甚突出的时候。美国学校给奖学金大抵是从以下几个方面看的：GRE与托福成绩、大学与研究生阶段的成绩、个人的自我陈述与简历、推荐信。有一个方面特别突出都可能让你脱颖而出。

最后还有什么好说的呢？那就只剩下祝福了，祝所有有志者梦想成真！

附　录

美国大学的考古学专业

简　介

美国大学的考古学专业通常从属于人类学系。有强势考古学专业的学校，在本科和研究生的培养方面，通常实力都比较雄厚。本科阶段侧重通识教育和多学科背景，打牢基础，形成整体框架；博士阶段则侧重针对研究问题能力的培养。本科毕业生一般授予人类学学士，分为 BA 与 BS 两种，前者偏重文史与艺术，后者偏重科学，对接博士阶段的研究方向。研究生一般分应用与学术两类，应用类的学制短，授予 MA 学位，面向就业和市场；面向学术的则授予 PhD 学位，在此期间，学生要接受严格的学术研究训练。一般来说，实力雄厚、规模较大的人类学系，从本科到研究生，具备所有层次的学位授予资格，甚至开设相当规模的辅修课程、证书课程或网络课程。

开设考古学专业的美国大学是非常多的，比较优秀的学校一般都设有考古专业，即使没有本科课程，一般也会有博士或硕士的项目。考古学有着非常多的研究方向，这些不同方向的研究人员和教师往往分散在不同的大学中，形成各自的优势学科和研究方向，我们很难找到一个面面俱到的学校，因此，必须根据自己的情况来进行选择，适合的才是最好的。如果想从事考古学研究，本科的学习是远远不够的，需要长远打算，早做准备。

本文对相关信息进行了汇总。针对不同的问题，介绍了优秀的网络信息来源，并给出了相应的网站链接；对开设考古学专业的优秀院校进行了简要介绍。

信息与资源

（一）背景

如果想获取美国的考古学和人类学方面的信息及相关资源，可以访问以下链接：

考古学：http://www.saa.org/

http://www.archaeological.org/

http://www.saa.org/publicftp/PUBLIC/home/home.html

人类学：

http://www.aaanet.org/

如果想了解美国的考古学和人类学专业的基本概况，可以访问以下链接：

考古学：http://www.saa.org/publicftp/PUBLIC/faqs/students.html#9

人类学：http://www.aaanet.org/resources/students/

如果想了解美国大学考古学和人类学专业的博士录取及备考，可以访问以下链接：

录取：http://www.uvm.edu/~lvivanco/gradsch.html#School

（二）学校及专业

如果想了解哪些学校开设考古学专业，可以参考以下几种方式。

1. 美国人类学协会（American Anthropological Association）编纂的 *American Anthropological Association Guide to Departments*，每年出版一册，信息全面且权威。这是一本非常详尽的手册，从各学校考古专业和教师的详细介绍到录取情况、就业状况等，都做了深度解析。

这本书需要购买。网购地址：

https://avectra.aaanet.org/eweb/DynamicPage.aspx?

American Anthropological Association Newsletter，可以在线获得，是追踪专业现状、就业状况及研究机会等内容的汇编。获取网址：

http://www.anthrosource.net/Issues.aspx?issn＝1541-6151

2. 专题类在线网站可以提供很详尽的信息汇总,直接点击学校名称就可以链接到人类学系的官方网站,需要的信息基本可以查到。About.com/Archaeology（http://archaeology.about.com/）提供了详尽的信息,基本囊括了开设考古专业的比较重要的大学,可以按首字母 A—Z 或所在地区进行检索。

考古专题入口：http://archaeology.about.com/

按字母检索：

http://archaeology.about.com/od/ggsabyname/a/ggsa_alpha.htm

按地区检索：

http://archaeology.about.com/od/ggsabylocation/Guide_to_Graduate_Schools_in_Archaeology_by_Location.htm

3. 个人网站或博客。这一类信息多是考古圈内的教师或学生发布,比较直观形象,且多是经验之谈。

Ancient Digger：http://www.ancientdigger.com/ 这是一个考古科普类的网站,提供了一份详尽的开设考古学专业的大学名单,并对各大学的考古学和人类学专业给出了介绍和评价。名单按照州进行分类,可以根据各州的位置、经济和政策进行选择。点击学校名称,可以直接链接到人类学系官方网站（多数有效）。

面向本科生：

http://www.ancientdigger.com/2011/08/us-archaeology-and-anthropology-schools.html

面向博士生：

http://www.ancientdigger.com/2009/07/top-archaeologyanthropology-schools.html

以上信息基本覆盖了美国各大学的考古专业和人类学专业。

优势学校

（一）择校

虽然美国大学的考古学和人类学专业没有公认的排名,但是,排名靠前的学校的集合是相对固定的。在这个集合中的大学，都是有自己优势和特色的大学。

要知道哪个大学哪个专业到底如何，需要采用统一的标准，进行严格的统计和分析。一个简便的方法是参考网站 PhD's School 的排名，它给出的研究生专业的排名等级，也基本代表了学校在这一领域的实力排名等级。排名靠前的基本囊括了公认的实力比较雄厚的学校，同时给出了数据来源和不同标准的算法。另外，在排名权重上还可以根据自己的偏好选择优先等级，比如侧重研究实力或侧重就业，进而提供一个参考。

人类学：

http://graduate-school.phds.org/rankings/anthropology

艺术史与考古：

http://graduate-school.phds.org/rankings/art-history

总的学科门类：

http://graduate-school.phds.org/

也可以访问下面两个链接，这是基于 NRC 的算法（A Data-Based Assessment of Research-Doctorate Programs in the United States）得到的排名，它可以根据研究主题、研究实力和学生发展等指标进行排名。

人类学：

http://chronicle.com/article/NRC-Rankings-Overview-/124703/

艺术史与考古：

http://chronicle.com/article/NRC-Rankings-Overview-History/124737/

从美国考古界内部的观点来看，1993 年 SAA（The Society for American Archaeology）做过问卷调查，得到了几个大家认可的杰出的考古学专业应该具备的特征，最重要的特征就是教师的高品质，包括教师的学术能力和指导能力，以及教师的资源和关系网络等方

面,从而能够帮助学生成功进入研究领域和职业岗位。访问链接:

http://www.saa.org/Careers/SurveyofPhDPrograms/tabid/254/Default.aspx

在这项调研中,也列举了部分大多数人认可的优秀大学,比如密歇根大学、亚利桑那大学、加州大学伯克利分校;也有一些发展迅速的大学,比如亚利桑那州立大学(Arizona State University)、南卫理公会大学等。

另外,密歇根大学的尼古拉·泰雷纳托(Nic Terrenato)做过一项比较英美考古学专业的调查,对13所美国大学和10所英国大学的不同方面进行了量化分析,比较清晰地呈现了英美大学里考古学专业的多重信息,包括研究问题的分布、人员的配置等,是个很好的参考。

阅读论文可以访问链接:

http://www.academia.edu/1638142/A_comparative_quantitative_survey_of_archaeology_in_US_and_UK_universities

实际上,一个优秀的考古学专业,一般都要依托一个实力很强的人类学专业及其他相关专业。考古学研究需要结合多学科的背景,这样才能有深厚的基础和广阔的视野。因此,一个学校的考古专业好不好,还应该看与其配套的学科强不强,有没有一个围绕问题形成的研究系统。如果能利用这一优势,引入其他学科的新视角新方法,往往就能在考古领域开辟一个新天地,同样能做出很棒的研究。

不同的学生有不同的基础和背景,也有着不同的兴趣和目标,如果选择的学校能够很好地匹配这些标准,并且能够提供广阔的成长平台,那么对于这个学生而言,这就是一个优秀的学校。不同大学的考古学专业,它的优势学科和研究方向都不尽相同,选择优秀的学校,就是根据自己的需求选择优势的方向和优秀的导师。

（二）优秀学校简介

根据上述的标准，合并几个名单，下面列出排名靠前的大学名单，他们的考古学专业实力都是比较出色的。

类型 A：专业实力雄厚，方向较齐全，并且有一个或多个优势方向，甚至成立多个研究中心，规模较大（一般教师数量在 10 人以上）。同时，与考古相关的学科实力往往也很出众，形成一个完备的平台体系。（实力排名不分先后，顺序大致按照教师数量递减）

亚利桑那州立大学（Arizona State University）

亚利桑那大学（University of Arizona）

斯坦福大学（Stanford University）

宾夕法尼亚州立大学（Pennsylvania State University）

加州大学伯克利分校（University of California-Berkeley）

新墨西哥大学（University of New Mexico）

哈佛大学（Harvard University）

密歇根大学（University of Michigan）

纽约市立大学研究中心（CUNY Graduate Center）

耶鲁大学（Yale University）

宾夕法尼亚大学（University of Pennsylvania）

波士顿大学（Boston University）

哥伦比亚大学（Columbia University）

加州大学洛杉矶分校（University of California-Los Angeles）

杜克大学（Duke University）

得克萨斯大学奥斯丁分校（The University of Texas at Austin）

印第安纳大学（Indiana University）

佛罗里达大学（Florida University）

华盛顿大学（Washington University）

康奈尔大学（Cornell University）

类型B：专业规模相对较小，教师一般不足10人，尽管不少学校可能拥有很出色或规模很大的其他人类学专业。以某一方向为主或某一方向比较强，不乏一些出色的学者。

匹斯堡大学（University of Pittsburgh）

芝加哥大学（University of Chicago）

南卫理公会大学（Southern Methodist University）

加利福尼亚大学戴维斯分校（University of California-Davis）

密苏里大学（University of Missouri）

纽约大学（New York University）

北卡罗来纳大学教堂山分校（University of North Carolina at Chapel Hill）

佐治亚大学（University of Georgia）

威斯康星-麦迪逊大学（University of Wisconsin-Madison）

伊利诺伊大学（University of Illinois）

康涅狄格大学（University of Connecticut）

石溪大学（Stony Brook University）

西北大学（Northwestern University）

犹他大学（University of Utah）

科罗拉多大学（University of Colorado）

布朗大学（Brown University）

肯特州立大学（Kent State University）

普林斯顿大学（Princeton University）

四十而立

孔夫子说：三十而立，四十不惑，五十知天命，六十耳顺，七十从心不逾矩。以前以为成家立业为"立"，后来看到解释说这"立"是指人格、思想或曰精神上的"立"，也就是一个人有了属于自己的精神世界。想来也合理，古人十多岁就成家了，何至于三十才立。孔夫子的时代，七十古来稀，能学习的不过六艺，能读到的书按现在的标准真是少得可怜。即便如此，也要到三十岁上下，一个人才能建立起自己的精神世界，有自己的思想，有自己的价值观，有自己的使命。当今中国，男性的平均寿命都超过了七十岁，活到八九十岁不稀奇。受教育的年限也是长得惊人，我自己就是小学五年、中学六年、大学四年、硕士三年、博士六年，最后还做了两年博士后，前后26年。即便如此，刚走上讲台的时候，还是感到事业才刚刚开始。

我心里所想表达的是，学业是一个长期的过程，要从长计议。大学时期，我们开始接触专业知识；到研究生阶段开始选择自己的研究方向，学习如何去做研究；完成博士论文之后，开始有了自己比较系统的想法。从一般人看来，博士毕业，已经是受过高深的教育了。实际上，博士毕业只是学问的起点。我自己有切身的体会。读博士期间，为了论文焦头烂额，没有多少时间细致认真地读书，老师传授的东西也没有充分的时间去消化。所以博士毕业之后，我有个梦想，那就是能够穴居读书，能够闭关读几年书，好好消化所学的东西。这当然是个不切实际的梦想，不过到高校，通过开设课程，准备教案，跟学生一起学习，我认为也不弱于穴居读书。因为担心讲不透，所以读书不得不细致，若是为研究而阅读的话，只需要读自己要参考的那部分就可以了，为了教学就必须读通读透。因为讲课，必须多读基础著作，所以也借这个机会，恶补自己从前的不足。

只是读书还是不够的，最近的体会是，还需要进行一些研究实践。想法人人都有，不是每个想法都有价值，不是每个想法都禁得起实践的检验。读书之后还得实践。经过这两个过程之后，逐渐开始形成一些自己的观念。如此这般，"四十而立"也就顺理成章了。当然，天分高的人可以更快一些，对于如我这般智力中等的人来说，不到四十岁，还真不行。我自己的切身体会是，经历系统教育之后还有一个"内化再造"的过程，系统教育需要通过社会来完成，而内化再造不得不通过自己来实现。它是一个消化吸收并进行再创造的过程，还是一个通过实践进行检验的过程。曾国藩讲：学问要猛火煮，慢火温。意思相近，系统教育需要通过一路考试，相当辛苦，不得不用功的；内化再造是慢火温，它不是考试，没有什么标准或是目标。灵感的到来是不遵从人的计划的，急也急不来，必须要在基础上下功夫，必须要在实践中经历磨炼。

这是一个焦虑的时代，以我有限的人生经验而言，从小到大，遇到不少聪明人；然而，他们不是不够聪明，而是不够傻，所以常常半途而废，在一件事上难有建树。"四十而立"，这是现在的标准。对于年轻人而言，如果你现在没有什么成绩，这没有什么，因为你还没有到立的时候。此时需要的一是立足长远，二是有足够的耐心，克制一下自己的名利心。

其实古人说得已经非常好了，"非宁静无以致远，非淡泊无以明志"，与有志向学的朋友们共勉！

毕业 20 年

大学毕业 20 年，同学们聚会了一下。有几位同学自毕业后就没有见过，走在大街上可能都有点不敢相认了。记得曾经读到一句搞怪的话，说同学会是对自己正确人生观的最大打击。我想大学同学会不至于如此，因为大家过得都差不多，不像高中同学聚会，同学之间的差异可能是天远地隔，容易形成心理落差。毕业 20 年，从青年到接近中年，人生的格局基本确定，值得总结一下。尤其是对于正在学习考古学或是打算学习考古学的朋友可能有一点借鉴意义，对于年轻学子的人生选择或许有些启示。

我们班 19 个人，2 名女生，17 名男生，性别比例严重失衡！而现在考古专业学生中男女基本平衡，有的班级女生人数还略占优势。我们班学生的家庭背景都非常普通，没有官商学二代。大部分来自中西部农村，几乎没有来自大城市的学生。我们那个时代，法律经济是最热门的专业，很少有学生愿意报考考古专业，所以大部分学生都不是第一志愿（如果我没有记错的话，大概是只有 5 位同学第一志愿报了考古专业）。也许因为这样的背景，我们班同学在系里不活跃，班级内部倒是比较团结，至今还是如此。

我们这一班非常非常普通的学生毕业 20 年后，都在做什么呢？近三分之一的同学改行了，搞法律的有三人，其中一人在高校，一人在法院，一人在律所；两位搞了行政，其中一位在央企，一位在高校；还有一位去了电视台。其余的同学都留在了文物考古部门，其中两位在国家文物局从事文物信息管理，四位在博物馆（两名女性都去了博物馆），四位在考古所，三位在高校。三分之一的改行比例，不算高。基于我们班相当普通，这个比例也可以说是吉大考古专业毕业生改行的平均值。人各有志，改行是不可避免的事。时隔 20 年回头看，改行或不改行都是有道理的。从经济收益来说，改行是正确的，文物考古部门的收入相对法律、经济还是要差一点。当然，这种差距是相对的，如今大家基本都处在中产或中间阶层。

不改行当然也有好处，毕竟所学即所用，持续性好，稳定性高。相对更容易找到事业的归属感，以及群体的认同，同学、师门、同行的群体范围更大一些。尤其是大学阶段所形成的圈子往往不是后来结识的圈子所能比拟的，大学同学之间的情谊有时候甚至胜于兄弟姐妹。如果大家仍然是同行，同学之间的共同语言就会更多，接触也会更多。从本班未改行同学的工作单位分布来看，包括了四个最主要就业部门：文物管理（文化遗产管理、文物鉴定也属于这个方向)、博物馆、考古所、大学，都是国家事业单位，这也是学习考古的学生毕业后的主要出路。对于年青一代来说，未来应该有进入商业领域如拍卖行、展览公司或成为古董商的可能，将来这个领域可能会有较多的就业机会。当前文物行政管理部门基本饱和，不过文化遗产保护例外，这个方向还需要很多人。由于许多地方新建博物馆，众多大学开办与考古相关的专业，所以这两个方向的就业也处在较为迅速的扩张期。考古所的就业机会增长相对缓慢，需要的要么是特殊专业人士，如文物保护技术人员，要么就是能经常下野外的男生，剩下的就是专门研究人员了。

毕业20年间，超过三分之二的同学变换了工作岗位或地方。刚毕业时，除了改行者外（一人读法律的研究生），分配到考古所工作的同学有8人，博物馆工作的4人，2人准备读考古方向的研究生。20年后，4人离开了考古所，考古所常年的野外工作对家庭生活的影响可能是原因之一。留在考古所工作的同学都已经成了单位的骨干，野外辛苦也没有白费，都有考古报告出版，手头的考古材料也相当丰富，有时间的话，研究的资源还是很充裕的。应该说，过去的20年机会还是比较多的，人的自由度有比较大的提升，同学来来回回更换地方就是明证。

变换地方的方式一种是调动工作，主要发生在近几年，同学经过十多年的工作，有了相当的工作经验与资历，具备了调动工作的条件。另一种方式更基本，就是读书深造。同班同学中目前已知8人有博士学位（还有2人在读博），没有读研只有4人，而刚毕业时只有3人读研究生，大部分人是毕业之后再深造的。可以说读研究生已日益成为一种基本的选择，或早或晚，都是要读的。刚毕业时，仅有2名同学去了北上广深这样的一线城市，一人工作一人读书。而今，生活在一线城市的有7人，省会一级城市的有7人，地市级的4人（沿海地区2人，在中西部改行做律师的1人，因为健康原因留在中西部的 1 人）。流向大都市、东南沿海是基本趋势。当然，逆向流动也是存在的，我就从北京流向了长春（现又流回了北京），这跟事业发展机会相关。

总结毕业 20 年，比较同学的发展道路，我有一个较为鲜明的认识。上大学首先可能是一个通向社会中产或中间阶层的身份证，这个阶层一般说来以职业人士为多，同班同学现在基本都处在这个阶层中。为什么要上大学呢？为什么要上一所较好的大学呢？上大学在现代社会也许并不能保证你找到"黄金屋""千钟粟"，但可以保证你获得较好的社会地位与稳定的收入来源。有一种教育理论，认为高等教育就是为了提供一种身份标识，经过 20 年，我认为这种说法是有一定的道理的。这也是中国父母拼命逼迫孩子学习的重要原因之一，很少有父母认为孩子一定要跻身最高层，但几乎没有父母愿意孩子留在社会底层。大学能够学到什么，很多家长实际上并不在意，他们真正在意的是大学这个标签，如果上不了北大、清华，"985"高校还是不错的，至少也要上一个"211"高校。如今大学入学率很高，但是竞争似乎比以前更加激烈，高考争的就是这个名分。

当然，大学并非不能学到东西。只是，这句话应该这么说，大学是学习的一个重要阶段或者说是学习场所之一。学习是终生的事，毕业后还需要学习，在任何地方都需要好好学习。同班同学的变化很大程度上跟毕业后的学习深造相关，大学某种意义上说只是个起点。无论你喜欢还是厌恶学习，上了大学，也就意味着要不断地学习。当代社会是学习型的社会，这句话有点夸张，不过日益成为现实。同班同学因为家庭背景普遍较差，努力向学这一点还是做得不错的。改变命运的最好方式仍然是学习！这是我对过去 20 年的第二点总结。

我的第三个总结就是"种豆得豆，种瓜得瓜"。世上没有天上掉馅饼的好事，绝对只有好处而没有坏处的事情是没有的。你选择了，你努力了，你得到了，你也付出了。机会都是有成本的，差别在于你对成本的估量。有人选择经济，那么经济因素就是首先要考虑的，其他因素的重要性就要靠后；有人选择了学术，那么经济的重要性就要靠后，所以当你收获学术的时候，你就不能后悔经济上吃了亏，鱼与熊掌不可兼得。毕业20年的时候，绝大多数同学对自己的选择与现状还是比较满意的。此时再来后悔最初的选择太晚了。过去20年，大家都在折腾，现在基本都已形成了格局。四十岁出头是人生的一个巅峰时期，这个时候聚会，从某种意义上说，是对自己人生道路选择的一次检阅。当然，每个人都会有不满足的地方，也都有不称心的地方，实现了自己的主要目标，也就不错了。

过去的20年多少有点特殊，这20年间中国经济从紧张走向宽裕。曾经决定人生选择的经济因素，现在回头来看，并不如想象的那么重要。毕业20年聚会后，我发现绝大多数同学都想做些事，希望人生能够有点作为，跟当初满足于基本生活愿望的实现有了比较大的区别。人到40多岁，基本都是单位的骨干，年富力强，希望能做点事也在情理之中。这里所说的事，更近乎"事业"——它是那个能够满足你基本生活需要、满足你获得尊重与社会承认的需求、实现你人生建功立业梦想的事情。

经过20年，我体会到，人生需要目标，需要长远的终生追求的目标和短期的非常明确的目标，不然，人的生活（包括精神在内）容易散掉。如果短期目标是长期目标的不同阶段，那就更好了，长期的目标也就是我们经常说的理想。经济因素并不如我们当初想象的那么重要，在经济拮据期尚且如此，就别提今后了。也许还有个更有说服力的例子，20世纪80年代与90年代初赴美留学的学生改行的人非常多。想想别人挣一天相当于你挣一个月，挣一个月相当你挣一年，挣一年可能比你挣一辈子还多，你还有什么干头，改行吧！然而，等到这些人人到中年的时候，有些人又想起了自己的事业理想。想再做点什么，但已经来不及了。人云"人借工作而生存，借工作而坚强"。人做事不仅是为了生存与生活资源，其实也是精神的依凭。人需要做自己想做的事，做自己适合的事，这样人才有乐趣、信心、自尊、意义感。过去20年，颇有些同学在折腾，经历了不少的挫折，都是为了寻找那个理想的工作，自己期望的并且适合的。记得曾经读到一句励志的话：祝福那些找到理想工作（追求并且能够享受它）的人，他可以不需要更多的幸福了。过去并不觉得这句话有多么不寻常，而今有了切身的体验，这是一句真话！

20年后同学见面，人的容颜变化差异比较大，有的已是白发苍苍，有的变化不是很明显，但无论如何，岁月无情，每个人都显老了。相对于容颜的变化，有一个方面变化不是很明显，那就是性格。大学是那个样子，现在基本还是那个样子，非常有意思。大学是一个人性格的成形期或说是养成期，一旦形成之后，就比较难以改变了！对于正在大学阶段的同学来说，此时涵养自己的性格，磨砺自己的意志，真的是很重要。就像一棵树，一定阶段需要修剪打枝，太小或太大的时候都不合适。大学是人一生中"修剪打枝"的时候，此时不改，以后再改就难了。

最后一点总结，那就是健康比我们想象的还要重要。跟年轻人说健康，基本都是多余的。但是，出来混，迟早都是要还的。要知道人过了30岁，生理的高峰过后，健康问题就会逐渐出现。同学之中，健康问题成为影响生活与工作的最主要因素。没有了健康，其他一切都是枉然。"体壮曰健，心怡曰康"。健康是体质与精神的结合，人受了教育之后，思虑增多，精神压力也随之而来。所以对年轻人来讲，现在需要养成良好的生活习惯，积极锻炼体魄。与之相应的是发展精神文化修养，增强心理承受能力。比如说，如果你懂音乐，那么你就可能从音乐中得到极大的安慰；如果你懂哲学，那么你就可能从古今思想中找到解答；如果你爱好文学，那么就可能通过它宣泄你的郁闷之情……

20年时间并不算长，难得的是它见证了我们青年阶段的奋斗。说它宝贵，是怎么说都不过分的，真正的黄金岁月！人到中老年可能会更成功，更风光，但是人最留恋的可能还是奋发的岁月。

第九章
忠于浪迹天涯的缪斯：考古的生活

每个人都期望拥有一份完美的工作，至于说何谓"完美"，每个人的理解肯定都不会一样。在我看来，从来就不存在这样一份工作，所有的工作都或多或少有些缺点，当然，也会有不少美好的地方。考古作为一项文化研究工作，它注定不直接关注现实，注定跟权力、金钱的关系不那么密切，注定不会像明星那样受到膜拜。但是，诚如罗丹所言，生活中并不缺乏美，而是缺少发现的眼睛。考古作为一种生活，其中并不缺乏可以享受的内容。许多年前读到帕乌斯托夫斯基的文章《忠于浪迹天涯的缪斯》，很有感触，他说如果你不了解巴黎，那就是个闹哄哄的城市，但是如果你深入其中，就会在几乎每个角落都发现精彩的故事。考古也同样如此，每个角落都可以发掘出值得玩味的地方。这里所说的不过是鸿泥雪爪，还有更多的美好期待着考古者去努力发现与创造。

书　房

书房是个不错的话题。读书人都希望拥有一间属于自己的书房，于其中读书、思考、写作、会客，乃至于打发无聊的时间。看过欧阳霁野介绍上海江晓原先生书房的图文，印象最深刻的就是如同档案室的手摇移动书架。长春的前进书店里挂着若干当地

第九章　忠于浪迹天涯的缪斯：考古的生活　235

图 9.1　书房

学者书房的靓照，不过都是整齐有余。从其他图文影像中看到的书房就更多了，终究不是亲自看到并有切身体察的，没有什么持久的印象。

　　国内学者的书房也进去过几家，印象也不深。一方面我不是有心人，不怎么关注人家家里的陈设；另一方面，这些书房大多光线不足，又限于条件，空间逼仄，记忆里的影像就是昏黄拥挤的一团。在 SMU 读书的时候，也去过几位老师的家，图书资料员菲尼（Phinney）先生家里书最夸张，收藏美国西南考古的材料是他的爱好，家里书架的高度足有五六米，需要用梯子。由于书太多、太沉，房屋的地基都受到影响，不得不在全家各处都放上书架，以平衡重量。系主任布雷特尔（Brettel）家书房近似之，也有梯子。导师温道夫教授的书房非常古典，他的房子是镇上的古迹，书房里我没有注意有什么书，印象最深刻的是那如同美国总统办公室的布置与风格。温道夫写的东西非常多，学术地位也非常高，但是他在学校的办公室里书也很少，有点钱锺书先生的风格。我快要毕业的时候,他告诉我他的眼睛不行了,把书都捐掉了,不知道有多少书。

我对书房印象最深还是另一位导师宾福德教授的,他在达拉斯与柯克斯维尔(Kirksville)的家我都去过。在他的研究室里待了四五年,研究室的对面就是他的办公室。宾福德的书非常多,不仅家中多,办公室中也多,就是研究生待的研究室里也摆满了书。宾福德是建筑承包商出身,自己就很会布置建造,研究室的书架就是他打造的。宾福德的书房给我印象最深刻的是其书桌的布置。他有两张书桌,平行摆放,顺墙的那张上面放电脑、打印机等,另外一张则纯粹用来写字、摆放资料。两张书桌之间距离大约一米,中间放着他的转椅,他只要转身就可以利用另外一张书桌,极其方便。他的书桌也是自己做的,由一块大面板与两个放论文的双层档案柜搭成。两张书桌下四个档案柜能放相当数量的论文,论文都放在挂篮里,上有标记,很容易检索、拿取。没有放电脑的书桌由于不靠墙,宾福德在其三面放置了几个三层的矮书架。书架顶面比书桌面稍稍高一点,摆放了一些从世界各地收集来的东西,如布须曼人的弓箭、澳大利亚土著的飞去来器、一节狼足迹的足模,如此等等,很值得一看。书房的面积很大,在达拉斯的书房恐怕有50平方米,后来搬到了柯克斯维尔,面积稍稍小一些,但是楼上安贝(Amber,他的妻子)也有一间同样大小的书房,总面积更大了。顺墙都是书架,房间中间部分是斜放的几组沙发,坐七八个人也不显拥挤。

我非常喜欢宾福德两张书桌的布置方法,有过在电脑前浪费大量时间经历的人都会赞同我的观点。电脑是工作的好助手,也是宝贵青春的大杀手。无聊的时候上网,遇到困难的时候上网,疲劳的时候还要上网……电脑就在眼前,人总能找到理由上网,不知不觉中浪费了许多时间。那个时候真的很痛恨电脑,非常希望它能在我的眼前消失,所以有两张书桌是一个很好的主意。然而,这是一个非常奢侈的愿望,国内的住家面积金贵,哪里都不可能放两张书桌。我曾经尝试过,平行布置完全行不通,后来改成一字形。随着年龄的增长，上网浪费时间已经不是一个困扰我的问题了，于是撤掉了一张桌子。宾福德用档案柜、书桌板搭建书桌的做法我也用过，现在也算在用，的确很方便。国内有用转角桌的，不是很实用，而且那种老板派头跟书房所需要的气氛很不般配。宾福德想必是认真琢磨过怎么设置书桌才有效率，学问家对于提高工作效率的点滴都是上心的，就如同书法家挑剔文房四宝一样。"工欲善其事，必先利其器"。治学问所挑剔的也就是这些与提高工作效率相关的东西。

书房之中除了合用的书桌之外，首先应该有个单人沙发。读博士的时候，每天坐在研究室的书桌前，腰酸背痛的时候，真的希望能有个单人沙发坐卧片刻。那个时候我想，如果我有个书房的话，一定要买个单人沙发。回国后，我先买了个可折叠的单人沙发，放在办公室中，中午打开，还可以小睡片刻。后来搬家到东北，发现这东西有问题，它的金属扶手冬天的时候太凉、也太硬，让人无法舒服地坐卧，经过两次折腾，后来换了个布面小沙发。沙发是个伟大的发明，坐在沙发读闲书、发呆是再合适不过的。如今物质条件好了些，发现长沙发也是需要的，因为人有时候愿意躺着，"舒服莫过倒着"，托尔斯泰早就发现人斜卧的时候灵感最发达。偶尔很疲劳但又不到睡觉程度的时候，在长沙发上稍稍躺一会儿，也能得到很好的休息。不过，它最佳的功能还是提供思考。西方哲学的发达是不是可以部分归功于沙发呢？我以为还是有些关联的。

书房的另一个要件就是书架了。我无法接受书柜，虽然有书柜的话，书上面会少许多灰尘。但是我以为书就像朋友一样，还是以坦诚相见为宜。放在书架上的书，随手可取，分外亲切；如果从装饰的角度讲，没有比放满好书的书架更漂亮的了，再好看的壁纸也比不上。当然，如果以收藏图书为目的，用书柜还是必不可少的。我等没有藏书的习惯，只是读书、用书而已。目前的书架可恨之处是不够坚实，80厘米宽的标准书架堆满书后不久就弯了，质量稍好一些的，又过于昂贵。也许以后得改用40厘米宽的书架了。买书日多，书架几经扩充，空间似乎永远都不足。即便是宾福德，有那么大的书房，他还是有好些书放在了办公室、研究室，后来搬家之后，他和妻子各有一间大书房，仍然有好些书垛在地下室里。看来唯一的办法只能处理，或送人或卖掉。想起那些书一本一本地积攒而来，又不得不割舍的时候，真有一种人生幻灭感。分分合合，过眼云烟。除了固定的书架，可以挪动的书车也是不错的东西，上面放些常用的书籍、笔记本，以及临时要用的图书资料，就像一个中转站，也很方便。

　　书房之中还需要什么？转椅似乎忘说了，这个东西很重要，有了它，就可以驰骋在书架、档案柜之间，屁股无须挪窝，那感觉跟开保时捷也没有什么太大区别。（没开过保时捷，想必也就如此！）文具显然是必须精良的，电脑对我们来说，其实需要只是一个反应敏捷、弹性良好的键盘，"Thinkpad X"系列的键盘就非常合适；CPU对于日常仅仅需要处理文字的我们来说要求并不需要很高。我们除了用电脑之外，还经常写字做笔记，所以好的笔记本与水笔也得讲究。这是我们的财力允许的，所以务必止于至善。不是贵贱的问题，而是要最合适。我已经不记得试过多少种笔记本（非电脑也），大小、厚薄、格子粗细、封皮质地，如此等等，都需要仔细考究，后来终于找到一款素面硬皮本，储存了几十本，想必能用上一阵子。水笔更是如此，想想当你有一个很好的想法，准备记录下来的时候，水笔居然写不出来，那将是多么扫兴的事！

　　一个人需要什么样的书房呢？恐怕就像人吃饭的口味一样，并没有什么一致的标准。如果你的记忆力超强，如同钱锺书先生，藏不藏书都是无所谓的，书房也就无须太大。如果思考之时习惯在户外散步或是喝茶，有没有沙发也变得无关紧要。如果已经不习惯用笔写字，有没有好的笔记本或是优质水笔更是无足轻重了。不过如今恐怕绝大多数人的书房都离不开网络。网络并不必在书房，但是没有网络的书房已经比没有桌子的书房还要罕见了。一间书房其实放不了多少书，甚至比不上一个稍大容量的硬盘。书房的时代正在消失。"坐拥书城，何事南面"的气概正在成为穷途末路。还好电脑还没有直接与人脑联通，即使联通了，知识与智慧仍是两回事。

就像书店日益成为文化消闲的场所一样，书房作为放书工作之地的意义也正在减少。书房可以作为一个心灵休息充电之所，成为静享思考之地。也许最后我们需要的只有一个沙发了。

书斋岁月

我最喜欢的一本散文集就是乔治·吉辛（George Gissing）的《四季随笔》(*The Private Papers of Henry Ryecroft*)，这是一本我需要限制自己每天阅读量的书。吉辛一生潦倒，中间有那么一小段时间似乎还过得去，他臆想一个人（这个人其实就是他自己）得到一笔意外的赠款，在海边买了个小屋，从此过起了每日读书、散步与闲思的生活，他就每天记录自己的所思所见所感。他曾经写到自己为了得到一些梦寐以求的书籍，不得不放弃自己的大衣或是晚餐。精神上的需要似乎超越了对温饱的需求。

我从小读书，一直到三十多岁才离开学校，中间仅有两年博物馆工作的经验。工作的时候也还是经常去学校，而且博物馆不是一个能给人工作体验的地方，实际上你几乎什么都不需要做，每个月领工资。拿钱拿得让人恐慌，因为你感觉你生活在云端，太不真实了。离开学校，进了高校，身份从学生变成老师。大学的岁月是美妙的，如果你不那么追求变化，不那么追求现实的话。大学是自由的世界，除了上课之外，剩下的时间都由自己支配。鉴于现实复杂，需要大量的通货（currency）（不限于金钱）来润滑，于是就有了书斋岁月。

英伦才子德波顿在其《旅行的艺术》(*The Are of Travel*) 中提到某位法国文化名人的旅行，因为外面的环境太险恶，所以他的旅行就从卧室到厨房，从书斋到走廊……我颇欣赏这样的旅行，我的手指从书架这一端艰难地跋涉到另一端，可以从远古到未来，也可以从非洲的原始部落到法国的普罗旺斯，一会儿是多瓦悠人散发食物分解气味的肉，一会儿是普罗旺斯的葡萄美酒。这样的旅行转换眨眼之间就能完成了，再没有火车站焦灼的等待、旅游景点潮涌的人流，以及那些传说中只能看不能吃的美食。

从前的居家之旅多少有点儿自欺欺人的味道，衣食住行都需要有用人才能解决，而今这些都不是问题了，通过淘宝等购物网站，人尽可以茧居家中。通过网络、书籍，想神游何处都不难。然而书斋岁月与茧居家中还是有所不同的：前者单纯，后者其实复杂；前者精神，后者相对物质。书斋是读书与思考的地方，尤其是那种专注的。

不过对考古人来说，出外旅行是再正常不过的事情，这也可能是考古工作最美妙的地方之一。在居家之旅外，我们还有真正的旅行，尤其美妙的是我们旅行无须去那些人满为患的地方，去的往往是那些将来可能成为风景名胜的地方。所以，考古人所理解的书斋其含义可能要更广泛一点。许多人认为野外工作期间是不适合读书的，而我的认识恰恰相反。还记得第一次到内蒙古白音长汗参加田野考古发掘的时候，我带了不少书，当时遭到不少反对，说是既没有时间看，还增加了行李的重量。后来的野外生活证明我是正确的，野外生活简单，甚至有点单调，没有比读书更合适的休闲活动了。记得所带的《格陵兰游记》中提到土著的墓葬是用石板构筑的，而我们当时发掘的兴隆洼文化时期的墓葬也是由石板做的。休息日的时候，我居然读完了《傲慢与偏见》，后来我都惊讶于自己的耐心，一个年轻的小伙子如何能够读完这么一本除了吃饭就是跳舞的文学名著。在宁城工作站整理的时候，居然把《中国古代建筑》读了一大半，再枯燥的书在野外都会妙趣横生。

野外也是可以有书斋的，自己主持工地的时候，独自住一间小屋。把标本架的一层用作书架，小县城的书店去过几次，添了不少书。偶尔从外面捡回来的奇怪物品可以用作文玩，如一件从马路上捡到的假石器、一件地层中出土的形状奇特的砾石（现在留在了我的办公室）、一件光滑如磨过的天然石条。因为有胃病，不能伏案时间太长，于是从房东处借来一把有靠背的破椅子，加上书桌、台灯、墙上的地图等，小屋俨然有了书斋的感觉。小山村非常安静，很适合读书。闲暇时很喜欢清扫整理自己的读书空间，就像丰子恺先生那样，必须要让那简单的几件东西居于最佳的位置、不能再挪动一分为止。书斋是一个人精神世界的外化表现，它不会因为人不在家中就丧失，不应该像垃圾堆一样处于废弛的状态。人走到哪里，哪里就可以是书斋。

　　行走在城市之中，最喜欢住在附近有麦当劳、肯德基或必胜客的酒店，并不是因为我喜欢洋快餐，而是我喜欢它们的环境。明亮、干净、放松（没有人会赶你走）、上厕所很方便，所以旅行的时候，上午参观或办事完毕，下午愿意到这里工作一会儿，价格比咖啡馆要便宜，光线也更好。虽然有些嘈杂，但我以为正好，我愿意偶尔停下来看过往的行人，听周边人的闲聊。麦当劳、肯德基在美国是快餐店，在中国则不同，其身份变化非常有意思，许多人将之视为见面的场所或是讨论工作的地方，它们比咖啡厅更像咖啡厅。当然，在没有它们的地方，咖啡厅就是次优选择了，由于这里往往光线昏暗，比较适合带笔记本电脑去工作，不大适合读书。咖啡大多不好喝，不如喝茶，而且下午尤其适合喝茶。我在网上买了一台能够充电的台灯，重仅700克，亮度达到1000流明，大抵可以用来看书，所以去咖啡馆的时候带上这么一盏台灯的话，就能把那里变成可以读书的地方。

　　还有哪里可以作为书斋呢？办公室！然而，我所见过的办公室除了装点有书架之外，很少有书斋气氛的。大多数是一张硕大的老板桌、皮转椅，还有会客的沙发，书架上摆满赠送来的图书，其中除了有职位的差别之外，很少融入个人的气质。我见过的办公室中，宾福德博士的应该是最好的，并非空间大，而是布置非常有个性，我记得墙上还悬挂着一件他女儿折叠的纸质工艺品。中国式的布置其实是有许多选择的，如书法横幅、楹联等。地图也是很好的张贴物，我的办公室中就悬挂着一幅鄂伦春自治旗的地图，是我在那里考察时买的，挺别致的。书斋是个人的精神空间，如果办公室有那么一点书斋气息的话，自然少不了那些铭记个人记忆的物件。

对于行旅中考古人来说，许多时候都是在路上。机场的候机室无疑是条件最佳的，空间开阔明亮，自然可以读书了。等候在火车站、汽车站就不那么美好了，昏暗、喧嚣、拥挤，种种让人不悦的东西似乎都齐备了，不过再不好，也会比坐火车时站在拥挤的人群中要强。这个时候唯一的愿望就是有一个小角落可以坐一会儿。曾经有过这样的经历，在这样的环境中找了本哲学书来看，刚开始完全看不下去。神奇的是，看着看着，居然也能读下去了。自此我认为对付这样恶劣的环境就是找一本难懂的哲学书研读，因为你一旦分心就会看不下去，一旦看下去，就会有战胜自我的快感。

哪里不是书斋呢？考古人的书斋除了在家里书房之外，还可以在乡村野外、在城市、在办公室，以及在旅途中。没有条件的地方，可以创造条件；实在改变不了条件的地方，那么就改变自己。我们唯一不能改变的，那就是我们需要一个不离不弃的精神家园，我愿意称之为"书斋"。

田野考古生活的十八条建议

1. 野外带衣服不要求多，更不能求变化，但要求有额外的功能，如防雨、防风、轻便保暖、防紫外线等。无论春夏，带一套较保暖的衣服，以防气候异常。
2. 一般建议配一双雨靴即便是在北方，也是经常能用得上的，记得带上吸汗的鞋垫与棉袜。

3. 带上自己的台灯，会让自己在野外的读书学习方便许多。我每次下工地，都带上一个带紧急灯功能的护眼台灯，不仅极有助于工作，而且农村停电时，还有照明设备！当然记得带上接线板。

4. 野外生活比较简单，特别适合背单词这种学习，而且制订一项每天必须完成的学习计划，有利于保持学习的规律与节奏。我背 GRE 单词就是在野外开始的。野外其实比学校更适合学习，因为周围的诱惑更少。养成在野外学习的习惯，将终身受益。

5. 出野外是人生中难得的经历，有空不妨在周边走一走，看看当地的风景与风土人情。照相、写日记都是不错的记录方式。不要将之视为一种苦差事，要知道不少人还很羡慕这样的生活呢！把时间过多耗费在打牌与玩游戏上就不值得了。

6. 如果带笔记本电脑的话，可以带上一对小音箱，让音乐充满居所，让寂寞的野外生活丰富许多。当大家一起看电影的时候，也比较方便。

7. 带一个小吹风机，倒不是只为了吹头发，而是可以用来吹干袜子，极好使。阴雨绵绵之时，会想到它无上的好处。在整理修复阶段，也可以用来吹干器物。

8. 在野外吃饭建议不要点凉菜，很难保证卫生；不要点味道特别重的菜，多不新鲜。新到一个地方，不要一下子吃得太多，让肠胃适应后，再恢复正常饮食。

9. 带上针线包和医药包，除自己的常用药外，记得带上镊子、小剪刀。这些东西常常有意想不到的用途。

10. 如果经济允许，一把带锯条的瑞士军刀（如猎人型的）会非常有帮助。

11. 携带行李最好用拉杆箱，既便于收纳，也便于搬运，同时也便于上锁保安全。另外背一个双肩背的书包，带随身的东西，中途旅行时可用。腰包并不推荐，因为一眼就让人看出你是旅行者、外地人，不安全。
12. 如果在野外要学英语的话，建议手机里提前下载一个可以离线使用的电子词典。
13. 在你随身的钱包里放两片创可贴，既可以方便自己，也可以帮助别人。
14. 对新闻有兴趣的同学可以带一台收音机，在你看不到电视、无法上网的时候，不至于觉得与世隔绝。
15. 任何地方洗澡其实都不是问题，烧好热水，兑在冷水桶中，找个稍稍隐蔽的地方，就可以冲淋了。如果没有这样的地方，不妨自己动手，用彩条布围一块地方，铺上砖就成了洗澡间。如果能够接上自来水管，就更方便了。
16. 在农村上厕所是件痛苦的事，其实也可以自己动手盖一个野外厕所，挖好坑后，再挖好蹲位，底铺瓷砖或木板。然后围上彩条布，就成了简易厕所。记住彩条布围合的地方不包括后边的便坑。在厕所里放上一个大水桶，以便于冲水。如果再讲究一点，可以盖上一个顶。这样的厕所所费不多，也卫生干净。省得跑野外，尴尬难言，或是用老乡的厕所，无法忍受。
17. 小折叠凳、泡沫垫都是野外需要的东西，尤其是泡沫垫（儿童游戏用的）对于跪着工作的人来说非常实用。
18. 推土车也非常实用，好多工地舍不得买，其实并不贵。不过要注意防盗，最好晚上推回居所。

考古田野生活装备谈

有两点首先必须明确。

考古工作不同于地质工作，我们不是居无定所，而是要在某个地方安顿下来，住上一段时间，经常是两周到两个月，因此我们的装备不需要完全按高度流动的生活来安排，因此不能太简单。

考古也不同于户外运动，没有必要故意给自己添加重量，把所有的东西都背着走。我们是去工作的，我们有后勤保障，我们可以把自己装备得充分一些。

我们最经常听到有关考古工作人员装备的观点有：

第一种认为装备应该尽可能的简单，最简主义的做法随着野外工作时间的延长会越来越尴尬，天冷了要去赶快买衣服，下雨了临时去买伞。某种程度上说，最简主义也是"凑合主义"。热爱田野工作的人是认真的，就像喜欢书的人买书、喜欢音乐的人买碟、喜欢打扮的人挑衣服，细节是关键的！

第二种认为把旧衣服和将要抛弃的东西在野外使用，这种做法认为野外是一种次要的生活，不值得花费人力物力。但是热爱就意味着投入，不投入是无法热爱的。

第三种认为装备是奢侈浪费的表现，我们应该花最少的钱办最多的事。按这种想法，所有的机械都应该被销毁。好的装备可以提高办事效率，也可以更好地保护我们。

最后的看法认为装备太贵，让人望洋兴叹，无能为力。好书的人绝对不以花钱多买书多为荣，而是以花最少的钱淘到最好的书为荣。大凡爱好大都如此，以努力去弥补金钱的不足，在拮据中享受难得的快乐。

1. 我从脚谈起，野外保护脚的意义毋庸多言，目前市场上最好的自然是带 Gore-Tex 里子的专业户外靴，透气防水，半高靿设计可以保护脚踝，但是价格太高，一般都得上千。如果有精神去淘的话，在断码断号打折的时候可以拣个便宜。其实我以前一直穿的是军警靴，1998 年买的，前两年才扔掉。当年不到 200 元，现在价格估计也不会太高。它前后有钢板，牛皮面，很结实。买这种鞋注意稍买大一点，配上吸汗的鞋垫与棉袜，也很舒服。可能刚开始穿有点磨脚，可以提前贴块创可贴防止磨破皮肤。
2. 裤子自然是速干、耐磨的好。夏季下野外，推荐那种上下两截可分开的样式,热的时候把裤脚卸掉,当短裤穿,冷的时候装上,很方便。

3. 衣服方面棉T恤、棉衬衣我以为好过速干衬衣,它们的透气性更好,更贴身,两种我比较过。马甲在野外比较适用,便于穿脱。推荐带一件抓绒的外套,这种衣服保暖、轻便、易干,也不贵。如果经济允许,冲锋衣是户外不错的选择,既防雨也防风,若是Gore-Tex面料的,还可以透气。

4. 帽子方面,草帽透气,但是不能遮雨,很容易坏;鸭舌帽遮挡的面积有点小。配有帽子的衣服甚好。曾看到一种有后披的帽子,发掘时极实用,可惜有点贵。其实有一种帽子又好又耐用,那就是西藏的毡帽,遮阳挡雨都行。

5. 戴眼镜的人在野外最好带一副备用的,曾有同学在野外弄坏了眼镜,不得不专门进城去修理,成本高,而且小地方修理的质量也不佳。

6. 户外用品店有一种围脖,有很多的用途,可以当帽子,还可以当口罩、护腕等,颜色多样,还有装饰性。

7. 最近有同学推荐一种万能军锹,的确不错。我曾经买过两次工兵锹,都不是很好使。其实我们并不需要那么多花里胡哨的功能,关键一点要经久耐用,要能真正挖土取石。

8. 旧石器考古调查还要备一把地质锤。但大多数地质锤都太重,倒是人高马大的美国人造的地质锤比较轻便,我们就选轻便一点的。放大镜也是需要的,我在欧亚卖场一家望远镜专卖店里买到一种带光源的,30倍,很实用。我还买过一种便携式的显微镜,最大可以放大100倍,大约是一百元,这东西的聚光灯容易坏,前不久终于在网上买了五个,估计可以用一阵子了。如果对望远镜感兴趣,推荐口径稍大一些的,太轻便的基本是个玩具,没有什么用。

9. 爱喝热水的人可以考虑"膳魔师"的保温杯,型号很多,保温性能真的不错。我前后买过四五个，自己用与送亲友，尤其小口的那种保温。

10. 现在的背包一般都还行，专业一点的要能防水，配腰带与胸带，这样不影响跑动。两侧的袋子最好深一点。贴背的一面要坚实、有弹性、有曲线以及有通气的沟槽，这样不至于背着太热。户外用品店还见到一种配合背包用的手机袋，可以安装在背带上，也可以放军刀，不错。

11. 我因为膝盖不好，所以买了根登山杖，部分碳纤维，打折时三百余元。下野外时可帮了大忙。

12. 瑞士军刀现在真是便宜了，1998年我买一把猎人型的，花了三百多元，前年鄂伦春考察时不幸掉到厕所里了。这都是舍不得买刀套的缘故。瑞士军刀的刀套恨不得跟军刀一样贵，完全可以用户外用品店的手机套替代。现在猎人型的军刀也就一百五六十元的样子。冠军型的四百多元也能买下来，以前可得上千的。

13. 这些年野外中，我最得意的创意是带台灯。最早带的是一个飞利浦的折叠台灯，不甚经用，不久突然裂开瓦解了。后来买的是"冠雅"带充电电池的护眼灯，也可以折叠。稍稍有点沉，不过没有关系，到工地后，它的用途无与伦比。任何时候你都可以找到地方读书了。

14. 睡袋也是可以考虑的。2007年去和龙发掘，一色新的被褥，床单浆过。刚到工地，阴雨绵绵，不能洗床单。晚上睡在床单上，黏黏糊糊的，非常难受，真后悔没有带睡袋。后来在沃尔玛花一百多元买了个薄睡袋，质量一般，但是很轻便。下野外，如果所住的旅馆条件很差，拿出自己干净的睡袋，足以羡煞旁人！

15. 你想始终保持手铲，乃至所有工具的锋利吗？有一个小东西可是特殊的：转动的砂轮。做学生的也许用不上，若是主持工地的话，绝对用得上。在金牛山发掘时，我的硕士导师吕先生就有一个，非常方便。去年去郧县，我带了电锯、电钻。在工地我盖了厕所、浴室，搭建了工作台、遮阳篷，制作了托运的木箱等。

16. 下次发掘，我要带一把中型的折叠椅下去，太大的不方便携带，太小的又不顶用。晚上回来，特别希望能有个地方靠着，尤其在看书的时候。在工地找一把舒适的椅子可是件难事，老乡的东西偶尔借用一下还行，要长期的，还得自己带。

考古野外工作的风险管理

我们都是天生的乐观主义者，从小我们就学习"杞人忧天"是可笑的。一方面，我们对于现实的延续性与可靠性充满信任；而另一方面，意外的灾难总在发生。世界并不完美，意外就是世界一个天然的组成部分。世界有不确定的一面，风险是自然的存在！它不会因为人之道德水平的高低、身份的贵贱、年龄的大小而有所怜悯。考古学家到野外工作就是来到了一个具有更多不确定性的环境，这个环境大多时候是我们不熟悉的，因此风险性较之平常急剧升高。这些风险对于初涉工作的年轻人而言最具有挑战性，首先，他们的经验不足；其次，他们富有冒险精神与斗志，更容易遇到风险；最后，他们规避风险的可用资源较少，因此更需要了解这个方面的知识、获得相关的训练。好在他们的学习能力强，还没有形成难以改变的习惯；身强力壮、精力充沛，有更好的身体承受能力。此时正是学习相关知识与接受必要训练的良好时机。

一、应对策略的基本原则

1. 了解风险。我们不会为刮风下雨而恼羞成怒，因为我们知道这不可避免。明白风险的种类、发生的概率、发生的条件，那么我们就更有可能规避它们、接受它们。
2. 采取必要的预防措施。最好的规避风险的策略是预防，正所谓防患于未然。
3. 采取群体防卫。野外最安全的策略是不单独行动，与朋友们同行，可以获得最大程度的预警与保护。
4. 采用风险分散策略，把大风险化为更小的风险。比如，不把所有的现金放在一个地方，大家在危险地带行走时不要扎堆。
5. 及时的补救措施。亡羊补牢，可以减少进一步的损失。急救工作可以减少伤害的程度。

二、野外工作的主要风险与应对策略

1. 交通事故。分乘车事故与非乘车事故，比如租车，长途租车容易出现急赶路而疲劳驾驶的状况，这是非常危险的。应对策略：绝对不要让司机疲劳驾驶、超速驾驶，尤其是路况不佳不熟悉的情况下；过马路要小心，不要以为汽车不敢撞你；搭车时如果过度拥挤，宁可再等一趟，也不要让车辆严重超载。
2. 蚊虫毒蛇。在野外调查时，很容易遇到这些不友好的动物。如我们在山西保德调查时就有学生被蝎子蜇伤；在和龙与大兴安岭工作时，森林中的蚊子极为猖獗，若是五六月之间进森林，还有传播森林脑炎的"草爬子"；1994 年在金牛山发掘时，就发生蝮蛇从洞顶落到脚边与头上的事件。应对策略：戴好帽子，穿长衣裤，戴手套工作，野外行走不妨带上一根拐棍，准备一些驱蚊液与解毒药物。
3. 外伤。使用工具不当受伤、意外坠物砸伤、意外坠落摔伤。这是考古工作中最常见的风险，尤其是探方分布在悬崖边缘或是深度较大时，行走在探方边缘是危险的。在野外调查、发掘工作中都可能遇到。应对策略：永远记得工作时要戴手套！不要在疲劳、紧张、愤怒与激动的时候使用工具，此时动作容易变形；使用工具之前检查工具；不要在探方边缘与悬崖边行走，更不能打闹；清理探方边缘，不留隐患；不要独自外出探险，因为一旦遇险，无法及时救援。

4. 社会冲突。当同学人数众多时，有所依仗，加上年轻气盛，容易与周围的群体发生矛盾，比如在坐车时。应对策略：不战而屈人之兵，是为最上策。不过，最最上策乃是"仁者无敌"，不争、不抢自然与人无冲突。

5. 抢劫、偷盗与诈骗。学生是诈骗的常见对象之一，诈骗犯往往利用学生的单纯与同情心。应对策略：在野外，学生最佳防范策略是结伴同行，绝对不要与老师、同学、朋友失去联系；不走偏僻的道路；走路时集中注意力，防止遭袭；马路上行走，迎车辆而行，防止背后的袭击；背包前置；不贪图便宜；不露财；钱物分置几处，保持几种面值钞票结构平衡；提防冒充执法人员的诈骗；不喝不吃陌生人的饮料与食品，防止被麻醉。

6. 性侵害。考古田野工作的区域相对偏远，风气更加保守，容易引发骚扰。应对策略：结伴，冷静对待，含蓄着装，注意防范，遇到骚扰时大声斥责与求救。

7. 溺水。夏季炎热，如果又在水边，不免会有下水的念头，但是在野外，有较高的风险。应对策略：不要去野外游泳。

8. 雷电。乡村没有那么好的避雷措施，常有雷击伤人事件。应对策略：注意天气预报，雷电天气不要去野外。

9. 食物中毒。病从口入！下野外时，食品卫生条件难以保证，拉肚子、闹痢疾是很常见的风险。应对策略：不喝生水；不吃或少吃凉菜；在外吃味道很重的菜肴要注意；农村的小超市食品来源渠道不理想，喜欢吃零食的同学尤其要谨慎，实在想吃，不妨自己事先多准备一点；不吃来历不明的食物；第一次吃的东西，少吃一点，看看是否过敏；瓜果洗净之后吃；饭前饭后洗手，极简单的生活习惯！

10. 异物伤害。鱼刺卡喉、眼睛异物、耳道异物等在野外可能遇到。事先上网查一下相关急救措施。
11. 用电、火灾。农村电网十分脆弱，要避免使用大功率电器；使用电器时，一定要使用合格的产品，避免同时使用多种电器；使用电吹风、电熨斗、电炊具时切勿离开，离开时一定要切断电源；地上若有高压线，应站在8米以外。应对火灾：熟悉环境，临危不乱；不入险地，不贪财物，人最要紧；用毛巾等捂住口鼻，匍匐撤离。
12. 烧伤与日光灼伤。冷疗是在烧伤后的基本方法，更详细的措施请查询网络。防晒伤的措施：穿衣、戴帽、擦防晒霜。
13. 预防感冒。防止感冒的基本方法是及时加减衣物，野外穿衣的秘诀是勤快！热了脱，冷了加，湿了换。

三、必要的技能、训练与物质准备

急救方法：上网了解一下基本的方法，这种知识不会多余的，主要包括人工呼吸、急救止血法、伤员的搬运。

应急训练：有可能的话可以组织一下应急演练，主要针对意外伤害与社会冲突，尤其是与民工的冲突。

药物准备：带上自己常用的药物。

最后的强调：规避风险是需要学习的，一百多年前的美国跟今天的中国差不多，伤亡惨重的火灾频频发生；然而，经过百年的学习与改进，火灾的死亡率大大下降。经典的范例还有日本之于地震灾难的管理。一切都要归功于风险管理的学习与训练。作为中国未来的知识阶层，有责任在这个方面先行一步，为社会做出表率。作为未来的考古学家，专长于野外工作的人，更应该在风险管理方面成为专业人士。

旅行与史前考古学家的旅行

　　暑假似乎是旅行的季节，不仅有学院组织的旅行，还有自己安排的旅行。大多数旅行的目的地自然是名胜古迹，越有名越好，然而这些地方往往都是人满为患。但即便是人迹罕至，人们又能看到什么呢？我们看到的是我们了解的，我们不了解的东西，即便在那里，我们也可能视若无物。记得以前读过帕乌斯托夫斯基的一篇文章——《忠于浪迹天涯的缪斯》，印象比较深。他说如果你不了解巴黎，巴黎就不过是一个闹哄哄的城市；如果你了解它，那么每一条街道、每一个咖啡馆、每一个角落都会有许多引人入胜的故事，那里曾经生活过雨果、伏尔泰、萨特、波伏瓦……没有了解也就没有旅行，或者说没有研究就没有旅行，我们了解什么、还想了解什么将决定旅行成功与否。

　　对于常人而言，追求时尚无可厚非，但对于史前考古学家而言，我们了解人类史前阶段的一些历史，我们还想了解更多，我们的旅行注定也就有了特殊性，那么哪些旅行属于史前考古学家呢？

　　首先是一些史前考古中经典的区域，如研究旧石器考古的自然要看泥河湾盆地，自然要看山西。这里第四纪的堆积巨厚，旧石器考古遗存众多，研究的历史也比较悠久，其自然景观、堆积、考古遗存乃至原料特征都值得考古学家细细品味。硕士毕业刚工作时，曾经租了辆农用三轮车在泥河湾盆地跑过，那时路边的煤灰有十多厘米厚，一天下来，连深色的T恤都发黑了。山沟里奇热，带两三升水很快就喝完了，随行的朋友忍不住喝山沟羊喝过的水，第一天没事，第二天狂拉肚子。如此的往事虽然辛苦，但是给人留下的印象却非常深刻。这是我自己的旅行。如果对某个区域有特别的研究兴趣，一次深入的旅行是必不可少的，你不可能去研究一个你自己完全没有亲身体验的地区。

　　次之是典型的遗址，周口店、金牛山、大窑、丁村、水洞

图 9.2 泥河湾盆地的那条沟谷

沟……旧石器考古中经典的遗址并不是很多，有三四十处，这些典型的遗址构成中国旧石器考古的骨架。新石器的遗址比较多，都参观到不现实，选择部分看看还是可能的。我曾经与一个学计算机的朋友花了两三天的时间专门游历周口店遗址周边地区，对照前人的记录，寻找那些地点。

对于史前考古学家而言，民族考古是非常有价值的。在中国，民族学材料保存已经极少了，目前能够做的，如到东北鄂伦春人中了解狩猎，到赫哲人中了解捕鱼，到西南少数民族中了解制陶。前两年有个关于鄂伦春的小项目，前后去了三次鄂伦春自治旗，冬季去的那次还有点惊险。那天正下雪，行车在森林中两三个小时都看不到人烟，那时想如果车突然出了故障，我们就惨了。返回途中经过一个风口地区，路边植了些杨树，风经此阻挡，速度大减，所以吹过来的雪就在路上堆积起来，厚近一米，车子无法通过。只有挖雪，当时已是夜里11点多，挖了个把小时才前进二三十米，突然发现前面还有上百米，赶快折回，此时挖开的路面又被雪覆盖了，只得重新挖，又花了个把小时才回到出发的地方，然后从旁边地里穿了过去。当时确实有点担心，如果卡在雪地里，只能在外面过夜了。第二年夏天到温库图，这里没有电，手机没有信号，离最近的镇子也有一百多公里，真有与世隔绝的感觉。但是此生能够到大兴安岭的腹地看看，还是个非常美好的记忆。

最后，史前考古学家可以参观些自然博物馆、地质博物馆、考古博物馆（尤其是遗址博物馆）。史前考古学家的前身部分就是博物学家，了解生物、地质是必不可少的。对于史前考古学家而言，有关自然的知识越丰富越好，因为早期人类与自然关系密切，不了解自然，也就很难了解他们。

除了以上近乎专业的选择之外，史前考古学家当然也可以有一些个人爱好，比如我个人喜欢军事、喜欢园林建筑，业余抽点时间看一看，也能丰富生活。

除掉所有这些旅行，再去考虑游览名胜古迹，我想这才是史前考古学家的旅行。或者说名胜古迹的游历只是旅行的开始，就如同读书中的流行小说，要真正深入，还需要专门的研究性阅读，那就是前面所说的完全属于史前考古学家的旅行。

最美的地方

闭上眼睛，让思绪自由自在地在往昔的岁月中飘游，我想去寻找我心目中最美的地方，我梦中的天堂。哪些是我看到的最美的地方呢？国人总以为外国的月亮会更圆一些，最美的地方应该在欧美发达国家。我在美国住了六年，然而我并不喜欢美国的风景，这是一个过度工业化的国家，把本来很复杂多样的自然景观高度地简单化了。在离我学校不远的地方有一个湖，叫白石湖，湖的面积至少和北京颐和园的昆明湖差不多，然而这个地方可玩赏的地方很少。绿树、草坪、游艇都很好看，但是不耐看。美国就是这么一个地方，初看之时，什么都是明艳刺目的，在感觉麻木之后，便是觉得单调。过度的人工、简单的分割把风景中最接近人性的自然给抛弃了。

我很怀疑人类在不断进步的观点。人在一步一步地疏离自然，也越来越不像是这个地球上的生物，然而人能够摆脱自己生活的环境吗？人就算摆脱了地球，还有其他的星球需要适应；人若摆脱不了地球，为什么又要如此地与这个星球为敌呢？人是自然中的一员，人来自自然，也依赖自然生存。在人的肉体、精神中都包含着自然的结构、自然的气质。美有一个必要的组分就是自然，不自然的东西不可能是美的。自然是无穷丰富的象征，自然的美是隽永的。中国文化中对美的自然禀赋有着深刻的追求，这不是简单地用中国文化是个农业文化能够解释的。

现代的旅游工业对于所有名胜古迹的打击几乎都是毁灭性的。

图 9.3　内蒙古鄂伦春自治旗温库图的清晨,摄于 2008 年 8 月。当时我们到那里去寻找鄂伦春人的居址,非常偏僻的地方,没有电,没有手机信号,身在林区深处,非常难得的经历

我实在想象不出在人如蚁集、声如闹市的景点有什么可以欣赏的。照理说每个人应该都去而且能够游赏这些景观。但是好事办成了坏事,在一个商业社会中,在一个审美价值观唯一化的社会中,人们自然要去追求同样的东西。事实上,每天许多对油画艺术毫无兴趣的人都要挤到达·芬奇的《蒙娜丽莎》前留下一张照片。这就是一个同质化社会的悲哀!美好的东西如果被庸俗化,也就很少有欣赏

的价值了。如果我们的兴趣多元一些,情况也许会好一点,那些没有被注意的美有可能被发现出来。

昨日我读了点儿美术史,读到齐白石先生"五出五回"游览名山大川,见识了真山水,所以他的山水画能够与众不同。我想今后这样的状况可能不会有了,因为如今要游历这些名山大川太容易,而且这些风景已经被摄影、电视拍滥,人们已经丝毫不以为奇了。现代画家必须要发现一些从前从没有注意过的美,才有可能推陈出新,与众不同。

回忆有生以来的经历,对于美丽的风景留下深刻印象的地方没有一处在名胜之处,倒都是在那些不知名的地方。而今我之于名胜已很少有向往之心,更多的是畏惧、惋惜和痛恨。我真正欣赏到的只是在一些很特殊的时候、从一个特别的角度所发现的惊艳。我从没有看到过比在内蒙古白音长汗村水井边更瑰丽的晚霞,那是一个夏日的黄昏,我与一同在此做考古发掘的同学正在井边汲水。不经意间注意到玫瑰色的晚霞已映红了西边的山峦,那色彩的富丽真是无以言喻。我只是希望这一刻能够凝滞,让瞬间成为永恒!

在这发掘的日子里,我经常到西拉木伦河的河谷边去跑步。河谷的漫滩上长满了杨树,说是满了,实际上经常能够看到林中有一片一片的空地。也许是没有种活,或是根本没有种,但我以为这恰到好处。河谷的两岸是壁立的悬崖,部分已风化成粉红色,夹在粉白的条痕之中,在裂隙间挣扎出一丛一丛的深绿的石松。河滩上的杨林在秋风中已染成深深浅浅的黄色,间或有一些看起来像是红的,更有许多还保留着浓浓淡淡的绿色。在树丛的地面上是黄白的细沙,在沙面点缀着茎叶紫红的草类。天空总是那么的高远,以至于我初到从客车上下来时感到一些不适应。河谷是空阔的,看不到一户人家,只有林间袅袅的炊烟让人想到人的存在。多少年后,这片景致经常浮现在我的眼前。我并不是想成为那林中的居民,也不认为这里是人间的仙境,我只是为这片刻的美丽而感动,永远地感动。就如读到一首诗、欣赏到一幅画。

美丽无关乎是否有名，无关乎是否永远，无关乎是否人人称道，美丽更像是一种邂逅。每个人都可以有自己独到的体验，但是我们都经历一个共同的东西，那就是美丽。我还记得春天里桦甸山中村边的小溪，黄昏中我们四位大学同学沿着溪流散步，看着山坡上雪白的梨花慢慢变成团团白影，淡淡的花香带着一股粗朴的甜味，断断续续的蛙鸣与远远的如人叹息的鸟叫声让人感到分外的悠远。我想已作为古人的苏东坡、公安三袁必然也体会到过这样的境界，不过他们也许是在长江边，也许在某个山林中。在哪里并不重要，重要的是那份我们共有的悠远的美丽。

我还记得有一年 7 月在大同盆地进行地质实习所看到的，那是一群残留的火山，因为土壤缺少只能生长低矮的野草。7 月的高原正是春天将尽的季节，坡下平地上盛开着一片一片的金黄的油菜花，与雨后油绿的山坡在湛蓝的天幕下构成一幅美丽逼人的风景，几乎让人喘不过气来。我说如果此时我就死了，我将不会感到遗憾！美感是如此的强烈，让人忘记了死的恐惧。

每周我都要去几次紫竹院公园，周二、周四是去跑步锻炼，周六是带孩子去玩，周日则是和妻子一起去散步。我喜欢筠石苑中茂密的竹林、幽静的小路，荷花的清香。每次从喧嚣、烟尘迷漫的街道上逃进这片城市中的山林，在松竹夹道的小径上深深地呼吸一口，那股清新的竹木气息沁人肺腑，我几乎是呛着了！我还很喜欢站在筠石苑一段弯曲的小路上欣赏那里幽深的景致，小路在拐弯处消失在一片紫叶李掩映的萌翳中，暗紫的色彩增添了小路的深远感，甚至还有一丝若有若无的神秘。我也喜欢河边古老的垂柳，这是从西直门一直通到颐和园的小河，袁中郎的《高梁桥游记》曾经描画是"两水夹堤，垂杨十余里，流急而清，鱼之沉水者，鳞鬣可见"。如今这水已不复清澈，只是不臭而已，聊胜于无！在这里发思古之幽情，梦想将来的美景，倒也是一件快事。

何处无美景呢？然而缪斯女神从来都只垂青有准备的心灵。美不仅是一种邂逅，更是一种追求、一种发现。正如罗丹所言，世上并不缺乏美，而是缺乏发现的眼睛。也许太多的时候我们的眼睛被权力的光环、金钱的光泽所震慑，被占有的欲望、观众的热情所左右，被成功的焦虑、生活的压力所折磨。欣赏美需要一种宁静的心境，"万物净观皆自得，四时佳景与人同"。人类的确走得太快了一些，快得都忘却了自然，忘却了美。停下来，安静一会儿，我们应该会生活得更好些！